簡牘が描く中国古代の政治と社会

藤田勝久
關尾史郎　編

汲古書院　刊

はしがき

本書は、「東アジアの出土資料と情報伝達」に関する編著三冊をうけて、第四冊目となる論文集である。ただし本書は、編者たちが所属していた愛媛大学法文学部と新潟大学人文学部が部局間協定を結んでいるか、両大学が大学間協定を結んでいる中国の大学の研究者にも執筆を呼びかけて、成ったものである。これまでの経過と本書の意図は、つぎのようなものである。

第一の『古代東アジアの情報伝達』（二〇〇八年）を刊行したときは、中国の出土資料と日本古代の木簡研究を、どのように比較し総合する視点を出すかということが念頭にあった。中国出土資料には、簡牘（竹簡、木簡、木牘など）・帛書・石刻に書かれた出土史料と、画像資料、考古文物がある。そのため中国では、簡牘学や簡帛学などの名称をもつ研究が蓄積されている。これに対して日本古代では、木簡学のほかに、墨書土器や漆紙文書、石刻を対象とした研究と、正倉院文書などの研究がある。こうした日中の出土資料を扱うとき、どのように共通の視点を示すかということが課題であった。

また中国と日本古代の間には、国家形成の年代と社会のあり方が大きく違っている。中国古代では、簡牘・帛書を中心とするのに対して、日本古代では紙と木簡の併用時代となっていることも問題である。文献を補う出土史料を準テキストとして、日中の歴史研究を比較するのであれば、そのテーマは限りなく広がってゆくことになる。

こうした制約をうけて、第一の編著では出土資料がもつ機能の比較に注目した。なかでも文書行政と交通システムにおける情報伝達の原理を設定した。また日中という研究領域を、リアルタイムの年代で考えるのではなく、東アジアというフィールドのなかで資料の用途を比較しようとした。このときは、中国古代と日本古代の出土史料と石刻、古代文書について、まず双方の内容と研究方法を共有しようとする段階であった。

第二の『東アジア出土資料と情報伝達』（二〇一一年）では、中国と日本古代のほかに、韓国の碑文をくわえて、その機能を比較する方法を模索し、東アジアの社会の実態にせまろうとした。ここでも出土資料の形態と機能をふまえ、情報伝達の原理に注目する点は同じである。ここで示したのは、中国と韓国、日本古代の出土資料・石刻、古文書の機能は、すでに戦国秦漢時代の文書行政と交通システムに原形がみえているということである。その具体的な各時代の論証が、ここにはふくまれている。このとき出土資料の比較では、あらためて中国・韓国・日本の東アジアの範囲で考える必要性を痛感した。ただし中国古代の文書・交通システムの原理を示すことは、まだ十分ではなく、資料学として東アジアの比較を明確にし、全体的な方法論とするにはいたっていない。

第三の『東アジアの資料学と情報伝達』（二〇一三年）は、とくに「資料学と情報伝達」の方法を意識した論文と、具体的な論証を示したものである。ここでは戦国秦漢時代の文書行政と交通システムにみえる簡牘研究の原形と、奄美諸島史料を扱う方法論、情報伝達の場における簡牘の用法、地域社会との関係を示している。これによって東アジアの出土資料を比較するとき、「情報伝達」という視点による資料学の有効性が提示できたのではないかと考える。しかしこれまでの編著では、いずれも出土資料の機能を比較することが主体であり、東アジアのリアルタイムの変遷を示す点では、なお課題が残されていた。

本書は、この東アジアでのリアルタイムの変遷を意識して、中国の戦国時代から魏晋時代の出土史料を扱っている。中国は、具体的な出土史料の形態と機能に即して、その変遷を示すことができる唯一のフィールドである。いいかえれば、簡牘から紙・木簡への変遷を、実物に即してリアルタイムに示すことができるのは、中国のこの時代だけである。また中国の簡牘では、同じ書式をもちながら、文書と簿籍の原本や、それを処理する抄本、廃棄された記録のように、その機能が違う場合がある。また同じ機能をもつ出土史料でも、日中で形態が異なる場合があり、形態だけでは有効な比較対象とはならない。

本書で論じているのは、中国の簡牘が描く各時代の政治と社会であるが、これらを通じて簡牘と紙文書の用途を明らかにすることは、韓国の木簡、日本古代の紙文書・木簡の使用にも、より具体的な視野を開くことになろう。このように中国出土史料の論証を通じて、東アジアの国家と社会に関する特色の解明に寄与すること、それが第四冊目の意図である。各論文の概略は、つぎの通りである。

藤田勝久「中国古代の情報システムと社会」は、戦国時代からの簡牘・帛書に書かれた書籍と文書・記録の区別、秦漢・三国時代の文書にみえる情報システムを通じて、出土史料の機能が大切であることを指摘し、魏晋時代までの社会と簡牘・紙の選択を概観している。

水野卓「王位の継承から見た周の東遷」は、『春秋左氏伝』『史記』などの文献に対して、戦国時代の清華簡『繫年』を手がかりとして、東周初期における平王の王位継承を考察し、祖先祭祀をおこない周王朝を再興する意義を指摘している。

孫聞博「商鞅県制の推進と秦における県・郷関係の確立」は、『史記』と睡虎地秦簡によって、商鞅の第二次変法が秦の県制の基礎となることを確認し、郷は県廷に所属する諸官の一部であることを指摘する。また里耶秦簡の「遷陵吏志」と尹湾漢墓簡牘の「東海郡吏員簿」などから、新地に設けられた県の官吏や戸数を考察している。

廣瀬薫雄「青川郝家坪秦墓木牘補論」は、戦国秦の武王時代の木牘にみえる「王命丞相戊内史匽氏臂更脩為田律」

の意義を再論する。ここでは金文にみえる「上郡守匽氏」により、左右「内史の匽氏・臂」の二人と解釈し、商鞅変法以来の律を再公布する制度を見いだしている。また律文の規定から、阡陌の構造を復元している。この戦国時代の制度は、統一秦と漢代に継承されることになる。

蔣非非「秦統一後の法令「書同文字」と古代社会における「吏学」について」は、睡虎地秦簡や里耶秦簡などを用いて、秦王朝が二十六年に命令を下した「書同文字」が、秦の公文書システムの骨格を全国に普及させ、広大な領土の各級政府における正常な行政運営を維持するうえで基本条件を打ち建てたとする。秦の滅亡後は、これらの文書システムに精通した秦の吏員が漢の吏員として転身し、漢代の公文書システムに継承したことを述べ、漢字の学習に及んでいる。

呂静・白晨「秦簡に見える私的書信の考察」は、秦帝国の史料である里耶秦簡の中から、私的書信とおもわれる形式と内容を考察し、すでに知られている睡虎地秦墓の二つの書信や、研究が進んでいる漢代の私信と比較する。ここでは秦代書信の書き出しや文末の表現などに、漢代の私的書信の基本的な要素があることを指摘しており、書信の変遷を理解するうえで貴重である。

畑野吉則「漢代辺郡の文書逓伝と管理方式」は、居延漢簡のうち、とくに肩水金関漢簡に注目して、エチナ河流域の軍政系統の行政機構における文書逓伝業務の管轄範囲と管理方式を考察し、文書逓伝の最小単位は部であると指摘している。また疏勒河流域の県の民政系統である懸泉置とは、その職掌に差異があることを展望している。

侯旭東「湖南長沙走馬楼三国呉簡の性格についての新解釈」は、長沙呉簡の研究が詳細になる一方で、全体的な位置づけが必要であることを指摘する。そして受米簿冊と月旦簿、「君教」簡の処理過程を考察して、呉簡の性格は、臨湘侯国の主簿と主記史が保管した文書・簿冊の一部ではないかと推測している。

于振波「走馬楼呉簡に見える郷の行政」は、秦漢時代では県の下の行政区画である郷で、常設の郷三老、郷有秩、郷嗇夫、郷佐の官吏が限られており、多くの職務は県吏が担当したという。三国時代になると、複雑な局面に対応するため、県廷から臨時の吏が派遣された変化を説明する。

蘇俊林「漢晋期における士伍の身分及びその変化」は、秦漢簡牘にみえる士伍が、身分体系の中で重要な位置にあり、それは戸籍身分の一種で、無爵者であるとする。しかし長沙呉簡の戸籍には、多くは未成年者の士伍という変化があり、魏晋時代には卑賤化する傾向を指摘している。

關尾史郎「出土史料からみた魏晋・「五胡」時代の教」は、長沙呉簡によって、「白」の上申をうけて「教」という許可が付けられ、諸曹に命令される手順を明らかにした。そのうえで五胡十六国時代のトゥルファン文書にも、「教」の用法がみえることを指摘し、簡牘と紙に書かれた行政文書の手続きに時代の変遷を見いだしている。

以上のように、本書では、春秋、戦国時代から秦漢、三国、魏晋、五胡十六国時代の政治と社会を対象としている。しかしそれは、文献を補う出土史料を使った歴史研究にとどまらない。出土史料は、それ自体が、社会のなかで使用される簡牘・紙文書の用途を示す同時代資料である。そのため本書の論考では、各時代の政治機構と社会のなかで、簡牘・紙文書がどのように使われたかという、機能の変遷を具体的に知ることができる。こうした中国出土史料の考察が、東アジアの資料学にとって、一つの参考になることを願っている。

藤田勝久

簡牘が描く中国古代の政治と社会　目　次

簡牘が描く中国古代の政治と社会

中国古代の情報システムと社会
――簡牘から紙・木簡の選択――

藤田勝久

はじめに

中国では、戦国時代の国家制度の形成をうけて、秦帝国が初めて諸国を統一した。その秦の制度は、基本的に漢王朝に継承され、伝統中国の基礎となった。文字を使った書籍の普及や、地方行政機構による情報システムも、その一つである。古代の社会では、紙が普及するまえに、広くメッセージの伝達に用いられたのは竹と木の簡牘《かんとく》（竹簡、木《もっ》簡《かん》、幅の広い木の札・木牘《もくとく》）である。[1] これに絹布に書かれた帛書《はくしょ》がある。この文字を書く媒体（メディア）は、つぎのような変化がある。これは文字を使った情報が大量化する区分でもある。

第Ⅰ期、簡牘の時代：戦国時代～三国時代。竹簡・木簡・木牘、帛書・金石

第Ⅱ期、紙木併用の時代：三国・晋代～唐代。紙の写本と木簡の併用、石材

注目されるのは、第Ⅰ期の簡牘・帛書の時代から、第Ⅱ期の紙と木簡を併用する時代への変化である。第Ⅱ期では、韓国や日本古代の木簡との関連が問題となっており、その原形となる秦漢時代の簡牘の用途や、三国時代以降の変化を明らかにする必要がある。[2] 私は、これを中国の情報技術（IT: Information Technology）として、これまで出土書籍と

『史記』編纂の関係や、地方官府の文書伝達と情報処理の問題を考えてきた(3)。これは中国の簡牘・帛書の材料・形状や、書式・内容による分類ではなく、国家と地方社会のなかで出土史料の用途を考える視点である。

これによれば簡牘と帛書は、書籍と文書、記録に分けることができ、その用途には三つの方面がある。それは、1竹簡・帛書に書かれた書籍・保存資料、2木簡や木牘に書かれた行政文書(通信)と記録(データベース)、3交通の往来に関する簡牘である。このなかで秦漢時代の郡県制に即した情報システムは、制度の運用を知るテーマである。ここでは秦漢時代の情報システムの用途を整理し、古代の簡牘・帛書の形態と機能が、どのように三国時代以降の紙文書・木簡の使用と関わるのかを展望してみたい。

一　中国古代の書籍と文書、記録

中国の簡牘は、出土状況からみれば、長江流域の古墓・城郭の井戸の資料と、西北の遺跡の資料が中心である(4)。長江流域の資料は、戦国時代の楚と秦に属し、秦代と前漢・後漢、三国時代の郡県と地域社会に関連している。漢代西北では、敦煌漢簡のほかに、敦煌郡效穀県に所属する懸泉漢簡、張掖郡の軍事系統にあたる候官(県レベルの施設)と肩水金関などの居延漢簡がある。ここでは簡牘と帛書を、三つの用途に整理しておこう。

第一は、竹簡・帛書の正面に書かれた書籍・保存資料である(5)。戦国時代の書籍には、初期の信陽楚墓をはじめ、郭店楚墓竹簡などがある。漢代では、湖南省長沙の馬王堆漢墓の簡牘と帛書が代表的なものである。また出土史料ではないが、購入された上海博物館蔵楚簡、清華大学蔵戦国竹簡、北京大学所蔵の秦漢簡牘にも、書籍をふくんでいる。この古墓に副葬された書籍は、所有する人びとの往来によって、個人的に書写することができ、必ずしも行政機構による伝達を必要としない。これらの書籍には、経書や諸子などに関する内容があり、これまで未知の書籍もある。こうした出土書籍は、思想史と出土文献学、古文字学の分野で豊富な成果がある。また古墓の資料には、随葬品を記した遣策や、墓主の占いを記した卜筮祭禱簡、『日書』などがあり、これは保存資料とみなせよう。

歴史学では、古墓から出土した書籍は歴史の史料にならないとみなされ、あまり研究が進んでいなかった。歴史学で注目したのは、文献の補助となる法制史料である。それは戦国秦代の睡虎地秦簡や、岳麓書院蔵秦簡、漢代の張家山漢簡などである。これは厳密にいえば書籍ではないが、一定の定着をした保存資料に属しており、将来は書籍となる要素をもっている。これも文献を補う準テキストとみなすことができよう。

この出土書籍と保存資料のなかで、司馬遷が著した『史記』との関係をみると、出土史料の一部には素材と類似する資料をふくんでいる。それは系譜や紀年資料、戦国故事、説話などである。ここから出土史料によって『史記』の編集方法を知ることができ、出土書籍もまた歴史書と関係することがわかる。ただし出土書籍の多くは、『史記』にみえない資料であり、ここでは戦国、秦漢時代の書籍の普及や、漢字文化と文字資料のあり方がわかる。

こうした出土書籍は、竹簡の冊書に書かれており、馬王堆帛書のように絹布に書かれたものがある。この材料は、ただ紙がないから竹と絹に書いたというよりも、後世に残すことを「竹帛に著す」というように、文章が定着して保存する意味をもつとおもわれる。これは文献に対して、竹帛に書かれた準テキストである。

第二は、竹簡・木簡や木牘に書かれた行政文書（通信）と記録である。(6) 戦国時代では包山楚簡があり、秦代の里耶秦簡、漢代の居延漢簡と懸泉漢簡などがある。こうした文書の伝達には、国家と地方を結ぶ行政制度が必要である。たとえば行政文書は、郵駅などの文書逓伝をする施設と規定が必要となる。また県レベルの官府を例とすれば、発信と受信をする文書伝達の方法や、県廷の内外のやり取りをする情報処理の方法も必要である。これは簡牘の文書が、行政制度を基礎とする情報システムを前提としており、個人的な手渡しとは異なることを示している。

漢代文書の伝達には、①木簡を紐で結んで密封した冊書の形態がある。これは特定の官府・組織の上下に伝達され、「別書」によって分ける場合がある。また下部の吏民に広く知らせるときは、よく見えるように書かれた「扁書《へんしょ》」として掲示する方法がある。この冊書による文書を補う方法として、②棒状の觚《こ》という形状で、外部から文章がみえる檄《げき》という文書がある。この檄には、複数の部署や人びとに周知させ回覧する用途があり、そのため目で見て冊書と違う形態とするのかもしれない。ここでは口頭による伝達も想定される。

この文書行政で注意されるのは、伝達される文書・簿籍の本体だけではなく、それを逓伝する記録や、本文を複写した副本、発信・受信の控えとなる抄本、文章の草稿、文書や簿籍に集約するまえの実務の記録、集計の記録、銭や物品などの出入券（刻歯簡）など、さまざまな形態の簡牘をふくむことである。この点は、文書行政の原本を主体とする観点からすすめて、副本・抄本・記録の簡牘（正面、背面）をふくむ情報処理の用法を考える必要がある。

このほか文書伝達には、文書・記録の付属品となる簡牘がある。里耶秦簡や漢簡では、伝達する文書・袋に付ける検（宛名をもつ付札）・封検（封泥匣）、竹笥や冊書の文書に付ける楬（付札）、物品に付ける付札がある。また文書伝達には、それに付随する印章・封泥がある。印章は発信側で必要であり、封泥は受信した側に残されることになる。地方行政の簡牘では、文字を削って修正や再利用するときにできる削衣（削屑）と、文字を学習する習書がある。さらに文字を習得する字書や、書籍の一部を写した簡牘、技術を習得する算数書、医書などのマニュアルとなる簡牘もある。これらは簡牘の形態と関連して考察され、地方行政の実務を運営する機能をもっている。

第三は、交通と人びとの往来に関連する簡牘である。(7) それは秦漢時代の交通システムのなかで、通行証となる伝、符と、派遣や召喚に使う檄などがある。こうした簡牘は、文書と書式が似ているが、官府や郵駅の施設によって逓伝するのではなく、往来する人が自分で携帯する証明書や割符である。その形態と用途は、懸泉漢簡と金関漢簡の公表によって、これまでの認識が追加できる。

1は、広く複数の通過地を往来する交通に使う伝（伝信）である。ただし出土するのは、旅行者が携帯する伝の実物ではなく、懸泉置の宿舎や、肩水金関の関所に残された控えの木簡とおもわれる。懸泉漢簡には、中央の御史大夫が発給する伝信と、郡の官府が発給する公用の伝がある。これを所持した旅行者は、出発地から順次に車馬と宿泊、食事が提供される。また居延漢簡や金関漢簡では、県の官府が発給する公用の伝と、私用旅行の伝がある。私用旅行の伝は、県の下部組織である郷の官吏が申請して、県がその文面を再録し、通過地に発給している。これは漢代では、県が外部に文書を発給する基礎単位であることを示している。私用旅行の伝では、通過の許可を記しているが、宿泊や食事の提供はみられない。また公用と私用の伝は、いずれも発給地の印章を記録している。これはもし通過地で伝を開封し、控えを写したあとに、ふたたび封印するのであれば、直前の通過地の印章に変わるはずである。しかし伝の記録では、すべて遠方の発給地の封泥を記しており、これは開封せずに文章がみえる伝の形態が想定される。

2は、派遣や召喚に使用する檄である。檄には、二〇センチ程度の短い簡がある。ここに派遣を証明する檄がある。また休暇に与えた通行証に、短い檄と同じ形状で、上部に封泥匣をもち、「符」と称する木簡がある。

3は、六寸（約一四センチ）の長さをもつ符である。これは木牘の文面に番号を記し、側面に刻みがあるため、二つを合わせた割符である。これには二ヶ所を往来する出入符と、官吏とその家属が特定地を往来する符がある。

4は、漢墓に副葬された告地策、告地書がある。これは地下の官吏に宛てた擬制文書であり、ここには随行する人や馬牛、物品などを記している。これも地上の交通制度を反映するものであろう。

5は、名謁と書信である。名謁は、面会をする人が差し出す木牘である。同じように書信は、伝達する人に委ねる場合が多く、近年に実物の出土が増加して、研究が進展している。書信を類推とすれば、先にみた書籍も、人びとの往来によって閲覧し、書写することが予想される。これもまた交通による情報伝達とみなすことができよう。

このように戦国、秦漢時代の社会では、一に、出土書籍・保存資料の書写と普及があり、これは思想史と歴史書などの分野で注目されている。しかし出土書籍は、『史記』『漢書』のような歴史書とみなされる書物の編纂とも関連する資料である。二に、国家と地方行政機構では、文書伝達と情報処理、実務の運営という情報システムがあり、ここでは文書行政の本文と、付属品となる検・封検、付札などの考察がある。しかし文書行政のなかで、文書処理や実務の運営に関する簡牘の用途は、あまり注目されていない。三に、交通システムのなかで使われる簡牘は、文書の書式や、觚の形状や符の刻みをもつ簡牘として説明されてきた。ここでも交通システムとの関連が、しだいにわかるようになった。

中国古代の簡牘には、書籍や文書の原本に対して、副本や抄本（控えの記録）、実務の記録も多く残されている。そこでは本文と、複写した副本、控えの抄本、実務の記録では、簡牘の形状（竹簡、木簡の冊書、檄、木牘など）は違っていても、同じ内容をもつ用途がある。また反対に、同じような形態や書式をもちながら、その用途は異なる場合がある。この点で、情報システムの視点から簡牘の用途を考えることは、一定の有効性をもつであろう。

二　秦漢時代の情報システム――簡牘の機能

ここでは、あまり注目されなかった情報システムを説明してみよう。秦代官制の基礎となる法律は、睡虎地秦簡や岳麓書院蔵秦簡によって知られている(8)。しかし秦帝国の地方行政の実態は不明であったが、里耶秦簡によって情報システムの一端が明らかとなった(9)。里耶秦簡は、秦代郡県制のうち、洞庭郡に所属する遷陵県の資料である。そのため県の官府における行政文書の機能と、県レベルの運営がわかる。このうち県をめぐる情報システムでは、（1）郡・隣県と県の外部のやりとり、（2）県廷と下部組織の内部のやりとりがある(10)。それぞれの文書伝達は、文書逓伝、受信と発信（転送）、副本・抄本・一覧の作成などの情報処理に分けられ、その例はつぎのようになる。

（1）郡・隣県と県の外部のやりとり

木簡五枚の冊書（8-755～8-759）。洞庭郡が遷陵県に送った文書。これは両行で、一行に二〇字前後の大きな字で書かれた冊書となっており、文書の原本とおもわれる。この冊書は、担当者の印を記しており、宛名を記した検と、封泥によって密封していたとおもわれる。こうした検や封泥は、文書の付属品である。

木牘16-5、16-6。洞庭郡の命令を、遷陵県の県廷が受信。県廷が尉に発信・伝達し、都郷と司空に伝達。都郷は啓陵郷、貳春郷に転送。司空は倉官に転送。これは郡の命令を、県が受信し、下部組織に転送する形態である。その労働力は、県に所属する県卒、定期労役、徒隷と、郷が掌握する民（黔首）を対象としている。ここでは、正面に郡からの本文（副本）と、背面に受信、発信の記録を付記することによって、控えの抄本となる機能をもっている。

木牘8-155、8-152、8-158。同じように遷陵県が隣県を通じて上級からの文書を受信し、県廷から下部組織の少内に伝達する手順を示している。少内は県廷に返信し、県廷は隣県を通じて、郡に返信する形態が想定できる。これは控えを付記した抄本である。

（2）県廷と下部組織の内部のやりとり

木牘8-1525。これは遷陵県と下部組織である啓陵郷から送られた文書で、県廷が受信した付記と、県廷から倉主に命令した文書、発信した付記がある。これは啓陵郷が作成した木牘の文書に、受信、発信の文書を付記したもので、抄本の役割をもっている。ここでは文書の伝達と情報処理を、冊書ではなく、木牘でおこなっている。こうした県廷と下部組織のやりとりを記した木牘は多くみえている。

このように里耶秦簡では、地方官府で文書処理をおこなう副本や、付記をして抄本としたものが多い。これは文書の内容によって冊書や木牘の形態とするのではなく、本文と副本や、抄本の処理の過程によって木簡・木牘に書き分けたことを示している。このほか戸籍や「作徒簿」のような簿籍と、それを送付する資料がある。(11)また倉庫の穀物や物品を出し入れする資料として、割符にあたる木簡がある。(12)

こうした文書の原本、副本、抄本や、簿籍、記録の簡牘は、竹笥のような箱によって整理されていたと推測される。それを示すのは、箱に付けたとおもわれる楬(付札)である。(13)ここには収納した資料の期間と内容を記している。

里耶秦簡は、秦帝国の南方社会の実態と、領有した地域に共通する原理として、文書を受信・発信し、処理と管理をする情報システムがうかがえる。この情報システムの原理は、里耶古城だけではなく、秦帝国の全体にも適用されたはずである。また里耶秦簡の情報システムは、秦が天下を統一する前の秦王二十五年に成立していた。これは戦国秦にこの方法が形成されていたことを示しており、それを裏付ける青川県木牘や、天水放馬灘秦簡・木板地図、睡虎地秦簡がある。(14)これが秦帝国の文書行政の実態である。秦帝国が滅んだあとは、秦の故地を領土とした漢王朝が、中央官制や法律などの制度を基本的に継承した。そのため秦の情報システムは漢代に継承されている。

漢王朝の情報システムは、『史記』『漢書』のような歴史書では知ることができない。歴史書の素材は、竹簡・帛書の書籍・保存資料を基礎としており、ここには文書本文の内容と、地方へ伝達する背景を記しているが、具体的な情報伝達の過程は不明である。また漢簡の冊書では、文書伝達の方法はわかるが、ここでも情報処理の手順を知ることはできない。こうした情報処理の手順と方法は、里耶秦簡や漢簡のように、木簡と木牘の表裏に記された付記によって、はじめて認識できるのである。

漢代の居延漢簡（旧簡、新簡）と懸泉漢簡は、前漢後半から後漢初期の辺郡の資料である。(15) これまで漢代の文書行政では、上級官府から命令する下行文書や、下部機構から文書や簿籍を上申する上行文書の伝達が、よく知られている。(16) その中で情報システムに関する簡牘には、つぎのような特徴がある。(17)

居延漢簡では、忌引きを申請した木簡三枚の冊書（57.1AB）がある。これは甲渠候官が上申した文書であるが、発信した原本は先方にあるはずである。そこでこの冊書は、発信した文書の控えで、背面の左下に処理をした令史の名がある。この表記方法は、里耶秦簡と同じである。

文書を発信した側の控えでは、文書や簿籍を上級官府に送付する資料がある。

神爵二年五月乙巳朔乙巳。甲渠候官尉史勝之、謹……

衣銭財物及毋責爰書一編、敢言之。　EPT56:283A

即日尉史勝之印」五月乙巳、尉史勝之以來。　EPT56:283B

この木簡は、上級官府に「衣銭財物及毋責爰書一編」を送付している。ここでは背面の左に「五月乙巳、尉史勝之以来」とあり、右には「即日尉史勝之印」とある。これは尉史の勝之が文書を作成し、それを自ら持って来ており、情報処理の方法を知ることができる。これらは一部の例であるが、里耶秦簡にみられた情報処理の方法が、漢王朝にも受け継がれ、それが武帝期以降に設置された辺郡の下部機構でも使われたことを示している。

下行文書の受信では、受信した施設で郵書記録をとり、開封して転送や返信の情報処理をする。金関漢簡には、通行に関して、つぎの例がある。

永始五年閏月己巳朔戊寅、槖他守候護移肩水金關遣令史
呂鳳持傳車詣府、名縣爵里年姓如牒、書到、出入如律令。 73EJT37:1065A

張肩塞尉　　嗇夫欽白發
閏月壬申□以來　　君前　　／令史鳳尉史敞 73EJT37:1065B

これは槖佗候官から肩水金関に通達した文書で、出張者に随行する牒（添付文書）の送付を記している。背面には、これを受けた肩水金関で、嗇夫が中間の取り次ぎをしており、このとき「白発」の用語がある。この取り次ぎの原理は、里耶秦簡の情報処理と共通している。

こうした文書や簿籍、記録を整理するには、その期間と内容を記した文書楬（付札）がある。(18) 甲渠候官の文書楬は、一定期間で複数の文書や簿籍を、一括して整理・保管している状況が確認できる。文書に関する付札では、一年以上の資料をふくむように比較的期間が長く、中央や甲渠候官より上級の官府とのやりとりをふくんでいる。その内容は、詔書や丞相・御史・州刺史に関連する文書と、府との往来文書などがある。簿籍に関するものは、一年以内の期間が多く、甲渠候官と下部の部署を集約した内容となっている。その内容は、吏卒・戍卒の名籍や、四時簿、銭・物資の出入簿などがある。

以上のように、秦代の里耶秦簡と漢代の簡牘には、文書伝達と情報処理を示す資料がみえている。それは木簡の冊書や、表面がみえる文書檄のほかに、木簡や木牘によって、副本や抄本、実務の記録とするものであった。これは文書や簿籍の内容によって木簡や木牘の形態とするのではなく、同じ文書の処理の手順による書写媒体の書き分けである。したがって中国の簡牘は、情報システムのなかでみれば、公文書を複写した副本や、処理の控えとなる抄本、記

録が多く残されており、用途によって書写媒体と形態が変わるのである。古城の井戸や西北の遺跡で出土した簡牘は、それを保管し、廃棄した資料群である。これによれば日本古代木簡との関連では、早くから日本の学界に紹介された中国の書籍や法制史料ではなく、簡牘にみえる情報処理の簡牘と、付属品、その他の資料が比較の対象となる。

こうした文書伝達と情報処理で、共通した原理が適用できるのは、戦国秦から秦代に成立した行政機構の情報技術が、漢王朝の本拠地に受け継がれ、武帝期より以降に全国的な技術として定着した範囲による。秦代の里耶秦簡にみえる南方郡県の情報技術が、漢代に設置された西北辺郡の施設にも共通してうかがえるのは、このような事情によるものである。[19]この想定によれば、同じように東方の楽浪郡も、漢王朝の情報システムが採用されたことになる。しかし戦国時代の秦国とは異なる国家や、漢代の諸侯王国、あるいは私的な範囲の情報伝達、書籍の普及については、別に考える必要がある。

三　後漢・三国時代の情報システム

それでは秦漢時代の情報システムは、どのように後漢、三国時代より以降に受け継がれるのだろうか。後漢時代では、長沙五一広場後漢簡牘が注目される。[20]簡牘の年代は、後漢中期の和帝・安帝の時代（紀年は九〇～一一二年）で、長沙郡臨湘県の県廷の資料といわれる。ここには秦漢時代と同じような簡牘のほかに、別の形状をもつ簡牘があり、そこにも情報処理の方法がみえている。

一は、檄の機能をもつ簡牘である。その（1）は、凹型簡牘と台形の封検を組み合わせて密封する形態である。鄔文玲、何佳・黄樸華氏は、こうした簡牘が合檄にあたると推測する。[21]J1③:285はL型木板（片面）で、下行文書と付記がある。

府告兼賊曹史湯臨湘……記到……有府君教。（本文）　永元十五年五月七日昼漏尽起府

「五月九日開」（付記）　J1③:285

J1③:325-1-140は凹型木板（片面）で、ここには長沙郡からの本文（武陵郡の文書を再録）を受信したあと、別筆で開封や文書処理をする付記がある。

永元十五年閏月丙寅朔八日癸酉、武陵大守伏波營軍守司馬郢叩頭死罪敢言之。……敢言之。

閏月十日乙亥、長沙大守行文書事大守丞虞謂臨湘……書到、亟処言、會急疾、如律令。●掾廣・卒史昆・書佐喜

「今白、誰收皮者召之。閏月十一日開」（付記）　J1③:325-1-140

この内容は、永元十五年（一〇三）閏月八日に、武陵太守伏波営軍守司馬の郢が、官米を運送していた船師（名は皮）が臨湘県の亭に拘留されたため、代わりに船を武陵郡の臨沅に輸送させることを願っている。それを閏月十日に、長沙太守府が再録して臨湘県に伝達し、船師をめぐる案件の処置を命令している。そこでこの複合文書を受信した臨湘県では、到達したあと「今白《もう》す、誰か皮を収める者は之を召せ。閏月十一日に開く」という別筆の付記をしている。この命令を実行するためには、人々に周知させることが必要である。したがってこの簡牘は、緊急性もあり、文書を開封した後に広く周知させ、公開する事項にあたっている。なおJ1③:325-2-8、J1③:325-4-46、J1③:325-1-33は、両行に書かれた冊書の一部であるが、ここには王皮をめぐる事件を記している。だから後漢時代では、冊書による伝達と、凹型簡牘による伝達を区別していることがわかる。

（2）は、J1③:264-294で、側面に二つの刻みをもつ木牘である。この木牘の末尾には「檄即日起賊廷」という付記があり、檄であることは問題ない。そこで侯旭東氏は、これを密封した檄とする。ただし背面には「郵行」とあり、

これは袋などで配送するのではない単独の板檄かもしれないとする。[22]

元興元年六月癸未朔六日戊子、沮郷別治掾倫叩頭死罪敢言之……敢言之。

J1③:264-294正

●檄即日起賊廷

郵行

J1③:264-294背

この内容は、傷害をおこした人物の逮捕をしようとするもので、やはり周知させ公開をする要素をもっている。いずれにせよ、これらの簡牘は、これまでみた木簡の冊書や、觚形の檄とは異なる形態をもっており、冊書を補う檄の機能と関連している。

二は、長沙走馬楼三国呉簡と共通してみえる「白」文書の用法である。長沙呉簡は、大きな木簡に書かれた「吏民田家莂」や、竹簡の倉庫の賦税納入簡、名籍、年紀簿などがある。[23]ここにも地方官府の文書行政と、管理と運営の情報システムを示す資料がある。たとえば長沙呉簡には、県の外部と内部の上申文書に「敢言之」という用語を用いており、これは漢簡と同じく正式な公文書の用法である。

しかし長沙呉簡には、漢簡にみられない「某白……白」の用法をもつ簡牘がある。これについて關尾史郎、伊藤敏雄氏は、つぎのように指摘している。[24]關尾氏は、「白」と記す木牘は竹簡とともに編綴された送り状の機能をもち、同時に切り離したときは報告書となる可能性を指摘する。そして「白」文書は、一つの官府の内部で上行文書として機能したとする。伊藤氏は、「白」文書の木牘には編綴を示す刻みがあり、冊書の形態をもつ簿籍・記録を送付する送り状を兼ね、業務内容の概要を記した報告であるとする。これは五一広場簡牘にも関連資料がある。

五一広場簡牘のJ1③:169は、正面から背面に続けて「某白……月日白」の形式であり、その内容は待事掾の王純が命をねらわれている供述と、県廷に対処を要請したものである。[25]この背面左には、情報処理をした付記がある。

待事掾王純叩頭死罪白。……純愚戇惶恐叩頭死罪死罪。　J1③:169正、背

「今為言、今開」（付記）　四月廿二日白　J1③:169背

ところが五一広場簡牘では、この資料と密接に関連するJ1③:305の「白」文書がある。ここには上段に「君追殺人賊小武陵亭部」という題目があり、中段以下は、つぎのような内容である。

④兼左賊史順・助史條白。①待事掾王純言、前格殺殺人賊黄㑽・郭」幽。今㑽同産兄宗・宗弟禹於純門外欲逐殺純。②教屬曹今白。③守丞護・兼掾英議請移書賊捕掾浩等考實姦」詐。白草。

延平元年四月廿四日辛未白　J1③:305

これは殤帝の延平元年（一〇六）四月二十四日に、兼左賊史と助史が上申した文書で、「某白。……年月日白」という形式である。その内容をみると、①待事掾の王純が殺人を犯した人物を殺害したが、その同産の兄宗と宗弟の禹が王純の門外で殺そうとしているという供述を要約する。これはJ1③:169と同じ内容である。つぎに本文の中間に、②「教屬曹今白」とあり、『選釈』注釈では「教」を教令とする。このあと③守丞の護、兼掾の英が、文書を賊捕掾の浩たちに伝達して対処することを建議要請している。これをあわせて、④兼左賊史たちの上申文書となる。そしてそれが⑤「君……」という題目によって、つぎの指示をしている。

そこでJ1③:169は、いわば内部の供述として「四月二十二日」とあることが理解できる。そしてJ1③:169の背面には「今、言を為す。今、開く」という付記があり、これは臨湘県の県廷で受信したあと、それを処理した手順であろう。それに接続するのがJ1③:305であり、これは「延平元年四月二十四日」に発信している。

この両者の木牘から、J1③:169は内部の供述と申請を示している。そのため月日と「某叩頭死罪白」という文書になっている。しかしJ1③:305の文書は、年月日を記した「白」文書となっており、君という担当者が、小武陵亭部に

殺人賊の追補を命じた題目を記している。そこで「白」文書の機能は、内部の部署に取り次ぐときに用いており、「敢言之」の文書とはちがって、上申する略式の用法かもしれない。

それでは長沙呉簡の「白」文書との関係は、どのように理解できるのだろうか。『長沙呉簡竹簡〔肆〕』の木牘3904①の例では、つぎのような特徴がうかがえる。[26]

従掾位劉欽叩頭死罪白。謹達所出二年税禾給貸民爲三年種粮、謹羅列
人名爲簿如牒。請以付曹拘校。欽惶怖叩頭死罪死罪。
詣　倉　曹
八月四日白　　肆・3904①

1に、この長沙呉簡の「白」文書は、題目がなく、「某叩頭死罪白。……叩頭死罪死罪。月日白」の形式である。こうした傾向は、長沙呉簡が竹簡の簿籍を残した部署との関連をもつためかもしれない。

2に、五一広場簡牘では、編綴の痕跡があり、別の資料と接続していた可能性がある。しかし五一広場簡牘では、必ずしも簿籍の冊書と接続する送り状の用途はみられない。だから送り状の用途は、後漢と孫呉時代を通じた「白」文書の全体的な用法とすることはできない。

3に、五一広場簡牘と長沙呉簡の「白」文書は、県内の部署による文書という点で共通している。また両者は、やや緊急性はあるが、長吏に宛てた正式文書ではない。その内容は、事案の処置を願う供述や、県内の別部署に処置を依頼する上申文書である。長沙呉簡では、一部に「詣某曹」とある。そこで「白」文書の共通点をみれば、県内の部署で取り次ぎを申請する場合に、略式の上申文書として「白」を用いることが想定される。

以上のように、後漢時代では檄の機能をもつ簡牘や、後漢・三国時代の「白」文書の用法を追加することができる。

しかし文書を発信・受信するときに、情報処理の付記をする点では、共通した情報処理の方法となっている。これは他の簡牘の用法とともに、秦漢時代の情報システムの原理を継承しているといえよう。

四　行政機構と情報システムの選択

つぎに三国・魏晋時代の紙と木簡の併用と、東アジアの韓国や日本古代との関係について考えてみよう。

秦漢時代の簡牘・帛書から、魏晋簡牘・紙文書への変化では、籾山明、冨谷至氏の考察がある。(27) 籾山氏は、書信に付けられた封検を分析して、漢代の木牘と帛書に書かれた書信のうち、帛の形態を継承して、魏晋時代の楼蘭地区では紙の書信になったと推測する。そして書写材料としての紙の使用は、書信と地図に始まると想定する。また魏晋時代の楼蘭地区では、公文書類はすべて簡牘に記されると指摘する。冨谷氏は、楼蘭出土の書籍と書信が、すべて紙とする。しかし簿籍は、西晋時代に簡牘に書かれたものと、紙に書かれたものがあるという。そして公文書は、楼蘭のLA遺址とニヤ遺跡で木簡に書かれているが、文献史料では紙に書かれた詔書がうかがえるとする。これに対して検・符の単独簡は、依然として木簡が素材である。

伊藤敏雄氏は、魏晋楼蘭簡の残紙と簡牘をつぎのように整理している。(28)

残紙：書物、書信、券（莂）、簿籍、上行文書、名刺、習書

簡牘：木簡（簿籍、上行文書、下行文書など）封検、楬。　木牘（上行文書、簿、名刺、券（莂）、木印）

さらにこれを区分すれば、1紙に書かれた書籍と書信、2紙と木簡・木牘の両方にみえる文書と簿籍、券、名刺、3簡牘としての封検、楬、符などになる。ここには、表1のような特徴が見いだせる。

1に、漢代から魏晋時代にかけて、書籍と書信が早く紙に変化している。秦漢時代では、古墓から出土した竹簡・帛書の書籍や保存資料が、思想史や出土文献学、歴史学、法制史で注目されていた。これは『史記』『漢書』などの歴史書の素材と共通する資料でもある。これに木牘・帛書に書かれていた書信が、紙に変わっている。これは文章の本文だけを伝達することができ、文献史料と同じように、定着した資料という性格をもっている。

しかし2に、問題となるのは、文書や簿籍、記録にみえる情報システムである。これについては出土資料が少ないが、以下の点が確認できる。この内容では、木牘・木簡と紙に記された両方がある。このうち木牘は、リストにあたる複数行の記載（LA.viii.0107, LAiv.v.041）である。また木牘の文書（LA.viii.0193）は、「会月……謹案……」とあり、上行文書の伝達を示している。木簡の簿籍では、伊藤氏は表題簡、本文簡、内訳簡、集計簡に分けており、これまで文書として送付する記載はない。木簡の文書は断片であるが、木簡（LA.viii.0204）には「五月三日未時起」とあり、発信の付記がある。残紙では、簿籍と文書ともに本文だけで、情報処理の付記はみられない。したがって傾向としては、紙の文書と簿籍は本文だけであり、定着した資料に近くなっている。しかし木牘はリストと文書の控えにあたり、木簡には一部に情報処理の付記があることになる。この処理の付記は、情報システムの一部であることを示している。とすれば、文書や記録が紙に変わる一つの指標は、情報処理の付記の有無ということになろう。ただしこの場合も、簡牘から紙への移行は、ある時期を起点とするのではなく、併用しておこなわれる期間や、地域による差異を想定する必要がある。

3に、封検、楬は文書や簿籍を整理・送付する付属品であり、符は単独の用途をもっている。そのため遅くまで木製であるとおもわれる。

この情報システムで重要なのは、紙に書くか、あるいは木簡・木牘に書くかという書写材料の変化だけではない。

これは秦漢時代の情報システムでみたように、こうした簡牘の使用は国家の法制や行政制度とあわせて機能する性格をもっている。言い換えれば、秦漢時代では郡県制という地方行政制度のなかで、簡牘による情報システムが機能している。そのため公文書や簿籍、記録にみえる情報技術は、各時代の行政制度との関連で考える必要がある。この意味で、漢字文化では書誌学・思想史の対象となる書籍が大切であるが、簡牘を使った情報システムでは、国家と社会を結ぶ政治制度との関係が重要な課題となる。

この問題について、近年、韓国の木簡と日本古代木簡の比較が注目され、李成市氏は、「木簡は体系的な運用や社会での活用には膨大なノウハウや技術の蓄積を必要」とすると述べている。[29] ここには二つの問題をふくんでいる。

一は、韓国の木簡を使う方法は、独自に生まれたのではなく、中国の簡牘と紙の影響を受けていることである。近年、中国簡牘と楽浪郡の戸籍や書籍が注目されているのは、その一つである。[30]

二は、紙と木簡を使う方法の導入の問題である。これは銅鏡や文字を記した文物、あるいは書籍の普及とは違って、情報システムを使う政治制度の導入とセットになっている。したがって朝鮮半島や日本古代の国家に文字を伝達する政治制度が整備されていなければ、紙と木簡を使った情報システムは導入することができない。これは科学技術でいえば、受け入れる側の選択権にあたる。したがって韓国の木簡が六〜八世紀に使われ、日本古代の木簡が七〜八世紀にみえるのは、行政制度の導入と選択が、この時代まで遅れたことを示すものではないだろうか。そして日本古代の場合は、朝鮮半島を経由するほかに、中国大陸からの影響を受けているはずである。

このように秦漢時代の簡牘の用途によって、情報システムの原理を考えると、その原理は三国時代より以降の簡牘・帛書と紙・木簡にも受け継がれていることが想定できる。図1は、その概略を示したものである。こうした漢代以降の情報システムを導入する行政機構の背景を考えることによって、同時代に即した韓国・日本古代の紙文書・木簡を

内容		形態	秦漢時代	三国・魏晋～
書籍、保存資料		冊書	竹簡・帛書、木簡	紙写本
文書	本文	冊書	竹簡・木簡	紙文書
		檄	木材	紙文書
文書	処理、記録	冊書	木簡	紙文書（木簡）
		単独簡	木簡、木牘	紙文書、木簡
簿籍	本文	冊書	竹簡・木簡	紙簿籍
簿籍	処理、記録	冊書	木簡	紙簿籍（木簡）
		単独簡	木簡、木牘	紙簿籍、木簡
その他、付属品		単独簡	木簡、木牘	木簡
交通：伝、檄、符		単独簡	木簡、木材	紙文書、木簡

表1　簡牘・帛書、紙・木簡の内容

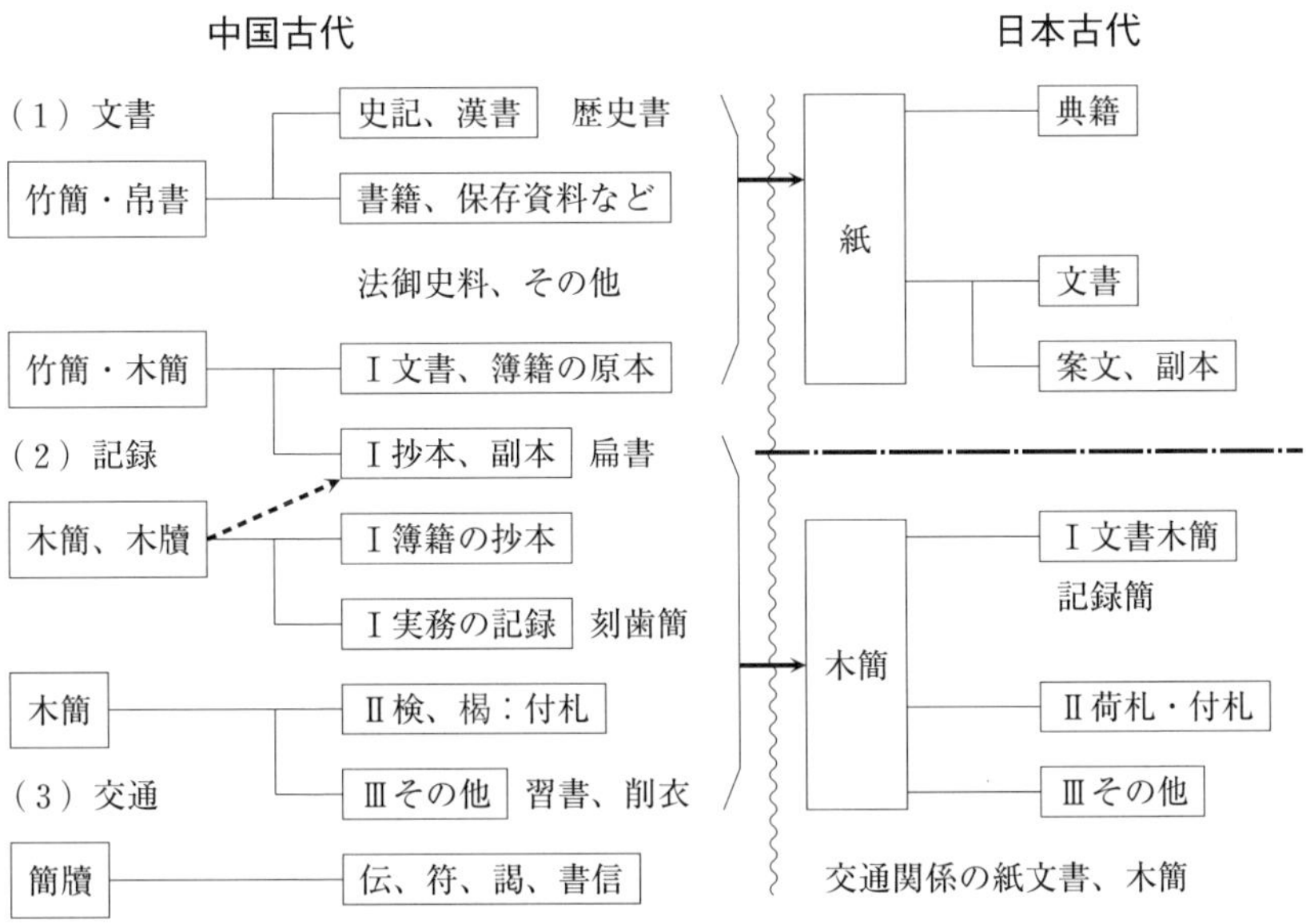

図1　中国簡牘と日本古代木簡

比較する資料学が構築できるとおもわれる。(31)

おわりに

ここでは東アジアの資料学を考えるために、とくに文字を使った情報システムという視点から簡牘の用途を検討した。このような情報システムは、『史記』『漢書』『三国志』のような文献史料では知ることができず、地下に残された簡牘の分析によって初めてわかる情報である。それを秦漢時代の簡牘から、三国時代以降の簡牘・残紙を中心として、情報システムの変化を概観した。その要点は、つぎの通りである。

一、秦帝国の情報システムは、里耶秦簡によって知ることができる。ここでは木簡・木牘（正面、背面）による情報システムが成立しており、それは戦国秦の制度を全国に適用したものと想定できる。この秦の情報システムは、漢王朝に継承され、武帝の時代には新しく領土とした辺郡でも導入されている。

二、漢王朝の情報システムは、西北辺郡の居延漢簡や懸泉漢簡によって、その方法を知ることができる。この情報システムと保管の方法は、秦代の原理と基本的に同じである。ただし長沙五一広場後漢簡牘や長沙呉簡には、漢簡にみえない形態と、漢簡の用語をうけた出土史料が追加される。

三、漢代以降の情報システムは、長沙呉簡、魏晋簡牘と残紙によって知ることができる。ここでは書籍や書信が早く紙に変わるのに対して、文書や簿籍、記録は、紙文書と木簡・木牘の両方があり、紙への移行と木簡の併用を示している。このうち木簡の文書には、秦漢時代の簡牘と共通する情報処理の付記がある。したがって同じ内容の文章は、その用途によって異なる形態の簡牘に書かれることがある。

四、秦漢時代から魏晋時代の情報システムでは、紙や木簡という素材だけではなく、それを使う行政機構の整備が必要である。三国から魏晋時代では、漢代の郡県制を継承した地方行政制度が展開している。したがって韓国や日本古代で、紙文書と木簡による情報システムは、それを導入できる政治制度が整って初めて選択できることになる。

このように考えれば、秦漢時代の政治制度と情報技術は、その後の情報システムの原形であり、その原理を明らかにすることは重要な意義をもっている。また三国から魏晋時代の簡牘と残紙の考察は、韓国・日本古代の紙文書と木簡の接点となっており、東アジアの資料学を構築する視野を開くものである。

注

（1）王国維「簡牘検署考」（一九一四年、王国維原著、胡平生・馬月華校注『簡牘検署考校注』上海古籍出版社、二〇〇四年）。

（2）大庭脩『木簡学入門』（講談社、一九八四年）、同『木片《きぎれ》に残った文字――大庭脩遺稿集』（桐原出版、二〇〇七年）、永田英正『居延漢簡の研究』（同朋舎出版、一九八九年）、冨谷至『木簡・竹簡の語る中国古代』（岩波書店、二〇〇三年）、同『文書行政の漢帝国』（名古屋大学出版会、二〇一〇年）など。

（3）拙著『史記戦国史料の研究』（東京大学出版会、一九九七年）、同『史記戦国列伝の研究』（汲古書院、二〇一一年）、同『史記秦漢史の研究』（汲古書院、二〇一五年）、同『中国古代国家と郡県社会』（汲古書院、二〇〇五年）、同『中国古代国家と社会システム――長江流域出土資料の研究』（汲古書院、二〇〇九年）、同『中国古代国家と情報伝達――秦漢簡牘の研究』（汲古書院、二〇一六年）、拙稿「秦漢時代的信息技術与社会」（中国社会科学院歴史研究所ほか編『第七届中日学者中国古代史論壇文集』中国社会科学出版社、二〇一六年）。

（4）先行研究の概略は、拙著『中国古代国家と社会システム』序章、同『中国古代国家と情報伝達』序章、終章で紹介している。

（5）拙著『史記戦国史料の研究』第一章「『史記』と中国出土資料」、同『史記戦国列伝の研究』序章、同『史記秦漢史の研究』

序章。

（6）拙著『中国古代国家と情報伝達』第二章「漢代地方の文書逓伝と情報処理」、第四章「漢代檄の伝達方法と機能」、馬怡「扁書試探」（『簡帛』第一輯、上海古籍出版社、二〇〇六年）など。

（7）拙著『中国古代国家と情報伝達』第一編第五章、第六章、第二編を参照。

（8）睡虎地秦簡には、陳偉主編『秦簡牘合集　壱』（武漢大学出版社、二〇一四年）、陳偉主編『秦簡牘合集』釈文注釈修訂本（武漢大学出版社、二〇一六年）の図版と釈文がある。また朱漢民・陳松長主編『岳麓書院蔵秦簡　参』（上海辞書出版社、二〇一三年）、『同　肆』（上海辞書出版社、二〇一五年）など。

（9）湖南省文物考古研究所編『里耶発掘報告』（岳麓書社、二〇〇七年）、湖南省文物考古研究所編『里耶秦簡　壱』（文物出版社、二〇一二年）、陳偉主編『里耶秦簡牘校釈』第一巻（武漢大学出版社、二〇一二年）など。

（10）陳偉「秦と漢初の文書伝達システム」（藤田勝久・松原弘宣編『古代東アジアの情報伝達』汲古書院、二〇〇八年）。

（11）里耶秦簡には、司空と倉官に所属する徒隷の労働を記した「作徒簿」が多くみえる。

（12）大川俊隆・籾山明・張春龍「里耶秦簡中の刻歯簡と『数』中の未解読簡」（『大阪産業大学論集』人文・社会科学編一八、二〇一三年）は、糧食や銭の出入に用いる簡牘と刻歯の対応を指摘している。

（13）拙著『中国古代国家と社会システム』第七章「里耶秦簡の記録と実務資料」。

（14）拙稿「戦国秦の国家形成と郡県制」（藤田勝久編『里耶秦簡・西北漢簡と実地調査による秦漢地域社会の研究』科学研究報告書、二〇一五年）では、秦早期文化遺跡の現地調査をふまえ、戦国秦の統治形態を再論している。

（15）漢簡では、李均明『秦漢簡牘文書分類輯解』（文物出版社、二〇〇九年）のほかに、甘粛省文物考古研究所など編『肩水金関漢簡　壱～伍』（中西書局、二〇一一～一六年）、郝樹聲・張徳芳『懸泉漢簡研究』（甘粛文化出版社、二〇〇九年）、張俊民『簡牘学論稿』（甘粛教育出版社、二〇一四年）、同『敦煌懸泉置出土文書研究』（甘粛教育出版社、二〇一五年）などがある。

（16）永田英正「文書行政」（『殷周秦漢時代史の基本問題』汲古書院、二〇〇一年）、籾山明「中国の文書行政」（平川南・沖森卓也・栄原永遠男・山中章編『文字と古代日本』2、吉川弘文館、二〇〇五年）。

(17) 拙著『中国古代国家と情報伝達』序章。

(18) 鷹取祐司「古代東アジアにおける付札の展開」（角谷常子編『東アジア木簡学のために』汲古書院、二〇一四年）。

(19) 拙著『史記秦漢史の研究』終章、同『中国古代国家と情報伝達』終章。

(20) 黄朴華・何佳・雷永利等「湖南長沙五一広場東漢簡牘発掘簡報」（『文物』二〇一三年第六期）、長沙市文物考古研究所・清華大学出土文献研究与保護中心・中国文化遺産研究院・湖南大学岳麓書院編『長沙五一広場東漢簡牘選釈』（中西書局、二〇一五年）。また長沙市文物考古研究所・中国文物研究所『長沙東牌楼東漢簡牘』（文物出版社、二〇〇六年）にも凹型の木牘に書かれた文書がある。以下の内容は、拙稿「東漢三国呉的長沙郡与文書行政」（秦漢魏晋南北朝史国際学術研討会提出論文、二〇一六年）による。

(21) 鄔文玲「漢簡中所見〝合檄〟試探」（呉栄曾・汪桂海主編『簡牘与古代史研究』北京大学出版社、二〇一二年）、何佳・黄樸華「試探東漢『合檄』簡」（前掲『長沙五一広場東漢簡牘選釈』）。角谷常子「木簡使用の変遷と意味」（前掲『東アジア木簡学のために』）は、多面体とは異なる五一広場の幅広簡の檄が、別の簡で覆う形態に注目している。

(22) 侯旭東「湖南長沙五一広場東漢簡 J1③:264-294考釈」（『田余慶先生九十華誕頌壽論文集』中華書局、二〇一四年）。

(23) 走馬楼簡牘整理組編著『長沙走馬楼三国呉簡・嘉禾吏民田家莂』（文物出版社、一九九九年）、走馬楼簡牘整理組編著『長沙走馬楼三国呉簡・竹簡　壱〜肆』（文物出版社、二〇〇三〜二〇一一年）、胡平生・李天虹『長江流域出土簡牘与研究』（湖北教育出版社、二〇〇四年）、關尾史郎「史料群としての長沙呉簡・試論」（『木簡研究』二七、二〇〇五年）など。

(24) 「白」を使った文書は、長沙東牌楼後漢簡牘や長沙呉簡の文書にみえている。王素・市来弘志訳「中日における長沙呉簡研究の現段階」（『長沙呉簡研究報告』第三集、二〇〇七年）、關尾史郎「『呉嘉禾六（二三七）年四月都市史唐玉白收送中外估具銭事』試釈」（『東洋学報』九五—一、二〇一三年）、角谷前掲「木簡使用の変遷と意味」、伊藤敏雄「長沙呉簡中の『叩頭死罪白』文書木牘考—文書木牘と竹簡との編綴を中心に」（『歴史研究』五一、二〇一四年）、同「長沙呉簡中の『叩頭死罪白』文書木牘」（伊藤敏雄・窪添慶文・關尾史郎編『湖南出土簡牘とその社会』汲古書院、二〇一五年）など。

(25) 王子今「長沙五一広場出土待事掾王純白事木牘考議」（『簡帛』九、二〇一四年）、高村武幸「長沙五一広場漢簡と簡牘研究」

（国際シンポジウム「後漢・魏晋簡牘研究の現在」報告論文、東京大学、二〇一五年九月二〇日）。

(26) 伊藤前掲「長沙呉簡中の『叩頭死罪白』文書木牘考」では、釈文の「詣金曹」を写真によって「詣倉曹」と改めている。

(27) 侯燦・楊代欣編『楼蘭漢文簡紙文書集成』全3冊（天地出版社、一九九九年）、籾山明「魏晋楼蘭簡の形態――封検を中心として」（二〇〇一年、『秦漢出土文字史料の研究』創文社、二〇一五年）、冨谷至「3世紀から4世紀にかけての書写材料の変遷」（冨谷至編『流沙出土の文字資料』京都大学学術出版会、二〇〇一年）。冨谷氏は、「文字情報だけの書物、手紙は最も早い段階で紙へかわり、検、券、符などの単に文字以外のいくつかの機能を内包していたものは、移行が最も遅れた」（五二二頁）とするが、公文書の変化についてては、詳しく述べていない。また籾山明「簡牘・縑帛・紙――中国古代における書写材料の変遷」（籾山明・佐藤信編『文献と遺物の境界』東京外国語大学アジア・アフリカ言語文化研究所、二〇一一年）は、紙の発見と普及にとって鍵となるのが絹であり、縑帛を媒介項とすることで「簡牘から紙へ」という見通しを提示している。

(28) 伊藤敏雄「魏晋楼蘭簡の再検討」（国際シンポジウム「後漢・魏晋簡牘研究の現在」報告論文、二〇一五年）をもとに、順序を変えている。

(29) 李成市「コラム歴史の風：日韓古代木簡から東アジア史に吹く風」（『史学雑誌』一二四―七、二〇一五年）では、日本の木簡の使用について、「文書などの本格的な使用は天武期以降とみられ、その頃から木簡の出土数が爆発的に増加する。そのような歴史的な背景に朝鮮半島からの遺民が大きな役割を果したという見解がある。これに従えば、木簡は体系的な運用や社会での活用には膨大なノウハウや技術の蓄積（システムとしての「木簡文化」）を必要とし、それらの欠如のために対馬海峡を木簡がなかなか渡れなかったと解されている」（四一頁）という。

(30) 李成市「漢字受容と文字文化からみた楽浪地域文化」（早稲田大学アジア地域文化エンハンシング研究センター編『アジア地域文化学の構築』雄山閣、二〇〇六年）は、三一三年に楽浪・帯方郡が滅びた後、朝鮮半島に古代国家が形成される過程で、特色ある漢字文化を創出したとする。また金慶浩「韓国の木簡研究の現況――東アジア資料学の可能性」（前掲『東アジアの資料学と情報伝達』）、戴衛紅「近年来韓国木簡研究現状」（『簡帛』第九輯、二〇一四年）、李成市「韓国出土木簡と東アジア世界論――『論語』木簡を中心に」（前掲『東アジア木簡学のために』）に紹介と考察がある。

（31）　東アジアの資料学では、工藤元男・李成市編『東アジア古代出土文字資料の研究』（雄山閣、二〇〇九年）や、前掲『東アジア木簡学のために』、前掲『湖南出土簡牘とその社会』に論考がある。市大樹『飛鳥の木簡』（中央公論新社、二〇一二年）は、日本の国家機構の整備と文字の使用が、七〇一年の遣唐使派遣より以前に朝鮮半島の影響をうけ、これ以降に中国の諸制度の摂取がみえると展望している。

王位の継承から見た周の東遷
——清華簡『繫年』を手がかりとして——

水野　卓

はじめに

歴史的事件のなかには、複数の資料に記されるほどの大きな事件が存在する。古代中国における西周王朝から東周王朝への移行もその一つであり、[1]「周の東遷」としてよく知られている。周の東遷の時期（東遷期と呼ばれる）については、いわゆる資料的な「暗黒時代」とされ、[2]不確かな部分が多いにもかかわらず、東遷の年代やそれに関係する地名、幽王を滅ぼして西周王朝を滅亡させた勢力や平王擁立に動いた諸侯といった点については、かなり詳細な分析がなされている。[3]しかし、筆者がこれまで春秋期に関して検討してきた、人と土地を支配する際の拠り所すなわち統治権という観点については、あまり言及されていないように思われる。何より、『国語』晋語一に、

　中人・鄫人、西戎を召して以て周を伐つ。周、是に於いて亡《ほろ》ぶ。

とあるように、周王朝は一度「亡」しているにもかかわらず、東遷した後でも依然として周王朝であり、なぜ一度「亡」した周王朝が復活しうるのか、言い換えれば、西周王朝の周王が有していた統治権がなぜ東遷後も継続しうるのかといった点については、それほど明確な回答が得られているとは言い難い状況にあろう。

周王の統治権については、筆者も、先に王子朝の乱を手がかりとして検討したことがあるが（以下、前稿とする）、それはあくまで春秋時代の後期に関してであり、春秋期の初め頃については、注のなかで、建国当初に周が天命を受けた地からは離れているため、中心的邑という概念の変化が課題であると指摘しただけであった。(4) 確かに、周王の統治権を分析する際には、中心的邑という場の問題も重要だが、松井嘉徳氏が「王朝の中心は、ある特定の地にその属性として与えられていたのではなく、文王・武王以来の正統性を引き継いだ現し身の周王自身が体現するものなのである」と指摘するように、(5) 周王自身（松井氏が言うところの「王身」）に統治権が集約されていたという一面があることからすれば、周王朝が東遷しても周王朝たりうる根拠は、西周王朝の周王から東周王朝の周王へ、何らかの形で統治権が継承され、そこに中心的邑についての概念変化が関わってくると推測されるのであり、この点の検討も必要であると思われる。

そこで本稿では、「東遷期」に関する伝世文献に関して、統治権という観点から改めて分析するとともに、近年出現した『清華大学蔵戦国竹簡　弐』（＝『清華簡　弐』）所収の『繋年』（以下『繋年』）にも、(6) 周の東遷に関する内容が含まれていることから、西周王朝から東周王朝へいかなる形で統治権が継承されたのかといった点について探ってみたいと思う。

一　伝世文献が伝える王位の継承

まず東遷期を描く伝世文献について、統治権の継続に関連する王位の継承に注目しながら見ていくことにしよう。

東遷期について最も豊富な資料を残しているとされる『国語』鄭語や『国語』周語では、特に王位の継承については

触れられていないが、『史記』周本紀では、

申后を廢し、太子を去るや、申侯怒り、繒・西夷・犬戎と與に、幽王を攻む。幽王、烽火を擧げて兵を徵《め》す。兵、至るもの莫し。遂に幽王を驪山の下に殺し、褒姒を虜にし、盡く周の賂を取りて去る。是に於いて、諸侯乃ち申侯に即《つ》きて、共に故の幽王の太子宜臼を立つ。是を平王と爲し、以て周の祀を奉ぜしむ。

とあるように、幽王が殺害された後に太子宜臼すなわち後の平王が即位しており、幽王→平王という王位の継承が記されている。

次に、前稿で周王の統治権を検討する際に主に用いた『春秋左氏伝』（以下『左伝』）を見ると、東遷期の状況を詳細に伝えているわけではないが、昭公二六年に、

〔王子朝曰く〕幽王に至りて、天、周を弔《あはれ》まず。王、昏《くら》くして若《したが》はず、用て厥の位を愆《うしな》ひ、攜王、命を奸せしかば、諸侯、之を替へて王嗣を建て、用て郟鄏に遷せしは、則ち是れ兄弟の能く力を王室に用ひたるなり。

とあるように、前稿でも検討した王子朝の反乱における子朝自身の発言の中に王位の継承に関する言及が見られる。この記事によれば、幽王の後に「攜王」なる人物がおり、その後に「王嗣」すなわち平王が王位についていることがわかる(7)。つまり、幽王→攜王→王嗣（平王）という王位継承を『左伝』は伝えていると言えよう。

これらと様相を異にするのが、『春秋左伝正義』昭公二六年が引く『汲冢書紀年』であり、

汲冢書紀年に云ふ、平王、西申に奔りて伯盤を立て以て大子と爲す。幽王と倶に戯に死す。是に先んじて、申侯・魯侯、許文公と平王を申に立つ。本《も》と大子の故を以て天王と稱す。幽王既に死して虢公翰、又た王子餘臣を攜に立つ。周の二王並びて立つ。二十一年、攜王、晉の文侯の殺さるる所となる。本と非適の故を以て攜王と稱す。

とあるように、一見、幽王と平王とが並立し、幽王の死後、攜王と平王とが並立したと読み取ることができる(8)。ただ

し、「先是」という記述に関しては、注釈家の追加部分であるという指摘があり、(9) 何より、「周の二王並びて立つ」とされるのは、平王が申に「立」ち、王子余臣が攜に「立」したことをうけて記されていることからすれば、平王が幽王と並立していたとは考えにくく、幽王→攜王・平王→平王という流れであったと思われる。

以上、東遷期における周王朝の王位継承に関しては、

i　幽王→平王〈『史記』周本紀〉

ii　幽王→攜王→平王〈『左伝』昭公二六年〉

iii　幽王→攜王・平王→平王〈『春秋左伝正義』引『汲冢書紀年』〉

という三つの伝承を確認できるわけだが、問題となるのは、攜王が存在していたのかという点と、平王がなぜ「周王朝」の王として即位できたのかという点である。前者については、『左伝』を見ると、攜王は王号で称されており、また王子朝の言として、「諸侯、之（攜王）を替へて王嗣を建つ」とあるように、攜王の「替」わりに平王が王位についていることからすれば、攜王は周王として存在していたようである。しかし、同じく王子朝の言において、「攜王、命を奸す」とあるように、攜王に対して否定的な態度が示されており、必ずしも正式な周王として認められていなかった可能性も残されているが、伝世文献からこれ以上のことは見出せない。

後者については、『史記』周本紀で太子であるが故に「立」されたと記されている点に着目するならば、伯服が太子となるにあたって、宜臼は国を去っており、春秋の初めのころまでの諸侯の太子が同時期に一人しか存在していないことと共通性が感じられる。諸侯の太子に関しては、太子が君主とともに祖先祭祀を担い得る長子として、君主と表裏一体の関係にあったため一人しか存在しえなかったが、(10) 東遷期の周王朝でも太子という存在が春秋時代の初めごろと同じように認識されていたとすれば、幽王と太子たる伯服が亡くなったことにより、宜臼すなわち平王だけが周

王朝の祖先祭祀を担い得る存在であり、それゆえ「立」されたと考えられよう。また、『汲冢書紀年』では、平王が「大子」であるがゆえに「天王」と称されたという記述が見え、(11)同時代資料たる青銅器銘文をもとに当時の「天王」の観念を明らかにした松井氏は、天王の称号について、「文王受命に基礎づけられた天子号の動揺と分散のなかで理解すべきもの」であると指摘しており、(12)特に氏が文王の受命と絡ませた点について、春秋期の太子に関する検討結果を重ね合わせるならば、平王が君主とともに祖先祭祀を担い得る大子であったがゆえに、文王を祭祀することができ、それにより、文王受命にも関わる「天王」という称号を得ることができたものと思われる。

以上から、平王が周王朝の王としての資格を有することは明らかとなったが、どのように文王を含めた祖先祭祀を再び行い得て、統治権を継承できたのかははっきりとしない。先に挙げた攜王の問題も含め、別の視点から考えてみることにしよう。

二　『繫年』が描く東遷期

『清華簡（貳）』には、『繫年』と呼ばれる資料が含まれており、そこには春秋時代の〝歴史〟が記されている。その第二章に東遷期のことが描かれており、すでに数多くの研究が発表されてきている。(13)ただ、いずれも伝世文献で東遷期に関して議論された点が主であり、新たな見解も出始めているが、ここまでに述べてきたような、周王が有する統治権といった観点については、あまり注意が払われているようには思われないため、この点を中心に見ていくことにしよう。

まず『繫年』の第二章について、全文の書き下しを示すと次のようになる。(14)

周の幽王、妻を西申より取り、平王を生む。王また褒人の女を取る。是れ褒姒にして、伯盤を生む。褒姒、王に嬖せらる。王と伯盤と平王を逐ひ、平王、西申に走る。幽王、師を起こし、平王を西申に圍むも、申人畀《あた》へず。繒人乃ち西戎に降り、以て幽王を攻む。幽王と伯盤と乃ち滅び、周乃ち亡ぶ。邦君諸正、乃ち幽王の弟の餘臣を虢に立つ、是れ攜惠王なり。立つこと二十又一年、晉の文侯、乃ち平王を少鄂に逆《むか》へ、之を京師に立つ。三年、乃ち東のかた徙《うつ》り、成周に止まり、晉人ここに始めて京師を啓く。鄭の武公もまた東方の諸侯を正す。ここに始めて周に朝せず、晉の文侯仇、乃ち惠王を虢に殺す。周亡王九年、邦君諸侯、

この中から王位の継承に注目すると、

幽王、伯盤と乃ち滅び、周乃ち亡ぶ。邦君諸正、乃ち幽王の弟の餘臣を虢に立つ。是れ攜惠王なり。

とあるように、幽王が「滅」してから攜惠王が「立」しており、幽王→攜惠王という継承を伝えていることがわかる。また、

晉の文侯仇、乃ち惠王を虢に殺す。周亡王九年、邦君諸侯、ここに始めて周に朝せず、晉の文侯、乃ち平王を少鄂に逆へ、之を京師に立つ。

とあるように、その攜惠王が晉の文侯に「殺」された後に平王が「立」されていることから、攜惠王→平王という継承も伝えていることがわかる。つまり、幽王→攜惠王→平王という継承を『繫年』は伝えており、これは前節でも取り上げた『左伝』が記す幽王→攜王→平王という継承によく似ている。これまで『左伝』が伝える周王の継承については、攜王の名は見えるものの、『左伝』以外では『春秋左伝正義』が引く『汲冢書紀年』に記載があるだけであったため、確証が得られなかった。しかし、ここにその存在を伝える資料が一つ増えたことは注目すべきであり、攜王についての具体的な分析がある程度可能になったと言えよう。

そこで『繫年』に記される攜王についての先行研究を見ると、

邦君諸正、乃ち幽王の弟の餘臣を虢に立つ、是れ攜惠王なり。

とあるように、邦君諸正によって攜王が「立」されており、また、攜王が「惠」という諡号を持っていることから、幽王を継承した正統なる周王として攜王を考える見解がある。[15] そのため、これに続く「周亡王九年」という記述についても、この「王」を攜王とする見解が有力だが、一方で幽王とする見解もある。[16] 確かに、「周乃ち亡ぶ」とあるように、幽王が「滅」したことで、周は「亡」しており、[17] 先に幽王→攜惠王→平王という王位の継承を挙げたものの、幽王と攜惠王あるいは平王の間には断絶があると考えた方がよいように思われる。特に、

平王、西申に走る……晉の文侯仇、乃ち惠王を虢に殺す。

とあるように、平王も攜王も「周」にはおらず、この周が天命を受けた中心的邑であり、ここにいることも「周王」たる要件だとすれば、幽王以降、厳密な意味で周王は存在していなかったと想定する方がよいのではなかろうか。[18] というのも、仮に攜王が周王として存在していた場合に気になるのは、

晉の文侯仇、乃ち惠王を虢に殺す。

とあるように、攜王が諸侯たる晉文侯に殺害されている点である。前稿でも示したように、周王の殺害は戦国期になってようやく見えるだけで、[19] 春秋時代において周王が殺害される例はなく、西周王朝においても〝歴史的事件〟としての周王の殺害は見当たらない。[20] どの時代であれ、少なくとも諸侯によって周王が殺害される事例はこれまでの資料にはなく、その意味で、攜王が果たして周王朝の「正統なる王」であったのかという根本的な部分から改めて検討する必要があるものと思われる。

では、攜王とは何者か。『汲冢書紀年』の注釈者も、また『繫年』の多くの注釈者も述べているように、攜は地名

であるとされており、「恵」が謚号だとすれば、[21] この第二章にも見える「晉文侯」「鄭武公」と同じように、「攜」の地を治める惠王と考えるのが自然であろう。あるいは、王号を称していることから、王国維の指摘を参考に、周王以外に王号を称した人物の可能性もあるが、[22]「邦君諸正」が「立」していることからすれば、「攜」という地のみに統治権が及ぶ周王という可能性も考えられよう。後者については、程平山氏も取り上げるように、[23]『詩経』大雅・蕩之什・韓奕に、

韓侯、妻を取る。汾王の甥、蹶父の子。

とあり、後代の解釈となるが、鄭箋に「汾王は厲王なり。厲王、彘に流さる。彘は汾水の上に在り。故に時人因りて以て之に號す」とあるように、「周」から逃れて汾水の上にいた厲王は、その地を冠して「汾王」と称されたと考えられること、また、春秋期ではあるが『左伝』に、

秋、頹叔・桃子、大叔を奉じ、狄師を以《ひき》ゐて周を伐つ。大いに周師を敗り、周公忌父・原伯・毛伯・富辰を獲《とら》ふ。王、出でて鄭に適《ゆ》き、氾に處《を》り、大叔、隗氏を以ゐて溫に居り。（僖公二四年）

とあるように、狄に攻め入られた周の襄王が鄭に逃れ、

鄭伯、孔將鉏・石甲父・侯宣多と、官具を氾に省視す。（僖公二四年）

とあり、後代の解釈となるが、杜注に「官司を省して器用を具ふるなり」、『左氏会箋』に「天子の具を以て官具となし、先に官具を省視して後に私政を聴く」とあるように、鄭の氾において「官具」といった天子としての政を行う準備が整えられ、鄭の地に本拠地を置いた周王として襄王が存在したと考えられること、この二点が参考となる。

もし、厲王と同じように、攜王が「周」から逃れているがゆえに攜王と称され、襄王と同じように、統治権が及ぶ実質的な範囲も限られていたとすれば、攜王の統治権が及ぶ範囲は攜に限られていた可能性は高いと思われる。だと

すれば、

周亡王九年、邦君諸侯、ここに始めて周に朝せず。

とあるように、幽王死去後の九年間、「邦君諸侯」が「周」に朝しなかった点についても、『繋年』第二章に、

魯侯顯・宋公田・衛侯虔・鄭伯駘、周王に周に朝す。

とあるように、「朝」する対象の周王が本来いるべき「周」にいなかったためと考えることができるのではなかろうか。[24]攜王については、以前、春秋期における新君の誕生を検討した際に見出した即位の三段階のうち、[25]「立」しか記されていないことから、攜王を支持した虢などは周王と認識していたかもしれないが、[26]対立をしていたと思われる晋の文侯は攜王が「周」にいないことから周王と認めておらず、だからこそ攜王を殺害した上で、

晋の文侯、乃ち平王を少鄂に逆へ、之を京師に立つ。

とあるように、平王を「立」することが可能であったと思われる。このように考えれば、『左伝』で攜王が「命を奸す」という微妙な表現がなされているのも、「立」していることから周王ではあるものの、攜という限られた地域しか統治できていないため、「命を奸す」という記述が残されたと捉えることもできる。ただ、攜王が周王朝の正統なる周王でないとすれば、平王はどのように周王朝の正統なる王となり、統治権を継続できたのであろうか。節を変えて考えてみよう。

三　京師という場の性格

先の検討をふまえれば、『史記』周本紀に、

是に於いて、諸侯乃ち申侯に卽きて、共に故の幽王の太子宜臼を立つ。是を平王と爲し以て周の祀を奉ぜしむ。

とあるように、平王が「周の祀を奉ぜしむ」ことができた背景には、平王が太子であったことが関わっていた可能性がある。では、平王はどのように祖先祭祀を行い、特に文王との受命と関わり得たのであろうか。そこで注目したいのが、『繫年』に見える、

晉の文侯、乃ち平王を少鄂に逆へ、之を京師に立つ。

という記述である。この「京師」がどの地であるかを巡ってはさまざまな意見が出されており(27)、もちろん場所の比定も重要な問題ではあるが、そもそも京師がいかなる性格を有するのかといった、京師という場所が持つ意味についてはあまり議論がなされていないように思われる。

確かに、京師という名称について、吉本氏が「周王朝東遷以前の「京師」は、伝世先秦文献では『詩』のみに見える」と述べ、青銅器銘文に見える「晉公𥂴」などを取り上げつつも、『繫年』が参照可能な材料としては『詩』のみであると指摘するように(28)、京師の地名比定については、同時代資料たる『詩』が有効かもしれない。しかし、その地が有する性格については、東遷以降の京師の事例もある程度参考にすることができるはずであり、そこで注目したいのが、京師の事例数が伝世文献のなかで最も多く確認できる『春秋』と『左伝』である。それを一覧にしたものが次頁の表であり、この中で興味深いのは、

二月、叔孫得臣、京師に如く。辛丑、襄王を葬る。(『春秋』文公九年)

六月、叔鞅、京師に如き、景王を葬る。(『春秋』昭公二二年)

冬、叔青、京師に如く。敬王崩ずるの故なり。(『左伝』哀公一九年)

とあるように、「京師」にて周王の「葬」が執り行われている点である。「葬」については春秋期の諸侯の例ながら以

表　『春秋』『左伝』に見える京師：32例

『春秋』14例	
桓公９年	「九年、春、紀の季姜、京師に歸ぐ」
僖公28年	「晉人、衞侯を執へ、之を京師に歸る」
僖公30年	「公子遂、京師に如き、遂に晉に如く」
文公元年	「叔孫得臣、京師に如く」
文公８年	「公孫敖、京師に如く。至らずして復る。丙戌、莒に奔る」
文公９年	「二月、叔孫得臣、京師に如く。辛丑、襄王を葬る」
宣公９年	「夏、仲孫蔑、京師に如く」
成公13年	「三月、公、京師に如く」
成公13年	「夏、五月、公、京師より遂に晉侯・齊侯・宋公・衞侯・鄭伯・曹伯・邾人・滕人に會して秦を伐つ」
成公15年	「晉侯、曹伯を執へて京師に歸る」
成公16年	「曹伯、京師より歸る」
襄公24年	「叔孫豹、京師に如く」
昭公22年	「六月、叔鞅、京師に如き、景王を葬る」
定公元年	「元年、春、王の三月、晉人、宋の仲幾を京師に執ふ」
『左伝』18例	
隠公６年	「冬、京師來たりて飢を告ぐ。公、之が爲に糴を宋・衞・齊・鄭に請ふ」
桓公９年	「九年、春、紀の季姜、京師に歸ぐ。凡そ諸侯の女の行く、唯だ王后のみ書す」
荘公11年	「〔凡そ〕京師敗るるを京師某に敗績すと曰ふ」
荘公18年	「虢公・晉侯・鄭伯、原莊公をして王后を陳より逆へしむ。陳嬀、京師に歸ぐ。實に惠后なり」
荘公30年	「夏、四月丙辰、虢公、樊に入り、樊仲皮を執へて京師に歸る」
僖公５年	「冬、十二月丙子朔、晉、虢を滅ぼす。虢公醜、京師に奔る」
僖公11年	「夏、揚・拒・泉・皐・伊・雒の戎、同に京師を伐ち、王城に入りて東門を焚く」
僖公22年	「王子帶、齊より京師に復歸するは、王、之を召せばなり」
僖公28年	「衞侯を執へて、之を京師に歸り、諸を深室に寘く」
成公13年	「三月、公、京師に如く」
成公15年	「春、戚に會するは、曹の成公を討つなり。執へて諸を京師に歸る」
成公18年	「〔晉の欒書・中行偃、〕荀罃・士魴をして周子を京師より逆へしめて之を立つ」
襄公５年	「士魴、京師に如き、王叔の戎に貳するを言ふなり」
昭公22年	「叔鞅、京師より至り、王室の亂を言ふなり」
昭公29年	「三月己卯、京師、召伯盈・尹氏固と原伯魯の子とを殺す」
昭公32年	「冬、十一月、晉の魏舒・韓不信、京師に如き、諸侯の大夫を狄泉に合わせ、盟を尋め、且つ成周に城くを令す」
定公元年	「〔晉、〕乃ち仲幾を執へて以て歸り、三月、諸を京師に歸る」
哀公19年	「冬、叔青、京師に如く。敬王崩ずるの故なり」

前検討したことがあり、新君として即位する際の第三段階として、亡くなった先君を祖先に列することで、始祖から先君までの祖先の序列が定められる儀式を意味していた。[29] だとすれば、京師において即位の各儀式が行われた可能性は高く、特に、「葬」を通して先君が祖先に列せられることから推測するに、歴代の周王たる祖先がこの京師という場に存在していたことは想像に難くない。京師が周王朝の祖先を意識させる場所であるとすれば、

九年、春、紀の季姜、京師に歸《とつ》ぐ。（『春秋』桓公九年）

虢公・晉侯・鄭伯、原莊公をして王后を陳より逆へしむ。陳嬀、京師に歸ぐ。實に惠后なり。（『左伝』莊公一八年）

とあるように、諸侯が周と婚姻を結ぶにあたって、周王の后となる女性が周に行くことを「京師に歸ぐ」と表現されている事例についても、春秋期の婚姻に関して、齋藤道子氏が「現実に生きている人間と祖先の二つの世界を共に含んだ、族と族（あるいは姓と姓）の結合であった」と指摘している点を参考にすれば[30]、理解しやすいものであり、少なくとも京師が祖先の存在を強く意識させる場であったことを裏付けるものとなろう。

また『左伝』に、

夏、揚・拒・泉・皐・伊・雒の戎、同に京師を伐ち、王城に入りて東門を焚《や》く。（『左伝』僖公一一年）

とあるように、京師の中に王城が含まれている点に注目するならば、周王と祖先との具体的な関係性も見えてくる。王城については、前稿で王子朝の反乱を検討した際に、「祖先の霊威」の及ぶ範囲であることを見出しており、特に王子朝の乱のような内乱が起きた際には、「「王城」において特定の祖先との一体化を目的とした祖先祭祀を行うことにより、非常時における周王が周王たりえた」と指摘したわけだが[31]、今回検討している東遷期も、いわば周王朝の内乱の一種であることからすれば、京師において、ある特定の祖先との一体化が行われた可能性は高い。しかも、先に「天王」号に言及した際に取り上げた、天王と文王受命の間には深い関係があるという松井氏の指摘を思い起こすな

らば、この京師において、文王との一体化が図られたものと思われる。つまり、『繫年』に平王が〝立於京師〟と記されていることは重要な意味を持っていたのであり、小南一郎氏が「徳が、個人よりも一つの家系に関わるものである」とした上で、「天命は、天が自からの元子（嫡子）と認めた王者に与えられた。加えて、元子として認知されるためには、徳の保有が必須の条件であった」と指摘している点を参考にするならば[32]、京師において平王が文王を含む祖先祭祀を行い、特に文王との一体化を行うことで天命を維持したからこそ、平王は周王朝を再興することができる正統なる周王として認められ、『史記』周本紀に「周の祀を奉ぜしむ」とあるように、周の祭祀を受け継ぐことができたと考えられるのである。

ただし、この結論は『繫年』という出土資料を交えているとはいえ、東遷期より後の時代の記録であり、果たして当時の実態を示しているのかといった疑問は当然出てこよう。しかし、佐藤信弥氏が莽京の検討をした際に、金文に見える「京」を逐一分析し、「京が元来周王室の祭祀の中心地を指す語であった」と指摘した点を参考にするならば[33]、「京」字を冠する京師も祖先祭祀の中心地であった可能性は高く、また、高山節也氏が青銅器銘文をもとにして、周王朝の天命について検討した際に、「天命は王室側の自認する観念として、文王における施政方針を嗣ぐことによって維持しうるものであったということになる」とし、「周王室の保有する天命の維持は、ひとえに文王にのっとることに依據するのであった」と指摘するように[34]、周王朝にとって文王にのっとることが天命の維持につながると意識されていたとすれば[35]、同時代資料である金文からも、文王との一体化が周王朝の再興につながったことが確認できるものと思われる。

おわりに

以上述べてきたことをまとめると次のようになる。まず、東遷期における王位の継承について伝世文献を改めて検討したところ、攜王を周王朝の正統なる王として認めるか否かが問題となることが判明した。そこで、清華簡『繫年』にも攜惠王なる人物が見えることから分析したところ、周王以外の王号を称した君主という可能性とともに、攜の地にしか統治権を及ぼすことのできない周王である可能性を指摘することができた。ただし、攜王は最終的に晋文侯に殺害されているように、攜王を周王としては認めない勢力がおり、それが後の平王を擁立したことから、周王朝の正統なる王としては認められず、それゆえ『左伝』では、攜王が「命を奸す」という記述が残されたと推測されるのである。

また、東周王朝最初の周王とされる平王は、伝世文献で「廃」されたとはいえ幽王の太子であり、春秋の初めのころの太子とは、君主と表裏一体の関係にあって祖先祭祀を担い得る者であり、君主とともに統治権が集約される存在であることから、平王こそが一度「亡」した周王朝を再興することができる唯一の正統なる人物である点を指摘した。また、『汲冢書紀年』には、平王が「大子」ゆえに天王とされたという記述があり、天王には受命の君たる文王を受け継ぐ意味が含まれているという松井氏の指摘を参考にしながら、『繫年』において、平王が「京師」で「立」せられている点に注目して「京師」の意味を探ったところ、伝世文献・出土資料・同時代資料たる金文いずれの検討からも、京師が祖先祭祀を行い得る中心地という見解を導き出すことができた。このことから、平王は文王を含む祖先祭祀を行い、特に天命の維持にも関わる文王との一体化を行うことによって、周王朝の正統なる王として即位し、周王朝を再興することができたのである。つまり、平王が文王と一体化したことこそが、一度「亡」した周王朝の統治権の継続につながったのであり、ここに西周王朝から東周王朝へのつながりを見出すことができたと言えよう(36)。ただし、注意すべきは『繫年』第二章に、

三年、乃ち東のかた徙り、成周に止まり、晉人ここに始めて京師を啓き、鄭の武公もまた東方の諸侯を正す。

とあり、「京師」を「啓」したのが晋人であると『繫年』が記しているように、平王が再興した周王朝はその当初からすでに諸侯あっての周王朝であり、いわゆる東周王朝の権威はその最初すなわち春秋の初期から特定の諸侯の存在が前提であったと言えるのである。

最後に、所々で言及してきた『繫年』第二章における「立」について少し触れておきたい。先にも述べたように、以前、春秋時代の新君即位について見出した「立」「即位」「葬」の三段階という観念が、もし『繫年』にも共有されているとすれば、東周王朝最初の王である平王の即位事情も少し見えてくる。平王は「京師」で「立」されたわけだが、その後、祖先祭祀の場で特定の場所に立って文王との一体化をはかったと推測されることから「即位」は行ったものと思われる。しかも、『左伝』では、京師において周王の「葬」が行われており、京師で「立」された平王も「葬」を執り行ったとすれば、君主とともに祖先祭祀を行い得る太子であり、京師において文王と一体化した可能性をもち、かつ即位の三段階を踏まえた平王が西周王朝を引き継ぐ正統なる周王として即位できるのは自然の流れではなかろうか。いずれにせよ、これはあくまで春秋時代における諸侯即位の三段階が前提となっているため、『繫年』における「立」「即位」「葬」については改めて検討する必要があると思われる。

注

（1）西周と東周という名称については、小南一郎「西周王朝の成周経営」（小南一郎編『中国文明の形成』朋友書店、二〇〇五年）が、「元来は、戦国時期に洛陽平原に併存した二つの政権の名称なのであった」（一一六頁）と指摘するように、戦国期における二つの政権の名称であるが、小南氏も「現在では、周王朝の二つの段階を区別する呼び名として用いられている」（一一六頁）と述べていることから、本稿では、東遷以前の周王朝を「西周王朝」、以後を「東周王朝」として用いることとする。

（2）吉本道雅『中国先秦史の研究』（京都大学学術出版会、二〇〇五年。初出は「周室東遷考」『東洋学報』七一―三・四、一九九〇年）、七七頁。なお、「東遷期」という語も本書による。

（3）「東遷期」に関して、中国では、崔述『豊鎬考信録』七や童書業『春秋史』をはじめとして、近年でも吉本前掲注（2）著書がまとめるように、許倬雲「周東遷始末」（同『求古編』連経出版事業公司、一九八二年）、于逢春「周平王東遷非避戎乃投戎辯――兼論平王東遷的原因」（『西北史地』一九八三年第四期）、宋新潮「驪山之役及平王東遷歴史考述」（『人文雑誌』一九八九年第四期）、周蘇平「周平王東遷原因之分析――与于逢春同志商榷」（『華夏文明』二、北京大学出版社、一九九〇年）、晁福林「論周平王東遷」（『歴史研究』一九九一年第六期）、邵炳軍「周平王奔西申与擁立周平王之申侯」（『貴州文史叢刊』二〇〇一年第一期）・「両周之際三次〝二王并立〟史実索隠」（『社会科学戦線』二〇〇一年第二期）・「両周之際諸申地望及其称謂辨析」（『社会科学戦線』二〇〇二年第三期）など枚挙にいとまがない。また日本でも、貝塚茂樹『貝塚茂樹著作集第一巻中国の古代国家』（中央公論社、一九七六年）をはじめとして、上原淳道『上原淳道中国史論集』（汲古書院、一九九三年）や松井嘉徳『周代国制の研究』（汲古書院、二〇〇二年）などに専論がある。

このように東遷期に関しては膨大な研究蓄積があるため、本稿では代表的あるいはこれまでの研究をまとめた最近の研究を基本的に挙げることとし、それ以外の先行研究については、それらを参照していただきたいと思う。

（4）水野卓「春秋時代の周王――その統治権と諸侯との関係に注目して」（『史学』八五―一・二・三〈文学部創設一二五年記念号（第二分冊）〉、二〇一五年）、四六頁。

（5）松井前掲注（3）著書、八一頁。

（6）清華大学出土文献研究与保護中心編・李学勤主編『清華大学蔵戦国竹簡 弐』（中西書局、二〇一一年）。清華簡発見などの経緯については、小沢賢二「清華大学蔵戦国竹書考」（同『中国天文学史研究』、汲古書院、二〇一〇年）に詳しい。

（7）「王嗣」については、後代の解釈となるが、『左伝』の晋の杜預の注（＝杜注）に「王嗣は宜臼なり」とあるように、宜臼のことだとすれば、『史記』周本紀に「諸侯乃ち申侯に卽きて、共に故の幽王の太子宜臼を立つ。是を平王と爲す」とあるように、平王のことを指すと考えられる。

（8）程平山「両周之際〝二王並立〟歴史再解読」（『歴史研究』二〇一五年第六期）は周王の並立に関する最近の研究であり、これまでの研究を詳細にまとめた上で、『繋年』の記事にも言及している。

（9）『汲冢書紀年』に見える「先是」については、沈載勲「伝来文献の権威に対する新しい挑戦――清華簡『繋年』の周王室東遷〈日本語訳〉」（『歴史学報』二二一、二〇一四年）が、Li Feng 2006, Landscape and Power in Early China: The Crisis and Fall of the Western Zhou, 1045-771 B. C. (Cambridge: Cambridge University Press)、성시훈「清華簡『繋年』二章試読」東アジア出土文献研究会二〇一二年一一月一七日)、陳偉「清華大学蔵竹書『繋年』的文献学考察」（『史林』二〇一三年第一期）といったこれまでの研究を紹介して、「注釈家が追加した部分である可能性が大きい」と述べている。

（10）水野卓「春秋時代の太子――晋の太子申生の事例を中心として」（『古代文化』六五―三、二〇一三年）。

（11）程前掲注（8）論文は、范祥雍『古本竹書紀年輯校訂補』（上海人民出版社、一九五七年）を引いて、「古本『竹書紀年』の原文ではなく、晋人の注解あるいは隋唐人の評論である」（六頁）と述べており、この部分を原文とは見ない指摘もある。

（12）松井嘉徳「周王の称号――王・天子、あるいは天王」（『立命館白川静記念東洋文字文化研究紀要』六、二〇一二年）、三〇頁。ただし、氏は、「「本大子」から「天王」という称号を導き出すことはできないと考えられる。『春秋』経文で平王が「天王」と記されていることをふまえたうえで、平王の称「天王」の由来を説明しようとしたのであろう」（三三頁）と述べるように、「本大子」などを後代の解釈と考えているようである。なお、『汲冢書紀年』の「天王」については、吉永慎二郎「春秋経及び春秋左氏伝における「天王」について」（『秋田大学教育文化学部研究紀要　人文科学・社会科学』六〇、二〇〇五年）にも言及がある。

（13）『繫年』に関する先行研究については、蘇建洲・呉雯雯・頼怡璇合著『清華二《繫年》集解』（万巻楼、二〇一三年）や小寺敦「清華簡『繫年』訳注・解題」（『東洋文化研究所紀要』第一七〇号、二〇一六年）が網羅的に紹介しており、特に、『繫年』をもとにした「東遷期」に関する研究については、吉本道雅「周室東遷再考」（『京都大学文学部研究紀要』第五六号、二〇一七年）に詳しい。なお、第二章を分析する上では、この小寺訳注を参考とした。

（14）『繫年』第二章の文字の比定と釈読に関しては、全章に書き下しを施した浅野裕一「史書としての清華簡『繫年』の性格」（浅野裕一・小沢賢二『出土文献から見た古史と儒家経典』、汲古書院、二〇一二年）や、主に伝世文献との関係を示した吉本道雅「清華簡繫年考」（『京都大学文学部研究紀要』五二、二〇一三年）を参考とした。

（15）「周亡王九年」に関する解釈を数多く取り上げている沈前掲注（9）論文では、幽王の正統なる継承者を攜王とする、朱鳳瀚「清華簡『繫年』所記西周史事考」（第四回国際漢学会議、中央研究院、二〇一二年六月二〇日～二二日、後に李宗焜主編『第四届国際漢学会議論文集――出土材料与新視野』、中央研究院、二〇一三年に収録）の説を引用している。

（16）「周亡王九年」については、小寺前掲注（13）訳注がまとめるように、文の区切り方や絶対年代、これに絡む二王並立など議論が錯綜しており、この記述が指す意味についてだけでも、幽王が滅んで後の九年とする『清華簡　弐』をはじめとする説と、攜惠王が殺害されて後の九年という復旦大学出土文献与古文字研究中心読書会「《清華（貳）》討論記録」（復旦大学出土文献与古文字研究中心〈二〇一一年一二月二三日〉）をはじめとする説、さらに幽王在位時の九年目とする王紅亮「清華簡《繫年》中周平王東遷的相関年代考」（『史学史研究』二〇一二年第四期。簡帛網〈二〇一三年六月一四日〉）など、いくつかの説に分かれている。

（17）『繫年』だけでなく、「はじめに」で挙げた『国語』晋語一でも、周は「亡」と記されている。『春秋』の「滅」を分析した貝塚前掲注（3）著書が「征服した国の祭祀を廃止することが滅だということになる」（三四七頁）と述べていることや、齋藤道子「春秋時代における統治権と宗廟」（伊藤清司先生退官記念論文集編集委員会編『中国の歴史と民俗』、第一書房、一九九一年）が、春秋時代における滅国の検討から、「統治権は国君の身柄そのものに集約されている」（二四四頁）と指摘していること、また『繫年』で周の「亡」の前に、幽王と伯盤の「滅」が記されていることからすれば、西周期と春秋期、「亡」と「滅」の違いなど検討すべき部分はあるものの、国の祭祀を執り行うことのできる君主などがいなくなることで、国の祭祀が絶えることを「亡」と表現したものと思われる。

(18) 厳密な意味で「周王」が存在していなかったとすると、「立二十又一年」の解釈も問題となる。『清華簡 弐』をはじめ、ここまで『繫年』に関する研究として主に挙げてきた吉本道雅・蘇建洲他・小寺敦・沈載勲などは「攜王が即位して二十一年」と見ているが、平勢隆郎「清華簡『繫年』に関する若干の話題」（出土資料と漢字文化研究会編『出土文献と秦楚文化』八、二〇一五年）はこの解釈に疑問を呈している。これについては紀年の問題が絡み、また『繫年』第二章に見える「周亡王九年」や「三年」にも関連するものであるため、別に検討を要するが、この直前に見える「是攜惠王」について、吉本前掲注(14)論文がこの第二章に見える「是褒姒」とともに、「原資料に対する二次的挿入に係ることを示す」（一三頁）と述べていることからすれば、「是攜惠王」と「立二十又一年」を必ずしも繫げて解釈する必然性はないように思われる。

(19) 水野前掲注（4）論文。

(20) 『墨子』明鬼篇に「〔杜伯、〕周の宣王を追ひて、之を車上に射る。心に中《あた》り、脊を折り、車中に殪《たふ》れ、弢《ゆみぶくろ》に伏して死す」とあるように、すでに亡くなっている杜伯によって宣王が殺害されたという伝承が見える。

(21) 攜については、『左伝』や『汲冢書紀年』の注釈で数多く議論されており、『繫年』の攜についても、異論がないわけではないが、『清華簡 弐』が雷学淇『竹書紀年義証』巻二七を引用して述べるように、基本的に地名と捉えられている。特に、陳偉「読清華簡《繫年》札記（一）」（簡帛網〈二〇一一年一二月二〇日〉）は虢の中の小地名と見ており、それをうけて程前掲注（8）論文は、虢国内にある惠王の臨時の都邑であると指摘している。

また「惠」という諡号について、王暉「春秋早期周王室王位世系変局考異——兼説清華簡《繫年》〝周無王九年〟」（『人文雑誌』二〇一三年第五期）は、『逸周書』諡法解などを引いて、「惠」が「善諡」であることから、攜惠王が当時の群臣百姓たちにとって、性格が温和で民衆たちに慈愛を施す君主として認識されていたと述べる。ただし、氏が引く『逸周書』諡法解では、例えば「霊」「厲」といった後世「悪諡」とされる諡号にも「善」なる意味が示されており、「惠」が一概に「善諡」

であるとは言い切れないと思われる。

(22) 西周期における諸侯称王については、王国維「古諸侯称王説」(『観堂別集』一)をはじめとして、最近でも谷秀樹「西周代天子考」(『立命館文学』六〇八、二〇〇八年)において検討がなされている。なお、諸侯ではないかもしれないが、『繫年』第四章には「赤翟王」という人物が見える。

(23) 程前掲注(8)論文。

(24) 周王が常駐していた場所について、小南前掲注(1)論文は青銅器銘文などの検討から、西周後半期のこととして、「宗周には宗教的な機能が色濃く、周王は、特別の場合を除いて、その宗周にいた」(一三三頁)と述べ、一方、谷秀樹「周王の所在地の変遷について――西周王朝における2つの王統」(『立命館文学』六三七、二〇一四年)は「西周後期の周王は通常「周原」に所在していたものと考えられ、西周中期以来の方針を継承し、「周原」に〝定都〟していたものと判断される」(四三頁)と述べるように、いくつかの説がある。『繫年』において「周」が何を指していたかを含め、『繫年』における周王が本来いるべき場所については今後の課題としておきたい。

(25) 水野卓「春秋時代の諸侯即位――『左伝』に見える「立」「即位」「葬」と新君誕生の認識との関係から」(『史学』七八―一・二、二〇〇九年)。

(26) 例えば、前稿(水野前掲注(4)論文「春秋時代の周王」)で検討した王子朝の乱では、「祖先の霊威」の及ぶ範囲である王城にいなくとも、『左伝』に「八月丁酉、南宮極、震す。萇弘、劉の文公に謂ひて曰く、君、其れ之を勉めよ。先君の力、濟《な》す可きなり。周の亡ぶるや、其の三川震す。今、西王の大臣も又た震す。天、之を棄つるなり。東王、必ず大いに克《か》たん、と」(昭公二三年)とあるように、東王たる敬王とともに王子朝は西王とされており、周王が本来いるべき地以外でも周王が存在した事例を確認できる。

(27) 『繫年』第二章に見える京師については、楊博「清華簡《繫年》簡文〝京師〟解」(『簡帛』一二、二〇一六年)が専門的に検討しており、そこでも京師の位置について、『清華簡 弐』は「宗周」、薫珊「読清華簡《繫年》」(復旦大学出土文献与古文字研究中心〈二〇一一年一二月二六日〉)や蘇建州他前掲注(13)著書は晋の都の鄂、吉本前掲注(14)論文は豊鎬といったように、様々な意見を紹介している。ただし、京師については、小南一郎「京師考」（岡村秀典編『中国古代都市の形成――長江流域における城郭都市形成過程の考古学的調査』、平成九年度～平成一一年度科学研究費補助金　基盤研究A（2）研究成果報告書、二〇〇〇年）が、『詩経』大雅・公劉に見える京師について、「この京師の語は、特定の土地に固定した地名ではなく、周族の移動とともに、京師が指す地点も移動していったのだと考えられる」（一〇八頁）とし、また大雅・民労の京師について「それぞれの時点で、周族の主体部分があった地点が京師と呼ばれた」（一〇八頁）と述べている点を参考にすれば、もちろん、『詩経』と『繫年』が描く時代が異なるため、安易な比較はできないが、周王朝の中核が持つ潜在的な観念として、周王朝の祭祀を行い得る平王を中心とした周族の主体部分があった地点が京師と呼ばれた可能性があるのではなかろうか。

(28)　吉本前掲注（14）論文、一六頁。

(29)　水野前掲注（25）論文。

(30)　齋藤道子「春秋時代の婚姻――その時代的特質を求めて」（『東海大学文明研究所紀要』一二、一九九二年）、八三頁。

(31)　水野前掲注（4）論文、三七頁。

(32)　小南一郎「天命と徳」（『東方学報』六四、一九九二年）、三・三四頁。

(33)　佐藤信弥『西周期における祭祀儀礼の研究』（朋友書店、二〇一四年。初出は「西周期における葊京の位相」『中国古代史論叢続集』〈立命館東洋史学会叢書四〉、二〇〇五年）、七三頁。なお『繫年』の「京」字の字釈については、曹方向（草野友子訳）「清華簡『繫年』および郭店楚簡『語叢（一）』の「京」字に関する一考察」（『中国研究集刊』闕号（総五八号）、二〇一四年）参照。

(34)　高山節也「西周国家における「天命」の機能」（松丸道雄編『西周青銅器とその国家』、東京大学出版会、一九八〇年）、三七一・三七二頁。

(35)　平王による周王朝の再興に文王が大いに関わっていたとすれば、豊田久『周代史の研究――東アジア世界における多様性の統合』（汲古書院、二〇一五年）が一連の研究を通して、「周王朝の君主権は、元来〝文・武〟の功績にそれぞれ比定された、この「天命の膺受」者と「四方の匍有」者との二つの地位を、その基本的な構成要素としていたであろう」（二八頁）と述べている点にも関連してこよう。確かに、『繋年』から明確に武王由来の地位は見当たらないが、同じく豊田氏が成周の「成」字について、「この、「四方」（「万邦」）を支配する、周王朝の開設を象徴する意味をもって営まれた「中国」の呼称」（一四六頁）であるとした上で、「現実的な「四方の匍有」者・〝武王〟の遺志によって営まれた、「四方の匍有」のその「四方」の中央の「中国」の呼称」（一四七頁）であると指摘しており、今回取り上げた『繋年』第二章にも「三年、乃ち東のかた徙《うつ》り、成周に止まり、晉人ここに始めて京師を啓く」とあるように、ここに見える京師が成周だとすれば、平王が成周を「啓」いたことで、武王の意志をも継いだと考えることができるのではなかろうか。

（36）西周王朝から東周王朝のように、一度滅亡あるいはそれに準ずる状況になった後、遷都したことで同じ国号を名乗る場合が中国史にはよく見られる。前漢と後漢、西晋と東晋、北宋と南宋など、これらが同じ国号を持つ背景については改めて検討する必要はあるが、いずれも後の王朝は前の王朝の一族が建国していることからすれば、今回検討したような祖先祭祀を担い得る人物の存在と、その人物による祖先祭祀という側面が関わっているのかもしれない。

商鞅県制の推進と秦における県・郷関係の確立
——出土史料と伝世文献による再検討——

孫　聞　博
（吉田章人・關尾史郎　訳）

はじめに

中国古代の都市と農村の問題は、これまで中国古代史研究の分野において重要な論点となってきた。秦漢時代は、中国史上初の中央集権的統一国家が誕生した時代であり、その制度設計や社会管理のあり方が後代に与えた影響は計り知れない。この初期中華帝国において、政府が社会管理の面で直面することになった基本的な問題は地域支配と戸口把握であり、当時の現実的な空間に即せば、城・郷の管理であった。

秦漢時代の城・郷の関係を検討するためには、まず秦がいかにして県制を実行し、かつ県と郷の関係を確立させたのかを見なければならない。このことは秦漢時代の城・郷関係に関する問題を検討する上での基本であり、かつ起点である。これまでの研究は二つの特徴をもっていた。一つは、東周時代の諸国において郡県制が出現した問題を論じる際に、その一つである秦について言及するというものである[1]。もう一つは、秦漢時代の県の行政組織の特質や吏員の設置を検討する際に、さかのぼって秦における県と郷の組織の展開について分析するというものである[2]。前者は官僚制と歴史地理をめぐる問題に重点が置かれ、後者は地方行政制度と行政運営の問題に重点が置かれることになる。とくに後者の検討は、近年、里耶秦簡が部分的に公開されるようになってから、しだいに進展が見られるようになった。(3)

県制の推進と県・郷の間での行政関係の確立とは密接に関連しており、一括して議論を進めるべき問題である。これらの問題については全体的に詳細な分析がすでに行なわれてきたが、鍵となる基礎的な問題においては、なお出土史料と伝世文献とを用いて、新たに検討を加えることが求められている。そのなかには、商鞅が推し進めた県制をめぐる史料解釈の問題、県制実施のプロセスと意義、「鄕部」や「鄕官」といった名称の背後にある県と郷との行政上の関係、秦代の県・郷の長官の禄秩の等級とその変化に見られる特徴、および里耶秦簡の「遷陵吏志」に見える秦代の県の吏員の規模などの問題が含まれる。

一　商鞅による県制実施のプロセスと意義・再論

秦代における県の長官には、「嗇夫」という語が用いられるほか、正式には「令」なる名称があった。このことは伝世文献のみならず、里耶秦簡をはじめとする出土史料からも明らかである。(4)かつて有力な根拠としてたびたび引かれてきた『漢書』巻一九上百官公卿表上にみえる「縣令・長、皆秦官、掌治其縣。萬戸以上爲令、秩千石至六百石。減萬戸爲長、秩五百石至三百石」(5)の「皆、秦官なり」という表現は正確さを欠くものであり、秦代の情況を説明することはできない。(6)孤証は定説になりえないが、これもその一例である。

秦の郡県制は漸次推進されていった。商鞅の変法では、主として当時の秦全域すなわち後には関中の内史管下となる地区に県制を実施していった。そのことを示す史料は次の三点である。

十二年、作爲咸陽、築冀闕、秦徙都之。幷諸小鄕聚、集爲大縣、縣一令、四十一縣。爲田開阡陌。東地渡洛。十四年、初爲賦。（『史記』巻五秦本紀）

（十二年）初（取）〔聚〕小邑爲三十一縣、令。爲田開阡陌。

（十三年）初爲縣、有秩史。

（十四年）初爲賦。（『史記』巻一五　六國年表）

居三年、作爲築冀闕宮庭于咸陽、秦自雍徙都之。而令民父子兄弟同室内息者爲禁。而集小（都）鄕邑聚爲縣、置令・丞、凡三十一縣。爲田開阡陌封疆、而賦税平。平斗桶權衡丈尺。（『史記』巻六八商君列伝）(7)

孝公一二年（前三五〇）、秦は新たな政治の中心を立ち上げるべく、雍城から咸陽への遷都を行なった。その後の地方行政制度改革もこのような背景のもとに展開された。中央から地方に波及させたのが、商鞅の進めた秦の行政制度計画の第二幕である。秦の国内全土に設けられた四一の県は、(8)郷や聚などもとからあった地方の集落を基礎として、行政手段を通じて、「集」・「聚」という方法によって設置されたものである。地域管理と戸口把握の点から言えば、県は秦の地方行政組織において最も基本的な単位であり、郡を置く以前には後代とは異なり、最高レベルの単位であった。「縣ごとに一令」・「令」・「令・丞を置く」などの記述では、長官は皆「令」に作っている。商君列伝はまた「令」「丞」には言及しているが、縣尉に言及がないのは注意する必要がある。(9)このことは、商鞅が県制を推し進める際、秦の県が最初に確立させようとしたのは、令・丞と史の系統だったことを示しているのであろう。

本紀と年表にはまた「爲田開阡陌」とあり、列伝には「爲田開阡陌封疆」とある。この大きな意味をもつ土地田畝制度は、孝公一二年の県の設置が完了した後にようやく施行された。これら二つの施策は関連づけて考えるべきである。県制の確立は、土地改革を実行するための基礎であり条件であった。

この後、年表には孝公一三年（前三四九）に、「初爲縣、有秩史」とある。前年の「縣を爲る」という記述は、本紀・年表・列伝のいずれにもはっきりと記載されており、ここにまた「初爲縣」とするのは適切ではない。しかも「有秩史」の前には動詞がなく、文章構造としても不自然である。中華書局標点本の句読は一考を要する。(10) 職官上、「有秩」と「史」の二つに分けられるべきで、だとすれば「初爲縣有秩・史」とすべきであろう。しかし、制度の施行を記す「初爲〇」という語句は、秦本紀・秦始皇本紀・六国年表など『史記』の各篇に数多く見られるが、一般的には一つの事項を記録するものであって、二つの事項や一連の事項を記す例は非常に少ない。「縣史」の用例自体もまた限られる。楊寛氏は概括的に「秦は県に初めて秩史を置いた」とし、(11) 大庭脩氏はこの部分を引いて、「初爲有秩史（吏？）」とするが、(12) 守屋美都雄氏はこれをうけて「大庭脩氏は「有秩の吏」かと疑っておられる」としつつも、「有秩の史」と解釈している。(13)

この問題に関しては、各地で出土した秦簡が参考になる。まず睡虎地秦簡の「秦律十八種」の「倉律」には、「□□□□□不備、……其毋（無）故吏者、令有秩之吏、令史主、與倉□雜出之、索（索）而論不備」（第三一～三二簡）、「月食者已致稟而公使有傳食、及告歸盡月不來者、止其後朔食、而以其來日致其食、有秩吏不止」（第四六簡）、同じく「金布律」に、「都官有秩吏及離官嗇夫、養各一人、其佐・史與共養」（第七二簡）、また「法律答問」には、「有秩吏捕闌亡者、以畀乙、令詣、約分購」（第一三九簡）などとある。(14) 新たに公刊された『岳麓秦簡 肆』にもまた、「置吏律曰、縣除有秩吏、各除其縣中。其欲除它縣人及有謁置人爲……有秩吏、能任者、許之。……縣以攻（功）令任除有秩吏」(1272, 207, 1245, 208)、「有秩吏及縣令除有秩吏它縣者」(1303, 216)、「●獄史・令史・有秩吏・及屬・尉佐以上」(0559, 334)、および「屬・尉佐・有秩吏、執灋免之」(0520, 349) などとある。(15) このように、これらの諸簡では等しく「有秩吏」とか「有秩之吏」とある。これと区別されるのは、「小佐毋（無）秩者」（1396, 210）とか「佐吏」（1367, 211, 1378, 213）に属することになる。年表においても左のように作るべきである。

初爲縣有秩史（吏）。

睡虎地秦簡や岳麓秦簡の各整理小組は文献史料に依拠して、いずれも百石以上の官吏を有秩とした。しかし前漢初期には、「有秩」は禄秩上は百石よりも高く、「張家山漢簡のなかでは、二百五十石から百廿石とし、百石の斗食と佐史には及ばない」のである。[16]秦代も大体これに近かったと考えるべきであろう。裘錫圭氏はかつて、「おおよそ「有秩」を冠する小吏では嗇夫が最多であったので、有秩の語はしだいに、もっぱら有秩嗇夫の略称になっていった」と考えた。[17]「都官有秩吏」とある都官系統に所属するものをのぞけば、「有秩」は類別上は主として県廷内の諸官嗇夫に対応する。秦代の県の諸官は、倉・司空・庫・田など以外に、郷も包括していた。里耶秦簡に見える遷陵県の行政運営でとくに注目されるのは列曹と諸官である。県廷には、戸曹・倉曹・尉曹・吏曹・司空曹・令曹・金布などの列曹が設けられ、さらに倉・司空・田・畜・庫・少内、および郷などの諸官があった。列曹は令・丞に属し、多くは令史によって担当された。筆者はかつて、「『洪范五行傳』中に列挙されている曹と官では、諸官が列曹に比べるとやや多い。しかし目前の秦簡史料が示すところでは、秦代の県では、諸官の数が列曹に比べるとやや多く、かつ『洪范五行傳』の記載と対応するものも列曹に比べると高い。秦から前漢中期にかけて、県内の諸官の組織・機構は比較的突出した特徴であり、列曹と同じように重視されるべきである」と指摘した。[18]いま見ると、このような情況は秦によって県制が施行された早々からすでにあらわれていた。「令・丞を置いた」後、年表が続けて翌年に「初めて縣の有秩の史（吏）を爲る」と記したことは、大きく二つの問題を反映している。一つは、秦の孝公一三年に、商鞅が県に置かれた長吏をもとに、さらに県に属吏を設けることにより、初めて県の行政組織の基本的な骨格をうち立てたことである。その重要な構成要素となった属吏系統に、主に諸官の有秩嗇夫が置かれたことが特徴的であった。二つ目は、諸官嗇夫に郷嗇夫が含まれていることである。県・郷の組織上の関係もこのプロセスのなかでうち立てられた。秦県の行政はこれにより、上述の骨格のもとに運営が進められたのである。

秦の賦税制度改革は、本紀と年表に「初爲賦」とあり、列伝には「而賦税平」とあって、県・郷の行政が確立された後に推し進められた。しかしこれと関連する度量衡制度の統一、すなわち「平斗桶權衡丈尺」は、列伝の下文にある「行之四年、……居五年、……其明年、齊敗魏兵于馬陵」という文をもとに、[19]おおよそ「初爲賦」の翌年の孝公一五年（前三四七）から継続的に進められてきたと考えられる。商鞅の方升には「十八年、齊遣卿大夫大衆來聘、冬十二月乙酉、大良造鞅、爰積十六尊（寸）五分尊（寸）一爲升（下略）」とあり、量制は孝公一八年に最終的に確立した。[20]

以上述べたことをまとめると、秦の県制の確立は商鞅による第二次変法の路線の中心課題であり、これに続く改革の施策の実行に対して、鍵となる作用と重要な意義を果たしたのである。[21]

二　令・有秩と長・嗇夫：秦漢時代の県・郷の長官の禄秩に見える変化

後代と比べ、秦代の地方行政組織において県・郷はどのような特徴を有しているのだろうか。従来、このような視点から県・郷に関する問題を検討したり、注目したりすることはほとんどなかった。しかし出土資料が蓄積されるにしたがい、私たちは、令・長、有秩・嗇夫などの官職名称の変化から、秦代の県や郷の長官の禄秩に見える変化のさまを検討できるようになった。

『商君書』境内篇に、

五百主、短兵五十人、二五百主、將之主、短兵百。千石之令、短兵百人、八百之令、短兵八十人、七百之令、短兵七十人、六百之令、短兵六十人、國封尉、斷兵千人、將、短兵四千人。[22]

とある。この一文が言及する職官は、「國封尉」[23]、「將」などが武官系であり、「某石之令」とは秦代の県令をさす。戦国時代の秦は、長官を含め県吏が軍事や戦争に参与したのである。[24]「五百主」・「二五百主」に至っては、李零氏は「この中に出てくる「五百主」とは、今まで「五百人の長」と一貫して解釈されてきた（朱書・高書『訳注』参照）が、これは正しくない。私たちは過去に、上孫家寨出土の漢簡の研究から既に指摘したが、簡文の「五百將」は禄秩の名称であり、実際に指揮したのは百人だけであって、五百人ではない。この「五百主」は事実上「五百將」である。「五百將」は「五百」と略称されることもあった」[25]とする。従うべき見解であろう。「二五百主將之主短兵百」・「千石之令短兵百」と、短兵の配備は等しく百人となっているが、両者は書き分けられている。このような書き方は、兵士数ではなく秩級と考える上での証左となろう。しかし、「五百主」・「二五百主」が「千石之令」の前に置かれており、諸県の令と緊密に関連づけられているのに対して、「國封尉」・「將」とは離れて置かれているので、李零氏が言う「秩を以て称して」いる「五百主」はわかりやすく関連する秩級の県令と対応させられている。李零氏は、境内篇に見える爵級・秩禄と漢代の爵級・秩禄の対照表を作成しているが、そこでは「百將・五百主（五百之令）[26]」としている。今、関連する職官に配された短兵の護衛者数を見てみると、最初の「五百主、短兵五十人、二五百之主、將之主、短兵百」では、数が少数から多数の順に並んでいる。「千石之令、短兵百人、八百之令、短兵八十人、七百之令、短兵七十人、六百之令、短兵六十人」の箇所では、数が多数から少数の順に並んでいる。そして最後の「國封尉、斷兵千人、將、短兵四千人」では再び数が少数から多数の順で並んでいる。このように、書式が明らかに不統一なのである。もし右の文章をいくつかに分けるとすれば、左のようになろう。

A・五百主短兵五十人二五百主將之主短兵百
B・千石之令短兵百人八百之令短兵八十人
C・七百之令短兵七十人六百之令短兵六十人
D・國封尉短兵千人將短兵四千人

各段の文字数は、一八、一七、一八、そして一三となる。この中では、A～Cの三段の文字数が基本的に近い。戦国・秦漢時代の書籍は多くが簡冊に書写されたが、この四段の文字数はいずれも一枚の簡に書写可能な範囲内である。AとDの内容は近く、少数から多数への配列である。それに対して、CとBの内容は近く、多数から少数への配列である。最初に武官について述べ、次いで県令に及んだと考えるべきであろう。順番を入れ替えてみると、つぎのようになる。

A・五百主短兵五十人二五百主將之主短兵百
D・國封尉短兵千人將短兵四千人
B・千石之令短兵百人八百之令短兵八十人
C・七百之令短兵七十人六百之令短兵六十人

だとすれば、「五百主」らは県令の序列ではなく、武官の序列に含まれるべきである。秦官の禄秩は五百石が最低基準だったが、当時、「五百之令」やそれよりも低い禄秩の県の長官は存在しておらず、戦国秦の県令の禄秩は主に千石・八百石・七百石・六百石の四クラスであった。(27) 先に引用した「百官公卿表」は県クラスの行政単位のランクを論じているが、「一万戸を基準として、県の長官を県令と県長に区別することは秦で始められたが、その後も広く行なわれた(28)」とか、「当時、県は一万戸を上限として、大小二つのランクが設けられており、大県は長官を令と呼び、小県は長と呼んだ。その起源は秦制である[29]」という認識は、考慮すべきである。秦始皇本紀の所謂「集爲大縣」という記事と、范雎が秦に入って「至湖、望見車騎從西來。范雎曰、彼來者爲誰。王稽曰、秦相穰侯東行縣邑[30]」という記載は、注目に値する。秦が設けた県は、後代と比べると「大縣」の様相を呈していた。そのため相邦の穰侯が巡行に出るのは、「縣邑に行く」とも称されたのである。

前漢建国後、秦代の県を分割し、漢代の県の長官としては「令」のほかに、「長」も置かれるようになる。張家山漢簡「二年律令」具律は、「縣道官……獄事當治論者、其令・長・丞或行鄉官視它事、不存、及病、而非出縣道界也」（第一〇二～一〇四簡）、「气（乞）鞫者各辭在所縣道、縣道官令・長・丞謹聽、書其气（乞）鞫、上獄屬所二千石官」（第一一六簡[31]）など、等しく「令・長」と併記されている。同じく「二年律令」秩律の記す漢朝の管轄下にあった二百余りの県の長官の禄秩の情況を見ると、千石・八百石・六百石の者が二四四例前後、五百石が四例（陰平道・蜀（甸）氐道・縣（緜）遞道・湔氐道の長）、三百石が二例（黄郷長・万年邑長）である。李昭君氏は当時の道・郷・邑には長がいるが、県には長がおらず、県の長官は全て令であり、六百石以上であったとしており[32]、このことは考慮すべきであろう。先に引いたように、「縣・道の官」という連称から、秦漢時代、道が県と同じレベルの行政単位であったことは明らかである。黄郷と万年とはそれぞれ高祖劉邦の母である昭霊夫人と父の太上皇の陵邑であり[33]、郷ではなく県であった。これら五百石・三百石の長官はいずれも「長」を称しており、まさに「縣令・長」の「長」の呼称がここに出現したことを示している。しかし県長は実際にはもとの秦代の県令の六百石を基礎としつつ、禄秩は下降している。県長の禄秩は、秩律に五百石・三百石とされ、その多くは道と陵邑に集中している。前漢初、県長の数は県令の数よりもはるかに少なく、県長の制度や呼称が始められて間もない状況を反映していた。尹湾漢簡の「東海郡吏民簿」に見える前漢・成帝期の東海郡には三八の県と侯国があったが、そのうち七つの県には県令が置かれ、禄秩はそれぞれ千石・

八百石・六百石であった。また一三の県・邑に置かれた県長は、禄秩四百石・三百石に対応し、一八の侯国における侯相の禄秩は四百石と三百石であった(34)。後二者の数が前者の数を上回り始めていることがわかる。李昭君氏の統計によると、「後漢の県令は五百前後に上り、県・邑・道の総数一一八〇の約四二パーセントを占める」という(35)。このような情勢は継続して発展してきた。県長は県令よりも遅れて出現したが、その数はしだいに増加し、ついには優勢になった。先に引いた百官公卿表には、「……令、秩千石至六百石。……長、秩五百石至三百石」と、令と長が明確に区別されている。これは前漢の前・中期の事情を反映している。以前から「漢は秦制を承けた」と言われてきたが、県制については、秦制の影響が大きく、かつ秦からの継承が際立つ前漢初年においても、すでにわずかながらも違いが現れている。秦代、県の長官の禄秩はいずれも六百石以上で、このことが「令」と呼ばれる理由であった。秦代、令という名称が用いられたのは、県の地位が一般的に前後漢よりも高く、かつその長官の権力が突出していたという特徴を反映しているのである。

秦代の県の長官の秩禄と同様に、秦代の郷嗇夫の禄秩も比較的高いものであった。「二年律令」の秩律には、「郷部二百石」・「郷部百六十石」とあるのに続き、「都市亭厨有秩者及毋乗車之郷部、秩各百廿石」(第四七一～四七二簡)とある。「郷部」とは郷部嗇夫の略称である。ここにあるように、最低の禄秩の「郷部」嗇夫は、一二〇石である。直近の第四七〇簡に「都官稗官及馬苑有乗車者、秩各百六十石、有秩毋乗車者、各百廿石」とある「有秩毋乗車者、各百廿石」を参照すると、秦代と前漢初年の「郷部」嗇夫の禄秩は明らかに前後漢と比べて高く、いずれも百石以上で、「郷の(有秩の)嗇夫」であった(36)。興味深いのは、秦漢時代の郷嗇夫は、ランク上、県の長官とよく似た変化をたどっていることである。秦代から前漢初年には、郷の有秩嗇夫の多くは、職官名を省かれて、「○郷＋人名」と表記されていた。このような省略の習慣は、文帝・景帝の頃までほぼ続けられていた。しかし武帝初期の松柏漢簡に、「江陵西郷有秩嗇夫」(37)といった表記が見られることは注目するに値する。武帝の中・後期から後漢初期にかけての居延漢簡では、郷の長官の呼び方が、すでに「○郷有秩＋人名」・「○郷嗇夫＋人名」に変化している。これらはどちらも略称であり、正しくは、○郷有秩（嗇夫）・○郷（斗食）嗇夫とすべきである。これは、『續漢書』百官志五の「大郷置有秩、小郷置嗇夫」という記述と対応している。秦代と前漢初年の「○郷＋人名」は、禄秩のクラスこそ細かく分かれていたものの、みな有秩であった。武帝の治世から後漢にかけて「○郷有秩＋人名」・「○郷嗇夫＋人名」には、禄秩の区分から有秩と斗食の二つがあった(38)。県の場合と同様に、郷斗食嗇夫は、実際はかつての秦代の有秩嗇夫の基礎の上に、禄秩が下降したものなのである。

令・有秩から長・嗇夫なる称号の出現、秦代の県・郷における長官の禄秩の変遷は以下のように示すことができよう。

	秦	前漢初期	前漢後期
県	令：千石至六百石	令：千石至六百石 長：五百石至三百石	令：千石至六百石 長：四百石至三百石
郷	有秩：二百石・百六十石？	有秩：二百石・百六十石・百廿石	有秩：百石 斗食：百石以下

三　「鄕部」と「鄕官」——呼称にみる県級行政の特徴——

県級の行政組織と比べ、秦代、郷は県の管下に確立された当初、権力構成上、どのような特徴を示しているのだろうか。私たちはいかなる角度から、県と郷の行政の関連するさまを把握すればよいのだろうか。先行研究の多くは、県・郷の行政や城・郷の関係をただ上下間の関係に限定して検討してきた。そして張金光氏が指摘するように、「厳格に言うと、郷と里は基層政権の特徴をそなえ、行政組織のなかでランクづけされているだけである」と理解されてきた(39)。

しかし城・郷の角度から見ると、郷はまちがいなく県の一部であり、郷の行政は県の行政の重要な構成要素なのである。郷の責任者は秦漢時代の出土史料によると、「鄉部嗇夫」と呼ばれ、また「鄉部」と略称された。彼らは県から派遣された吏であり、実際の身分は県吏であった。また「部」とは、空間的な地域区分を強調したもので、単純な上下関係ではない。県・郷の行政や城・郷の関係に言及する場合、多く「都」や「離」などの概念が用いられ、まさに「都中」とか「離鄉(40)」といった区分が行なわれるが、その原因はまさにここにあるのである。

これと同時に、私たちが注意すべきは、県と郷では官吏の構成には、大きな相違が存在することである。郡と県では長吏の構成に若干の差異が存在することも事実だが、郡の長吏には守・丞・尉がおり、県の長吏には令・丞・尉があって、よく似ている。郡と県とは均しく独立した一つの政治組織なのである。一方、郷吏は主に嗇夫と佐で構成されており、郡や県とは明らかに異質である。郷吏は県に対して「部吏」と称する以外、秦漢時代の出土資料では官と称し、「鄉官」と書かれている。郷官は、秦代の県の倉・司空・田・畜などの諸官と同じように、嗇夫・佐・史から組織されただけではなく、同じように県廷の「下部機構」に属していた。里耶秦簡では、王援の吏としての功労について述べた一節に、つぎのようにある。

冗佐上造臨漢都里曰援。
爲無陽衆陽鄉佐三月十二日、

凡爲官佐三月十二日。（第一欄）
庫佐冗佐。（第二欄）
年卅七歲。
族王氏。（第三欄）
爲縣實工用、端月行。（第四欄）
庫六人（背）（8-1555）（出土登記号8-1563）[41]

「凡そ官佐と爲る」とは、「無陽衆陽鄕佐と爲った」ことを意味する。すなわち「鄕佐」は「官佐」に属するのであって、このことは、郷部も諸官と目されていたということである。[42]かかる角度からすれば、県・郷の行政は、行政単位の上下間からのみ考えるべきではなく、同時に「県廷—諸官」という行政運営の面からも慎重に検討を進めていかなければならないのである。

四　「遷陵吏志」と秦県における吏員の規模

里耶秦簡には、以下のような記述がある。

遷陵吏志
吏員百三人。
令史廿八人、
[其十]人繇（傜）使、

今見十八人。（第一欄）
官嗇夫十人。
其二人缺、
三人繇（徭）使、
今見五人。
校長六人、
其四人缺、
今見二人。（第二欄）
官佐五十三人、
其七人缺、
廿二人繇（徭）使、
今見廿四人。（第三欄）
牢監一人。
長吏三人、
其二人缺、
今見一人。
凡見吏五十一人。（第四欄）（7-67＋9-631）[43]

「吏員百三人」、「凡見吏五十一人」とあるが、吏員の総数は合計すると一〇一人となり、簡に記されているよりも二人少ない。里耶秦簡8-1137には、「吏凡百四人、缺卅五人。・今見五十人。☐」(44)とあって、数字は比較的近いものの、記述された時期が異なる可能性もある。「見吏」からは、臨時に官署におらず、署外で「繇（徭）使」されている者が除かれている。遷陵県の吏員は本来は一〇三（あるいは一〇二）人いるべきところ、署外で「繇（徭）使」されている者が三五人、「見吏」が五一人であった。ようするに、この統計によれば、遷陵県では実際に在職している吏員は八六人で、欠員が一五人ということになる。

吏員の員数を考える際に、遷陵県城の規模と管下にあった戸口数に注意しておく必要がある。徐龍国氏が長江の中・下流域に置かれた秦漢時代の「県邑城」を、その規模によって「中型の県邑城」、「小型の県邑城」、および「特に小型の県邑城」に分類している。そのなかで「特に小型の県邑城」は「面積が二五万平方キロメートル以下」(45)とされている。里耶古城は「城址の南北の長さは二一〇・四メートル（護城河の外縁から計測）、東西の現存部分の長さ一〇三～一〇七メートル（護城河の外縁から計測）で、現存部分の面積は二万平方メートルほど」(46)なので、すでに知られている三一の「特に小型の県邑城」のなかでもおそらくは最も小さい規模のものである。秦代の遷陵県の編戸数については、唐俊峰氏が分析しており、多く見積もってもおおよそ三百から四百程度としている(47)。また王偉・孫兆華両氏は、「秦始皇帝の廿八年から三三年、三五年の遷陵県の実戸数は一五二～一九一戸、その口数はおおよそ一～二千人」と算出している(48)。これらの人びとが三郷六里に居住し(49)、政府の管理を受けていたのである(50)。

尹湾漢簡の「東海郡吏員簿」には東海郡管下の二〇の県邑が列挙されているが、その吏員の規模は一〇七人から二二人とまちまちである。そのなかで、遷陵県の「吏員百三人」と数字的に近いのは、海西・下邳両県で、ともに「凡百七人」とある。この二つの県は、東海郡の二〇県の冒頭に置かれており、県令の禄秩はともに県の長吏では最高の千石である。また先の在職中の吏員数である八六人で見てみると、東海郡のなかでこれと近似する県は蘭陵県で、その吏員は「凡八十六人」となっており、東海郡の諸県のなかでは第四位だが、県令の禄秩はやはり千石である。郷の有秩や郷嗇夫の数については、右の三県は、一四（四＋一〇）、一三（一＋一二）、および一三（〇＋一三）となっている。[51] 漢代の県や郷の規模は秦代に比べるとやや小さくなってはいるが、この三県の規模はなお遷陵県よりもはるかに大きいものであった。

湖南省郴州市の蘇仙橋のＪ一〇から出土した晋簡は、おおよそ西晋初めの武帝・恵帝の時期のもので、内容的には桂陽郡府の文書だが、[52] そのなかに以下のようなものがある。

便令談隆治編城……領員吏一百六十一人卒十三人 (1-1)

晋寧令周系治晋寧城……領員吏一百廿五人卒十二人 (1-2)[53]

『晋書』巻一五地理志下には、「桂陽郡、郴、耒陽、便、臨武、晋寧、南平」[54] とあり、便と晋寧はそれぞれ桂陽郡管下の県のなかで第三位と第五位を占めており、地理的には遷陵に似て、比較的僻遠な位置にある。両者を比べると、秦代から西晋時代にかけて、県吏の規模にはなお大きな変化は生じておらず、一定の継続性が保たれていたことが明らかである。しかし、同じ地理志下の桂陽郡条には、小字で「漢置。統縣六、戶一万一千三百」[55] という注記がある。便や晋寧の戸数は、県の平均戸数である一八八三・三よりも低かったと考えられるが、この数字と大きな違いはないだろう。この編戸の規模は、遷陵県管下の戸数百余戸よりもはるかに大きいものである。晋代には漢代の「縣大者置令、小者置長」という制度が継承されていたが、[56] 郴州簡では「便令」・「晋寧令」となっていることから、両県がいずれも小県ではなかったことがわかる。晋代では、県の吏員の規模が、その県の編戸の数によって左のように定められていた。

戸不滿三百以下、職吏十八人、散吏四人、三百以上、職吏二十八人、散吏六人、五百以上、職吏四十人、散吏八人、千以上、職吏五十三人、散吏十二人、千五百以上、職吏六十八人、散吏一十八人、三千以上、職吏八十八人、散吏二十六人。……鄴・長安置吏如三千戸以上之制。(57)

「職吏」と「散吏」は具体的な職掌の有無によって分けられているが、等しく正式な吏員として編成されていた。この制度は西晋初めに実施されたが、便県の吏員は一六一人、晋寧県では一二五人で、三千戸以上の県の吏員数一一四人と比べるとやや多くなっている。おおよその戸数によれば、一五〇〇戸以上であれば、吏員は八六人である。これを基準とすると、両県の吏員の超過率は、それぞれ一八七％と一四五％である。遷陵県は編戸が「不滿三百以下」であるのに、吏員の数が八六人というのは、西晋の「職吏十八人、散吏四人」つまり二二人と比べると、超過率は三九一％にも達する。遷陵県の吏員数も、西晋の基準に照らし合わせると、かなりの規模だったことになる。

岳麓秦簡の「綰請許而令郡有罪罰當戍者、泰原署四川郡、東郡・參川・潁川署江胡郡、南陽・河内署九江郡……」(0706)、「……泰原署四川郡、東郡・參川・潁川署江胡郡、南陽」(0194)、および「河内署九江郡、南郡・上黨□邦道當戍東故徼者、署衡山郡」(0383)(58)などの記述によれば、秦の統一後の領域内には、「故徼」の内と「故徼」の外の「新地」の別があった。しかもこの区別は秦人の理念のなかでは、「十七年、内史騰攻韓、得韓王安、盡納其地、以其地爲郡、命曰潁川」(59)に始まるわけではない。里耶秦簡には、「今遷陵廿五年爲縣、廿九年田廿六年盡廿八年當田」(8-757)、「及蒼梧爲郡九歳乃往歳田」(8-758)(60)などとある。これらによれば、遷陵に県が設けられたのは、秦王政の二五年であるが、遷陵は「縣と爲った」当初「新地」に属しただけでなく、その後も秦の統治時期を通じて一貫して「新地」であった。これと対応するかのように、新たな占領地域に派遣され任についた官吏は、「新地の吏」(61)と呼ばれた。游逸飛氏によれば、里耶秦簡の中で本貫がわかる遷陵県吏は一九名いるが、洞庭郡の出身者は一人としていない(62)」という。しかしながら、秦の「新地」政府は、「新地の吏」の不足をたえず感じていたようである。

卅二年、啓陵鄉守夫當坐。上造、居梓潼武昌。今徙
爲臨沅司空嗇夫。時毋吏。　（8-1445）
卅四年正月丁卯朔辛未、遷陵守丞配敢言之、遷陵黔首☒　（8-1445背）
佐均史佐日有泰（大）抵已備歸、居吏柀繇（徭）使及☒
前後書、至今未得其代、居吏少、不足以給事☒　（8-197正、第一～三行）[63]

蜀郡梓潼県の夫なる名前の者が先に「新地」に赴いて、「新地の吏」の任についた。遷陵県啓陵郷の守嗇夫だった時に罪を得たにもかかわらず、臨沅県に移されて司空嗇夫の地位につくが、その理由は「時、吏無し」というものであった。また県の守丞である配は上級機関に対して、遷陵県では「居吏少、不足以給事」という状況に立ち至っていることを報告しなければならなかった。

制度というものは往々にして実際の需要に応じて生み出されるものである。現代の管理という角度から見る時、遷陵県や郷の規模と編戸の数に対して、遷陵県の吏員の数はあまりにも多い。しかし里耶秦簡のなかの関連する記述によると、政府はなお吏員の不足を痛感していたのである。新たな占領地域に対する秦の統治方式をどのように認識すればよいのか、法を以て教とし、吏を以て師とした秦の行政管理体制をどのように理解すればよいのか、そして秦独自の官僚体制の特徴や特質といった問題をどのように把握すればよいのか、これらの問題は今後さらなる検討が必要とされよう。

注

（1）代表的な成果として、西嶋定生『中国古代帝国の形成と構造——二十等爵制の研究——』、第五章第三節、東京大学出版会、

一九六一年、楊寛『戦国史』第六章、上海人民出版社、二二六〜二二八・二三〇〜二三一頁、周振鶴「県制起源三階段説」、『周振鶴自選集』、広西師範大学出版社、一九九九年、一〜一四頁（初出：『中国歴史地理論叢』一九九七年第三期）など。

（2）代表的な成果として、厳耕望『中国地方行政制度史──秦漢地方行政制度史』第一・五・六章、上海古籍出版社、二〇〇七年、四三〜四七・二一六〜二五一頁、張金光『秦制研究』第九章、上海古籍出版社、二〇〇四年、五六八〜七〇八頁、鄒水傑『両漢県行政研究』第一章、湖南人民出版社、二〇〇八年、二五〜一一一頁など。関連する研究史については、『両漢県行政研究』緒論、一〜二二頁、李迎春「二〇世紀以来秦漢郡県属吏研究綜述」、『石家庄学院学報』二〇〇九年第一期などを参照。

（3）関連する研究史と検討については、拙稿「秦県的列曹与諸官──従『洪范五行伝』一則佚文説起」、武漢大学簡帛研究中心主弁『簡帛』第十一輯、上海古籍出版社、二〇一五年、七五〜八七頁。増訂して、『里耶秦簡博物館蔵秦簡』、中西書局、二〇一六年、二四四〜二六二頁、所収。最新の研究として、土口史記「里耶秦簡にみる秦代県下の官制構造」、『東洋史研究』第七三巻第四号、二〇一五年、五〇七〜五四四頁、鄒水傑「簡牘所見秦代県廷令史与諸曹関係考」、楊振紅・鄔文玲主編『簡帛研究二〇一六』春夏巻、広西師範大学出版社、二〇一六年、一三二〜一四六頁などがある。

（4）于振波「説〝県令〟確為秦制──読里耶秦簡札記」、『中国歴史文物』二〇〇六年第三期、拙稿「里耶秦簡〝守〟、〝守丞〟新考──兼談秦漢的守官制度」、卜憲群・楊振紅主編『簡帛研究二〇一〇』、広西師範大学出版社、二〇一二年、六六〜七五頁。

（5）『漢書』、中華書局、一九六二年、七四二頁。

（6）閻歩克氏はまた「秦国で確認できる最初の「令」官は県令である。また数量的に、戦国時代に「令」と称されたなかでは、県令が間違いなく突出している。韓国・趙国・魏国・斉国・楚国、そして衛国では、多くの県令を見いだすことができる」と指摘する。同「従「秩律」論戦国秦漢間禄秩序列的縦向伸展」、『歴史研究』二〇〇三年第五期、九〇頁。

（7）『史記』、中華書局、一九八二年第二版、二〇三、七二三〜七二四、二二三二頁。

（8）「三十一」か「四十一」かという点について意見は一致していない。関連する見解については、西嶋定生、前掲『中国古代

帝国の形成と構造』第五章、五七二頁註二一、辛徳勇「『漢書』趙佗〝処粤四十九年〟説訂訛」、『縦心所欲――徜徉于稀見与常見書之間』、北京大学出版社、二〇一一年、一五四～一五五頁（初出：『文史』二〇〇九年第四輯）など。

私見では、史書が流伝するうちに、「三」が「三」に改変されることは困難だが、逆に「三」が「三」に改変されることは容易だろう。また『史記』の本紀史料は列伝部分に比べると信憑性が高い。ここでは、表や列伝に対して、秦本紀をとる。

（9）秦末の山東暴動について、『史記』巻六秦始皇本紀に、「山東郡縣少年苦秦吏、皆殺其守尉令丞反」（二六九頁）とあり、同巻八九張耳陳餘列伝には、「縣殺其令丞、郡殺其守尉」（二五七三頁）とあり、いずれも「令丞」と作っているのは参考になるだろう。

（10）中華書局二〇一四年点校修訂本『史記』、八七三頁（句読は改めていない）。

（11）楊寛、前掲『戦国史』、附録三、七〇九頁。

（12）大庭脩『秦漢法制史研究』第四篇第四章、創文社、一九八二年、五二一頁註五七（初出：『東洋史研究』第一四巻第一・二号、一九五五年）。

（13）守屋美都雄『中国古代の家族と国家』国家篇第三章、東洋史研究会、一九六八年、一〇八頁註一七（初出：中国古代史研究会編『中国古代の社会と文化』、東京大学出版会、一九五七年）。

（14）睡虎地秦墓竹簡整理小組編『睡虎地秦墓竹簡』、文物出版社、一九九〇年、釈文注釈二七・三一・三七・一二五頁。

（15）『岳麓秦簡　肆』、二〇五・二一〇頁。

（16）鄒水傑「簡牘所見秦漢県属吏設置及演変」、『中国史研究』二〇〇七年第三期、九頁。

（17）裘錫圭「嗇夫初探」、『裘錫圭学術文集』第五巻、復旦大学出版社、二〇一二年、五三頁（初出：同『雲夢秦簡研究』、中華書局、一九八一年）。

（18）拙稿、前掲「秦県的列曹与諸官」、二五〇頁。

（19）『史記』巻六八商君列伝、二二三二頁。

（20）『集成』一〇三七二。「滓」について、釈文は「遣」に作るが、図版や先行研究により改める。「率」と同義である。

（21）西嶋定生氏も、「第二次変法として示されていることは一連した改革実施の過程であり、しかもその中心は（B）（訳者註：『史記』巻六八商君列傳の「而集小都郷邑聚爲縣」）の文に示される県の設置であることが判明するであろう」（同、前掲『中国古代帝国の形成と構造』、五四四頁）とする。しかし氏は商鞅の県制が進められたのは、「（新邑が設置され三十一県が置かれたのは）主として咸陽以東の新領土であ」った（同、五四六頁）と理解している。したがって、この問題に関する全体像の把握は、本稿とは異なる。

（22）蔣禮鴻『商君書錐指』巻五、中華書局、一九八六年、一一五～一一六頁。

（23）これはおそらく中央の邦尉をさすのであろう。この問題に関する研究史の整理と分析は、拙稿「秦漢太尉・将軍演変新考——以璽印資料為中心」、拙著『秦漢軍制演変史稿』第一章、中国社会科学出版社、二〇一六年、五九頁（初出：『浙江学刊』二〇一四年第三期）。

（24）高亨『商君書注釈』、中華書局、一九七四年、一四八頁、于豪亮「雲夢秦簡所見職官述略」、同『于豪亮学術論集』、上海古籍出版社、二〇一五年、一一頁（初出：『文史』第八輯、中華書局、一九八〇年）。

（25）李零「『商君書』中的土地人口政策与爵制」、『待兎軒文存　読史巻』、広西師範大学出版社、二〇一一年、一八八頁（初出：『古籍整理与研究』一九九一年第六期）。

（26）李零、前掲「『商君書』中的土地人口政策与爵制」、一八九頁。

（27）閻歩克『従爵本位到官本位：秦漢官僚品位結構研究』下編第二章、生活・読書・新知三聯書店、二〇〇九年、三二八～三三〇頁、参照。

（28）安作璋・熊鉄基『秦漢官制史稿』第二編第三章、斉魯書社、二〇〇七年、六四三頁。

（29）周振鶴『中国歴史政治地理十六講』第十一講、中華書局、二〇一三年、二一七頁。

（30）『史記』巻七九范雎蔡澤列伝、二四〇二～二四〇三頁。

（31）彭浩・陳偉・工藤元男主編『二年律令与奏讞書——張家山二四七号漢墓出土法律文献釈読』、上海古籍出版社、二〇〇七年、一三三・一三九頁。

(32) 李昭君「両漢県令・県長制度探微」、『中国史研究』二〇〇四年第一期、四三～四四頁。
(33) 彭浩・陳偉・工藤元男主編、前掲『二年律令与奏讞書』所引晏昌貴説・整理者按語、二九〇～二九一頁、参照。
(34) 連雲港市博物館・東海県博物館・中国文物研究所・中国社会科学院簡帛研究中心編『尹湾漢墓簡牘』、中華書局、一九九七年、七七頁。
(35) 李昭君、前掲「両漢県令・県長制度探微」、四七頁。
(36) 拙稿「簡牘所見秦漢郷政新探」、武漢大学簡帛研究中心主弁『簡帛』第六輯、上海古籍出版社、二〇一一年、四六五～四六六頁。
(37) 荊州博物館「湖北荊州紀南松柏漢墓発掘簡報」、『文物』二〇〇八年第四期、三二頁。
(38) 拙稿、前掲「簡牘所見秦漢郷政新探」、四七一頁。
(39) 張金光『秦制研究』第九章「郷官制度与郷制」、上海古籍出版社、二〇〇四年、五六八頁。
(40) 張家山漢簡の『奏讞書』に、「武主趣都中、信行離郷」(第八二簡)とある。彭浩・陳偉・工藤元男主編、前掲『二年律令与奏讞書』、三五四頁。秦漢時代の「都」字には多様な意味があり、首都をさすほか、郡をさすこともあった。また県や県治の所在地もさした。関連史料の分析は別の機会にゆずりたい。
(41) 里耶秦簡博物館・出土文献与中国古代文明研究協同創新中心中国人民大学中心編『里耶秦簡博物館蔵秦簡』、中西書局、二〇一六年、一七五頁。
(42) 拙稿、前掲「秦県的列曹与諸官」、二五三頁。
(43) 里耶秦簡牘校釈小組(何有祖執筆)「新見里耶秦簡牘資料選校(一)」、武漢大学簡帛研究中心主弁『簡帛』第十輯、上海古籍出版社、二〇一五年、一七八～一七九頁。
(44) 梁煒傑「『里耶秦簡(壱)』「吏缺」簿冊復原」、簡帛網、二〇一五年四月七日。
http://www.bsm.org.cn/show_article.php?id=2181
しかしこの簡の末尾には、「今見五十人」とある。「遷陵縣志」の末尾には、「凡見吏五十一人」とあって、記載データのポイントはよく似ており、官署で任についている官吏の統計である。したがって定名はこの点に考慮すべきである。

(45) 徐龍国『秦漢城邑考古学研究』第四章、中国社会科学出版社、二〇一三年、一三六～一三九頁。

(46) 湖南省文物考古研究所編『里耶発掘報告』第二章、岳麓書社、二〇〇七年、一二頁。

(47) 唐俊峰「里耶秦簡所示秦代的〝見戸〟与〝積戸〟——兼論秦代遷陵県的戸数」、簡帛網、二〇一四年二月八日。
http://www.bsm.org.cn/show_article.php?id=1987

(48) 王偉・孫兆華「〝積戸〟与〝見戸〟：里耶秦簡所見遷陵編戸数量」、『四川文物』二〇一四年第二期。

(49) 晏昌貴・郭濤「里耶秦簡所見遷陵県郷里考」、武漢大学簡帛研究中心主弁『簡帛』第十輯（前出）、一四五～一五四頁。

(50) 遷陵県が実際に管轄下に置いていた人口には、外地に戸籍を有する官吏・戍卒・（居貲贖責与）鬼薪城旦春・鬼薪白粲・隷臣妾などが含まれているので、その分相当数の増加が見込まれる。

(51) 連雲港市博物館・東海県博物館・中国社会科学院簡帛研究中心・中国文物研究所編、前掲『尹湾漢墓簡牘』、七九頁。

(52) 湖南省文物考古研究所・郴州市文物処「湖南郴州蘇仙橋遺址発掘簡報」、『湖南考古輯刊』第八集、岳麓書社、二〇〇九年、一〇二頁。「簡文は紀年がはっきりしていて、元康・永康・太安などの元号が見えており、いずれも西晋の恵帝司馬衷の治世である」とする。これによれば、西晋の武帝の太康なる元号もあっただろう。

(53) 湖南省文物考古研究所・郴州市文物処、前掲「湖南郴州蘇仙橋遺址発掘簡報」、九八～九九頁。

(54) 『晉書』、中華書局、一九七四年、四五七頁。

(55) 『晉書』巻一五地理志下、四五七頁。

(56) 『晉書』巻二四職官志、七四六頁。

(57) 『晉書』巻二四職官志、七四六～七六七頁。

(58) 陳松長「岳麓書院蔵秦簡中的郡名考略」、『湖南大学学報』二〇〇九年第二期、八～九頁。

(59) 『史記』巻六秦始皇本紀、二三二頁。

(60) 『校釈』二一七頁。

（61） 于振波「秦律令中的〝新黔首〟与〝新地吏〟」、『中国史研究』二〇〇九年第三期。
（62） 游逸飛「里耶秦簡所見的洞庭郡：戦国秦漢郡県制個案研究之一」、『中国文化研究所学報』第六一集、二〇一五年、五九頁。
（63） 『校釈』、三二七・一〇八～一〇九頁。

〔附記〕 本稿は、国家社会科学基金青年項目「秦漢城郷関係的社会史考察」（14CZS009）による研究成果の一部である。

青川郝家坪秦墓木牘補論

廣瀬薫雄

はじめに

筆者はかつて秦漢時代の律の制定手続きについて論じ、秦漢時代においては律は皇帝の制詔（戦国秦においては王の命令）によって一条ずつ制定されたという説を提示した。そしてその根拠として、文献中の皇帝（秦王）が制詔（命令）を下して律を定めている記載を列挙したのだが、その中の一つに青川郝家坪秦墓木牘に記された秦武王二年の王命がある。[1] しかしその後、当時筆者が見落としていた、あるいは公表されていなかった資料と研究を読み、筆者の青川郝家坪秦墓木牘の理解には大きな誤りがあることを知った。そしてその誤りを正すことによって、青川郝家坪秦墓木牘の中国古代史研究における意義をこれまで以上に明確にすることができると考えるに至った。そのことを説明するのが本稿の目的である。

本論に入る前に、旧稿発表後に起こった研究状況の大きな変化として、『秦簡牘合集』の出版について述べておかなければならない。[2]『秦簡牘合集』についてはすでに多くの書評と紹介があるので、[3] ここでは『秦簡牘合集』の郝家坪秦墓木牘部分にかぎって紹介しておこう。

木牘の図版は、四川省文物考古研究所の黄家祥氏が提供したカラー写真（すなわち『出土文献研究』第八輯、上海古籍出版社、二〇〇七年に掲載された写真の元データ）と今回のプロジェクトで新たに撮影された赤外線写真の二種類を収録し、赤外線写真は別に拡大写真も掲載している。このうち特筆に価するのが赤外線写真で、この写真によって武王二年の王命の末尾に別筆で「章手」と書かれていることが判明し、またこれまで文字が書かれているかどうかさえ明らかでなかったもう一枚の木牘（一七号木牘）の写真が公表され、そこにはどうやら「幾人かの人が除道をしなかった日数を金銭に換算したこと」が書かれており、この木牘が武王二年の王命が記された一六号木牘と関係があるらしいことが判明した(4)。

釈文・注釈の作者は陳偉氏と高大倫氏。釈文は最新の古文字研究の成果を取り入れて作られており、現在最も信頼できるものである。注釈は集注の形式を採っているので、関連する先行研究を広く集め、主要な意見を丁寧に引用してくれており、かつ末尾に主要参考文献が附されているので、青川郝家坪秦墓木牘の研究状況を知るのに便利である。

しかしそれでもなお、『秦簡牘合集』の解釈には賛同できないところがあり、また集注という形式上、問題の解決に決定的に寄与した研究も他の多くの研究と同列に扱われているため、その重要性が伝わりにくいところがある。本稿では、諸説の紹介は『秦簡牘合集』に譲り、筆者が特に重要と考える研究を重点的に紹介しながら、筆者独自の見解を述べることにしたい(5)。

一　「王命丞相戊内史匽氏臂更脩爲田律」句の解釈について

まず、本稿の議論の対象である青川郝家坪秦墓一六号木牘正面の釈文を示す（この釈文は最新の研究成果をもとに作成しなおしたものであり、旧稿で示したものとは異なるところがある）。

二年十一月己酉朔＝（朔朔）日、王命丞相戊（茂）、内史匽氏・臂更脩為田律。田廣一歩、袤八則為畛。畝二畛、一百道。百畝為頃、一千道＝（道。道）廣三歩。封高四尺、大稱其高。捋（埒）高尺、下厚二尺。以秋八月、脩封捋（埒）、正彊（疆）畔、及癹（發）千（阡）百（陌）之大草。九月、大除道及阪險。十月、為橋、脩波（陂）隄、利津梁（?）、鮮草。雖非除道之時、而有陷敗不可行、輒為之。章手

本節で論ずるのは冒頭の一句である。「二年十一月己酉朔朔日、王命……」は「（武王）二年十一月一日、王が……命ずる」の意味であり、ここには本木牘に記されている律文の制定の経緯が記されている。

「王命」の下の「丞相戊」が『史記』にも立伝されているあの甘茂であることは異論がない。問題はその下の「内史」以下の解釈である。この数文字をめぐってこれまで様々な解釈が出されていたが、今日ではこの問題は基本的に決着がついた。それをここでできるだけ分かりやすく整理して説明し、かつそれが中国古代史研究に与える意味についても簡単に触れる。

（1）　内史の名前はどこまでか――「内史匽氏臂」の解釈

「内史」の下の「匽氏臂」三文字の解釈について、『秦簡牘合集』には十一名の研究者・十三篇の論文の説が列挙されている。諸説の状況は甚だ錯綜しており、ここでその詳細を紹介することはできないが、ごく簡単にまとめると、字釈の面では、「氏」についてはほかに「取」、「民」、「吏」に釈読する説があり、「臂」についてはほかに「願」に釈読する説がある。文意の理解の面では、内史の名前を「匽」とする説、「匽氏」とする説、「匽氏臂」とする説、「匽氏」と「臂」あるいは「匽」と「氏臂」の二人の名前とする説、「臂」は人名ではないとする説がある。(6)

まず「氏臂」の字釈について説明しよう。一字目は、どの図版を見ても鮮明に筆画が残っており、字形からして

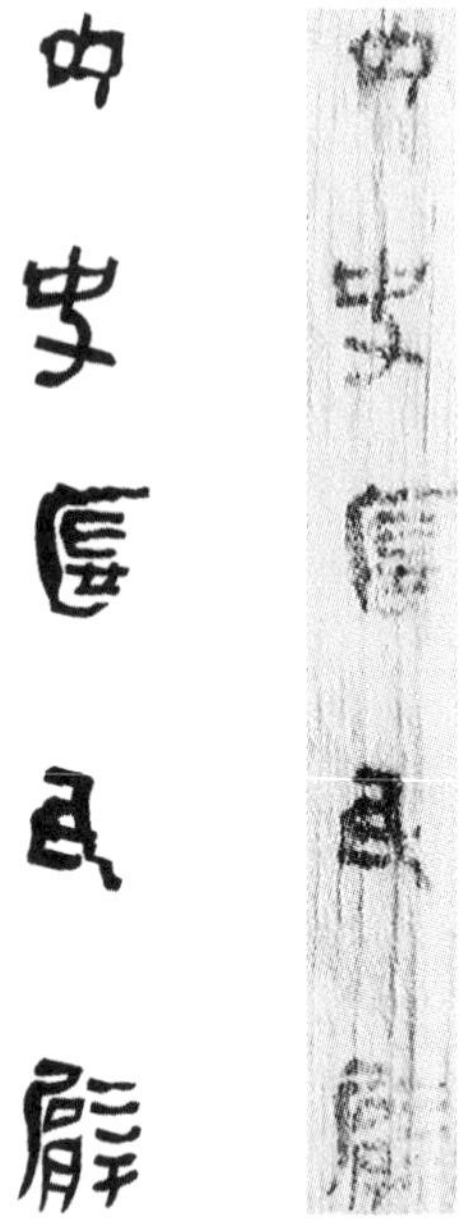

筆者摹本　　赤外線写真

内史匽氏臂

「氏」か「民」のどちらかの可能性しか考えられないのであるが、この字が「氏」であることは黄文傑氏の研究が現れて基本的に解決を見た。[7] 二字目は、以前に公開されていた図版ではあまり鮮明ではなかったために字釈を確定しがたかったが、『秦簡牘合集』で鮮明な図版が公開されたことにより、それが「臂」であることは疑問の余地がなくなった（図版参照）。

次に「匽氏臂」三字の意味についてであるが、この問題を解決する鍵となったのが次に引く三つ（二つ？）の戈に刻まれた銘文である。

（a）十四年□平匽氏戈：十四年□平匽氏造戟（内正）　平陸[8]（内背）

（b）十四年上郡守匽氏戈一：十四年上郡守匽氏造、工鬵（内正）　洛都（内背）　博望[9]（胡）

（c）十四年上郡守匽氏戈二：十四年上郡守匽氏造、工鬵（内正）　洛都（内背）　博望[10]（胡）

内正面の銘文だけ訳すと、（a）は「十四年、□平の匽氏が造った戟」、（b）と（c）は「十四年、上郡守の匽氏が造る。工鬵（この戈を製造した工の名前）」となる。これによって「匽氏」が人名であることが判明した。しかも戈の形状と銘文からして、この三つの戈は秦恵王後元十四年に鋳造されたものと考えられる。秦王後元十四年（前三一一年）と武王二年（前三〇九年）は二年しか離れておらず、この戈の銘文に見える「匽氏」と青川郝家坪秦墓木牘の「匽氏」が同一人であることはほぼ確実である。とするならば、「匽氏」の下の「臂」は別の人物の名と解するしかない。

右に引いた戈を引用して「匽氏臂」の意味を確定したのは董珊氏と呉良宝氏である。最初に指摘したのは董珊氏で、二〇〇六年に「十四年□平匽氏戈」を引用して次のように述べている。

「匽氏」は青川木牘に記されている秦武王二年「更脩為田律」にも見えている。……いま前述の秦恵文王時期の二つの戈銘の「内史郡（?）・操」、「内史操・吴」の文例（引用者按、詳細は下文を参照）によるならば、木牘に記されている内史はおそらく「匽氏」と「臂」の二人で、そうすると珍秦斎所蔵のこの十四年匽氏戈銘とたがいに裏付けあうことができる。(11)

董珊氏がこの論文を発表したとき、まだ「十四年□平匽氏戈」の存在しか世に知られていなかった。そのため董珊氏は「おそらく」といったやや慎重な言い方をしている。ところがその後、「十四年上郡守匽氏戈」が出現したことによって、董珊氏の解釈が正しかったことがいっそう確実となった。この新資料を用いて董珊氏の説の補強を行ったのが呉良宝氏である。

形状と銘文から見て、戈の鋳造年代はかなり早く、秦恵文王期の兵器だろう。戈銘中の「匽氏」は、上引の青川木牘・珍秦斎所蔵兵器銘文と対照させることができ、同一人物と見て問題ない。秦恵文王期の兵器「王八年内史戈」・「王四年相邦張義戈」銘文中の内史がいずれも二人いることからすると（引用者按、下文を参照）、董珊氏が青川木牘中の「匽氏」と「臂」を人名であるとしたのはまったくもっともである。

珍秦斎所蔵の戈からは秦恵文王十四年時の匽氏の任官情況を知りようがないが、青川木牘からは秦武王二年

（前三〇九年）時に匽氏はすでに秦国の内史に任ぜられていたことが分かる。秦恵文王が改元する前は十三年しかないから、この「上郡守匽氏戈」の鋳造年代は後元十四年（前三一一年）でしかありえない。匽氏は恵文王の末期に上郡守であった。これは戈銘によって史書の関連する記載を補うことができるところである。(12)

匽氏が上郡守から内史に転任しているという事実は非常に興味深い。かつて陳平氏は、「六国統一前の秦では、郡守は非常に高い官職であった。特に六国と対峙する前線に位置する重要な郡の郡守はなおのこと一代の名将であった」と指摘した(13)。例えば「王五年上郡疾戈」、「王六年上郡疾戈」、「王七年上郡疾戈」の「疾」とは樗里疾のことである(14)。このほか陳平氏の研究によれば、秦戈銘文中に現れる上郡守「寿」は向寿、「厝」・「趞」は司馬錯、「起」は白起であるという(15)。戦国秦における上郡守の位置づけが分かると、上郡守であった匽氏が後に内史に転任するというのは自然な流れとして理解できる。

もう一つ注目すべきことは、董珊氏が実例をもって黄盛璋氏の「秦の丞相に左右があるのだから、内史にも左右があったはずである」(16)という推論を証明したことである。その実例とは、次の三つの戈である。

（d）王四年相邦張義戈：王四年相邦張義・内史都（?）・操之造□界戟、□【工師】賤、工卯（内正）錫(17)（内背）

（e）王八年内史戈一：王八年内史操・□之造、【咸】陽二〈工〉幸（内）三(18)（胡）

（f）王八年内史戈二：王八年内史操・□之造、咸陽工幸(19)

（d）に「内史都（?）操」とあり、（e）（f）に「内史操□」とある。秦兵器銘文に見える「王~年」という紀年はすべて恵文王後元の紀年であるから(20)、（d）と（e）（f）は製造年代が四年しか離れていない。ゆえに、これらの銘文に見えている「操」は同一人物である可能性が高い。そしてもしそうだとすると、「内史都（?）操」と「内史操□」のいずれも二人の人物の名前であるということになる。もちろん「内史都（?）操」と「内史操□」はいずれも一人の人名で、ともに「操」字が出てくるのは単なる偶然だ、と考えることもできるだろう。しかし青川木牘の「内史匽氏臂」も合わせて見たとき、「内史」の下に二人の人名が記されていることはほぼ疑いない。

以上の事実は戦国秦漢時代の内史を理解する上で非常に重要な意義を持つ。そのことを説明するために、ここであらためて『漢書』百官公卿表上・内史条を確認しよう。

内史、周官、秦因之、掌治京師。景帝二年分置左内史・右内史。……

内史は、周代に設けられた官で、秦はそれを踏襲した。京師（首都）を治めることを掌る。景帝二年に左内史と右内史に分けられた。……

ここで内史は京師を治めることを掌る官と説明されているが、西周金文に見える内史はそのような官職ではなく、王室の史官であると考えられ[21]、漢代に見えるような京師の地を治める行政官としての内史がいつ成立したのかというのは現在のところ定かではない。そして戦国時代中期の秦の内史は京師を治める行政官ではなかったという説が今日でも有力に存在している[22]。しかし上に引いた三つ（二つ?）の戈の発見は、戦国秦の内史の職掌についての議論にほぼ決着をつけることになるだろう。かつて工藤元男氏は、秦代の内史について論じた際、兵器銘文にも言及し、内史の地で製造された「秦王政四年以前の青銅器がいわゆる内史の地で製造されたにもかかわらず、その銘文に督造者である内史の名がみえないのも、郡としての内史がそれ以前まだ形成されていなかったからであろう」と述べた[23]。恵文王期の兵器銘文に内史が鋳造監督者として現れているということは、この工藤氏の指摘を逆の形で証明してくれる。すなわち、戦国秦の内史は、少なくとも恵文王期にはすでに京師を治める行政官であった、ということになる。

そうすると、恵文王期の内史に左右があるということは、漢代の左右内史との関係を考えるうえで重要な意味を持つことになるだろう。『漢書』百官公卿表には景帝二年に左内史と右内史に分けられたとあるが、地理志上・京兆尹条には武帝建元六年に分けられたと記している。百官公卿表の顔師古注は地理志の記述を誤りとしているが、銭大昭『漢書辨疑』は百官公卿表の記載も正確ではないという。なぜならば、百官公卿表の景帝元年の欄に「中大夫朝錯為左内史」とあり、翌二年の欄に「左内史朝錯爲御史大夫」とあるのによれば、左右内史に分けられたのは景帝元年よりも前のことと考えられるからである(24)。つまり、内史が左右に分けられたのはいつかということもまた史書中に確かな記載がない。恵文王後元年間に製造された戈と青川郝家坪秦墓木牘によって、左右内史制度は戦国秦に淵源がありそうだということが分かってきたのである(25)。

（2）律名は何か——「更脩爲田律」の解釈

「更脩爲田律」の五文字の中に律名が含まれていることは疑いないが、どこからどこまでが律名なのかについて研究者の意見は分かれている。この問題は、各研究者の秦漢律についての理解とも密接に関係しているので、今後も容易に見解の一致を見そうにない。

青川郝家坪秦墓木牘が初めて公表されてから現在に至るまで最も広く受け入れられているのは、おそらく「田律」を律名とする説だろう。しかし李学勤氏と胡平生氏は「爲田律」が律名であると主張し、この説を支持する者も多く存在する。このほか、張金光氏の「更脩爲田律」を律名とする説があり、やはり賛同者がいる。『秦簡牘合集』は「田律」を律名とする立場である。その根拠は、これとほぼ同じ律文が張家山漢簡『二年律令』の「田律」に見えていることである(26)。

筆者は、「爲田律」が律名であると考える。というのは、「脩（修）＋法令」という言い方が秦漢時代の文献に数例見え、「脩爲田律」もその一例と考えられるからである(27)。このことを一番早く指摘したのは李学勤氏で、彼は睡虎地秦簡『語書』の「脩灋律令」の例を引いて、「脩」が動詞で「爲田律」が律名であるとした[28]。『語書』の前後の文章を見てみよう。

今灋律令已具矣┕、而吏民莫用、鄕俗淫失（泆）之民不止┕。是即灋（廢）主之明（明）灋殹、而長邪避（僻）淫失（泆）之民、甚害於邦┕、不便於民。**故騰爲是而脩灋律令・田令及爲閒私方而下之**┕、令吏明（明）布┕、令吏民皆明（明）智（知）之、毋巨（歫）於辠┕。（三〜五号簡）[29]

今、法律令はすでに完備しているのに、官吏・民ともに用いる者がなく、郷俗の淫佚な民はやむところがない。これは主の明法を廃し、邪僻淫佚の民を長じさせるものであり、甚だ国に害があり、民にも不便である。**ゆえにわたし騰はこのために法律令・田令および為閒私方を修めてこれを下し**、官吏に公布させ、官吏・民みなこれを熟知し、罪に至らないようにさせた。

ここで注意すべきは、この「脩」は修正するという意味ではないことである。黄盛璋氏はこの例を引いて、「秦の法律令はみな秦王と中央政府の立てたものから出ており、地方長官には立法の権限はなく、それを公布してそのとおりにすることしかできない。『語書』にいう『脩』はやはり古訓、すなわち秦の中央がすでに定めた法律条文をもう一度地方で公布することであり、それを改正する権限すらあるはずもない。（青川郝家坪秦墓）牘文の『脩』はこの意味である」と述べている[30]。まったくもっともな説だと筆者も考える。

近年発見された岳麓書院蔵秦簡には「修令」という例が見える。

其繇使而不敬、唯（雖）大嗇夫得笞之如律。**新地守時修其令**、都吏分部鄕邑閒。不從令者、論之。●十九（0485）[31]

もし臨時出張に出かけて不謹慎であった場合、大嗇夫であっても律のとおりに笞うつことができる。**新地守はときどきにその令を修め**、都吏は郷邑間で管轄区を分けよ。令に従わなければ、これを罪に問う。●十九この「修」も郡守が法令を「修」する例であり、その用法は『語書』の「脩」とまったく同じである。

通行文献にも「脩（修）＋法令」の例が見える。

（孝公）下令國中曰、「昔我繆公自岐雍之間、修德行武、東平晉亂、以河爲界、西霸戎翟、廣地千里、天子致伯、諸侯畢賀、爲後世開業、甚光美。會往者厲・躁・簡公・出子之不寧、國家内憂、未遑外事、三晉攻奪我先君河西地、諸侯卑秦、醜莫大焉。獻公卽位、鎭撫邊境、徙治櫟陽、且欲東伐、復繆公之故地、脩繆公之政令。寡人思念先君之意、常痛於心。賓客羣臣有能出奇計彊秦者、吾且尊官、與之分土。」（『史記』秦本紀）

（孝公は）令を国中に下して言った、「むかしわが繆公は岐・雍の間から興り、徳を修め武を行い、東は晋の内乱を平げ、黄河を国境とし、西は戎翟に覇をとなえ、国土を広げること千里、天子は伯を賜い、諸侯はみな祝賀を述べた。繆公が後世のために業を開いたことは、はなはだ輝かしいことである。たまたまさきの厲公・躁公・簡公・出子の不安な統治のゆえに、国家は内憂をかかえ、国外のことをかえりみるいとまがなく、三晋は我が先君の河西の地を攻め奪い、諸侯は秦をさげすんだ。恥辱としてこれより大きいものはない。献公が即位すると、辺境を鎮撫し、櫟陽に遷都し、東伐して繆公の故地をとりもどし、繆公の政令を脩めようとした。わたしは先君の意を思い、常に心を痛めている。賓客・群臣の中にすぐれた計略を出し秦を強くすることのできる者があれば、わたしはその者の官位を高くし、その者と国土を分かちあおうと思う」と。

上乃下詔、深陳旣往之悔、曰、「……當今務在禁苛暴、止擅賦、力本農、脩馬復令、以補缺、毋乏武備而已。郡國二千石各上進畜馬方略補邊狀、與計對。」（『漢書』西域伝下・渠犁条）

主上はそこで詔を下し、深くこれまでの悔いを述べて言われた、「……目下の急務は、暴虐な行為を禁じ、ほしいままに税を課すのをやめ、本業たる農事につとめ、馬復令を脩め、これによって物資の欠乏を補い、武備を欠乏させないようにすることにあるのみである。郡国の二千石官は各々畜馬の方略と辺境九歳の状況を上申し、上計の吏とともに参朝してこれに答えよ」と。

秦本紀では「脩繆公之政令」と「復繆公之故地」が対になっているから、「脩」と「復」はほぼ同じ意味である。西域伝に見える「馬復令」は、具体的には『漢書』食貨志上所載の晁錯の上言「今令民有車騎馬一匹者、復卒三人。車騎者、天下武備也、故爲復卒」（今、民が兵車・騎士用の馬一匹を所有している場合には、三人の卒の服役義務を免除していただきますよう。兵車・騎馬は天下の武備でございますから、ゆえに卒の服役義務を免除するのです）[32]を指す。この二つの「脩」はいずれも死文と化してしまった過去の法令を復活させるという意味である。これらの例によって「脩＋法令」の「脩」の意味はより一層明確になるだろう。

「更脩爲田律」の「脩爲田律」が「為田律を脩める」の意味であるとすると、その上の「更」は「あらためて」、「もう一度」という意味の副詞と理解するほかない。[33]なお「更脩」と熟して一つの動詞と考えることも十分に可能であり、実際にそう主張している研究者もいるが、本箇所についてはおそらく成立しがたい。なぜならば、「更」は変更の意味であり、修復を意味する「脩」とは意味が異なるからである。それは黄盛璋氏が上引の論文で指摘しているとおりである。

それでは黄盛璋氏のように「脩爲」を動詞と考えることはできないか。文法上はもちろん可能だろうが、それだと「(何らかの法令を) 修正して田律にする」という意味にしかならないだろう。そうすると、この王命には何を改正するかということがまったく言及されておらず、意味が通じがたいのではないだろうか。黄氏は「脩為」という用例は経史に常見すると言うが、「脩為」で「おさめる」を意味する用例は管見のかぎりでは一例も見当たらなかった。「為田律」という律名に違和感を覚える人はおそらく少なくないだろう。例えば黄盛璋氏は「『為田』が内包する意味は狭く、時間も短い。このような名称はかつてなかっただけでなく、このような律名をつけるというのは伝統的な律名と相違しており、かつ律文の規定とも完全には合致しない」と言っている。[34] しかし実のところ、「為田律」という名称は秦漢時代の律令の命名法に合致するものであり、少しも奇妙ではないのである。秦漢時代には律文の主な内容をもって具体的な条文の名称とすることがある。例えば張家山漢簡『二年律令』七八号簡に次のようにある。

諸有叚（假）於縣道官、事已、叚（假）當歸。弗歸、盈廿日、以私自叚（假）律論。

およそ県と道の官府から何かを借りた場合には、用事が済むと、借りたものは返さなければならない。もし返さないまま満二十日になった場合には、「私自假律」をもって処罰する。

ここで「私自假律」という律名が出てきているが、整理者が指摘するとおり、[35] これは七七号簡の律文のことを指している。

□□以財物私自假＝貣＝（假貸、假貸）人罰金二兩。……

□□財物を私的に貸し借りした場合には、貸し借りを行った者を罰金二両に処す。……

張家山漢簡の整理者の整理によるならば、この律文は「盗律」に属する。しかし他の律文でこの律文を引用するときに、この条文を「私自假律」と呼んでいるのである。

もう一つ極端な例を挙げよう。漢代に「證財物故不以實贓五百以上辭已定滿三日而不更言請者以辭所出入罪反罪之律」という名前の律があったことが知られている（居延新簡 EPF22.1-2）。これは「財物に関することを証言するのに、ことさらに事実を隠して述べず、その不正な額が五百銭を越える場合、取り調べに対する供述が確定してから満三日以内にあらためて事実を言わない場合には、不実の供述で事実と出入りさせた額によってかえって罰せられることについての律」という意味であるが、[36] この律は「證財物不以實律」という略称で呼ばれることもあれば（EPT53.181）、さらに簡略にして「證不請律」と呼ばれることもある（EPT52.417）。

「為田律」はまさにこの種の律名の一例であると考えられる。すなわち「為田律」とは、その後にひきつづいて引用されている律文を指している。これは「田を作ることについての律」という意味の、特定の一条を指すための呼称であって、「田律」のような汎称ではない。言い換えると、かりにこの律文が当時「田律」に属していたとしても、特にこの一条を指す場合には「為田律」と称することができるのである。

（3）この一句の現代語訳とそれが中国古代史研究に及ぼす意味

以上をまとめると、本木牘の冒頭の一句は次のように訳すことができる。

（武王）二年十一月一日、王が丞相の（甘）茂・内史の匽氏と臂にあらためて田を作ることについての律を再公布するよう命ずる。

旧稿では、「更脩爲田律」を「更めて為田律を整備するよう命ずる」と訳した。この解釈では、この木牘に記されている律は武王二年に修訂されたものだということになる。しかし文献中の「脩＋法令」の用例を仔細に検討した結果、この場合の「脩」というのは修訂するという意味ではなく、かつて定められた法令をそのまま手を加えることなく復活させるという意味であることが分かった。つまりここに記されている律は、武王二年よりも前に制定された律文だということになる。李学勤氏は「この牘文からさらに秦武王以前にすでに『為田律』があったことが分かる」と述べており、[37] 従うべきである。

ではこの「為田律」はいったい誰が定めたものか。胡平生氏が指摘するとおり、[38]「為田律」の「為田」とは、『史記』秦本紀「爲田開阡陌」、商君列伝「爲田開阡陌封疆」の「為田」のこと、すなわちかの商鞅変法の「為田」に違いない。とするならば、青川郝家坪秦墓木牘に記された「為田律」は孝公十二年（前三五〇年）に商鞅が「爲田開阡陌封疆」した時に制定した律だという可能性が甚だ高いと言えるだろう。

商鞅の田制すなわち阡陌制は、これまで多くの研究者が論じてきた、中国古代史研究における最も重要なテーマの一つと言っても過言ではないだろう。我々は、以上の検討を通じて、商鞅の田制の具体的内容を伝える資料を獲得したことになる。もちろん、青川郝家坪秦墓木牘はその発見当初から商鞅の田制を研究する資料として用いられてきたわけだが、あくまでも武王二年に改訂された律と考えられていたのだから、今回の発見の重要性は小さくないと言えるのではないだろうか。

二　律文中の阡陌に関する規定の解釈について

本節では、「為田律」の律文について検討する。本律文は、田地の区画に関する部分と、道路・橋・堤防・渡し場の補修に関する部分の二つに分けることができるが、ここではもっぱら前者についてのみ論ずる。

周知のとおり、「為田律」とほぼ同じ律文が張家山漢簡『二年律令』（二四六～二四八号簡）に収録されており、律文を正確に理解するには両者を比較することが必須である。そこで、比較の便のため、この二条の律文の田地の区画に関する部分を並べておく。

A田廣一歩、袤八　則爲畛。畝二畛、一百道。百畝爲頃、　一千道。道廣三歩。封高四尺、大稱其高。捋（埒）高尺、下厚二尺。（「為田律」）

B田廣一歩、袤二百卌歩爲畛。畝二畛、一佰道。百畝爲頃、十頃一千道。道廣二丈。（『二年律令』）

このうち、「為田律」の阡陌の構造について定めたくだりを、筆者は旧稿において次のように訳した。

田は、幅一歩、長さ八則（二百四十歩）を畛とせよ。一畝は二畛とし、一本の陌道を設けよ。百畝を一頃とし、一本の阡道を設けよ。道の幅は三歩とせよ。

これは阡陌の構造にまったく合致しない、誤謬に満ちた訳であった。阡陌の構造については、早くに渡辺信一郎氏が青川郝家坪秦墓木牘、張家山漢簡『二年律令』を含む文献中の阡陌に関する記載を用いてほぼ妥当な説を提示している(39)。筆者が旧稿で渡辺氏の研究成果を考慮に入れて解釈をしなかったのはまったく不適切なことであった。ただし筆者の見るところ、渡辺氏の説には細かな点でいくつか検討の余地があるように思う。そこで、渡辺氏の説を補充・修正しながら筆者の現在の見解を示したい。

まず一畝の面積についての理解を正すことから始めよう。秦孝公のときに二百四十平方歩を一畝にしたという記載は通行文献にあるが(40)、その真偽については疑問がないではなかった。しかし張家山漢簡『算数書』のいくつもの算題に一畝が二百四十平方歩であることが明記されている。ここではその一例として啓廣という算題（一五九号簡）の文章を引いておく。

田從（縱）卅歩、爲啓廣幾何而爲田一畝。曰：啓【廣】八歩˪。术（術）曰：以卅歩爲歩、以二百四十歩爲實。啓從（縱）亦如此。

田の縦が三十歩のとき、そのために広さをいくらにすれば田一畝となるか。答え、八歩にする。術にいう、三十歩を歩とし、二百四十歩を実とする。縦を求めるときも同様にする。

さらに岳麓書院所蔵秦簡『数』六三／一七一四号簡に次のようにある。

□田之述（術）曰：以從（縱）二百卌歩者、除廣一歩、得田一畝。除廣十歩、得田十畝。除廣百歩、得田一頃。

除廣千步、得田【十頃】(41)。

□田の術にいう、縦を二百四十歩とするとき、広さを一歩にすれば、田一畝が得られる。広さを十歩にすれば、田十畝が得られる。広さを百歩にすれば、田一頃が得られる。広さを千歩にすれば、田【十頃】が得られる。

これらの記述より、秦代から漢代に至るまで一畝が二百四十平方歩であったことは疑問の余地がなくなった。ゆえに二百四十平方歩の田地を一畛、二畛（四百八十平方歩）を一畝とした旧稿の解釈は、出発点から誤っていたのである。この点が明らかになると、律文の解釈はおのずと定まってくる。

第一句の「田廣一歩、袤八則爲畛」について。「廣一歩、袤八則（二百四十歩）」は畝の面積であって、畛の面積ではない。ゆえにこの一句は「幅一歩、長さ八則を畛とする」と解することはできず、「幅一歩、長さ八則の田ごとに畛を作れ」と解さねばならない。畛は田地ではなく、伝統的な訓詁のとおり田間の小道と解するのが正しい(42)。

第二句の「畝二畛、一百道」について。「畝二畛」を渡辺氏は「畝ごとに二畛あり」と解しているが（そしてそれが一般的な解釈なのであるが）、それだと畝と畝の間に二本の畛が並ぶことになり、不合理である(43)。ここは「畝二ごとに畛あり」と読むべきだろう。畝と畝の間に一本の畛を設けるので、「畝二畛」と言うのである。

畝と畝の間に畛を設ける以上、「一百道」を畝ごとに一つの陌道を設けるとした旧稿の解釈も当然に成り立たない。今改めて考えるに、そもそも「陌」と呼ばれる道が百という数字とまったく関係がないというのはありえないことである。そうすると、律文の「一百道」とは「（畝）一百道」、すなわち一畝の田百個につき道一つ、の意味とするほかないだろう。渡辺氏が「百」を「陌」と読まなかったのは実にみごとな解釈であった(44)。

これより「畝二畛、一百道」は「畝二、畛。（畝）一百、道。」という文章構造になっていることが明確になる。つ

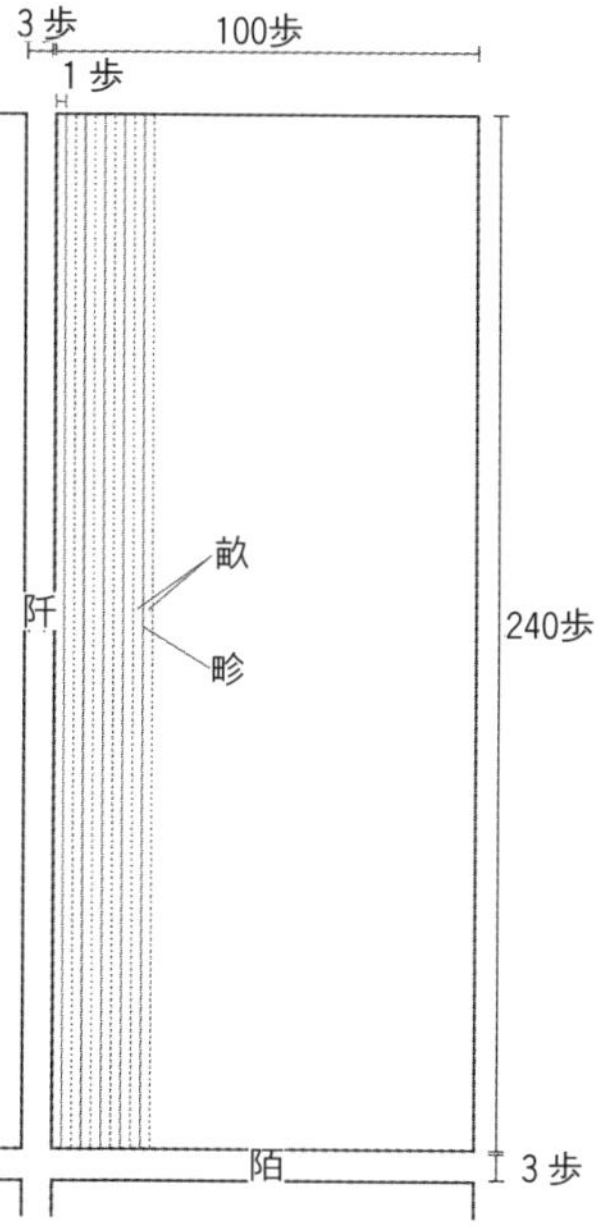

一頃田概念図

まり、畝二つで畛を設け、畝一百で道を設けよという意味である。

第三句「百畝爲頃、一千道」を百畝（一頃）ごとに一本の阡道を設けよと解したのも誤り。『二年律令』の該当箇所は「百畝爲頃、十頃一千道」となっているのだから、旧稿の解釈がまったく成り立たないことはこの点からも明らかである。ここも上文の「一百道」と同様に「(畝)一千、道」の意味に解すべきである。『二年律令』田律の方は、やや言葉足らずであるが、十頃（＝千畝）ごとに一本の道を設けよという意味だろう。

第四句「道廣三歩」の「道」は百畝ごとに設けられる「道」と千畝ごとに設けられる「道」の両者を指しているはずである。つまり陌も阡も道幅は三歩だというのである。ここで興味深く感じられるのは、ここで敢えて「陌」、「阡」という名称を使っていないということである。もしこの律が筆者の考えるとおり商鞅変法時に定められた律だとすると、それも自然なこととして理解できる。なぜならば、秦国においてはこの律文を定めるより前に「陌」、「阡」という道は存在していなかったからである。

以上の結論を図をもって示すと、上・次頁のようになる。実のところ、筆者の概念図は渡辺氏の概念図とほぼ同じなのであるが、一点だけ違いがある。それは、十頃の田地をどのように排列するかについてである。排列の方法としては、十頃の田地を縦一列に排列するか、五頃ずつ縦二列に排列するかの二つの可能性が考えられるだろうが(45)、渡辺氏は後者の可能性をとる。確かにその可能性は完全には否定できないが、筆者は前者の可能性の方が高いと考える。

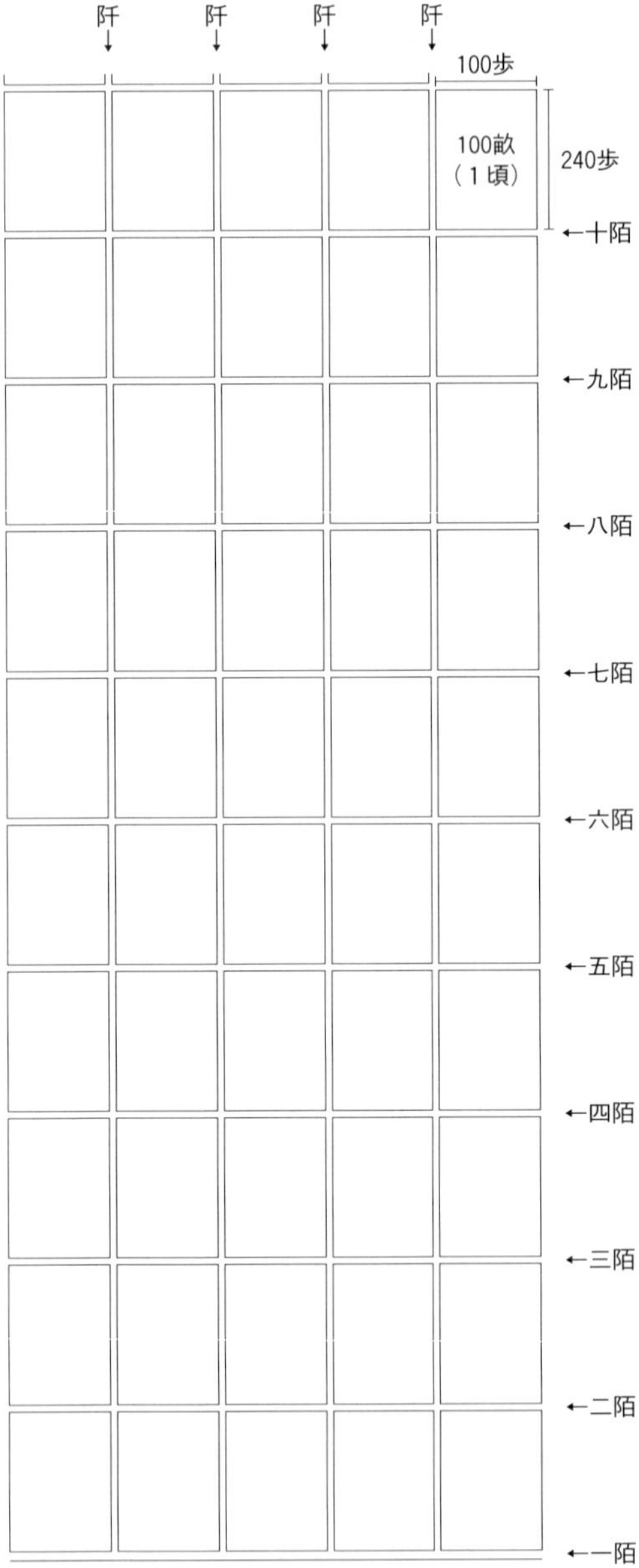

阡陌概念図（筆者修正案）

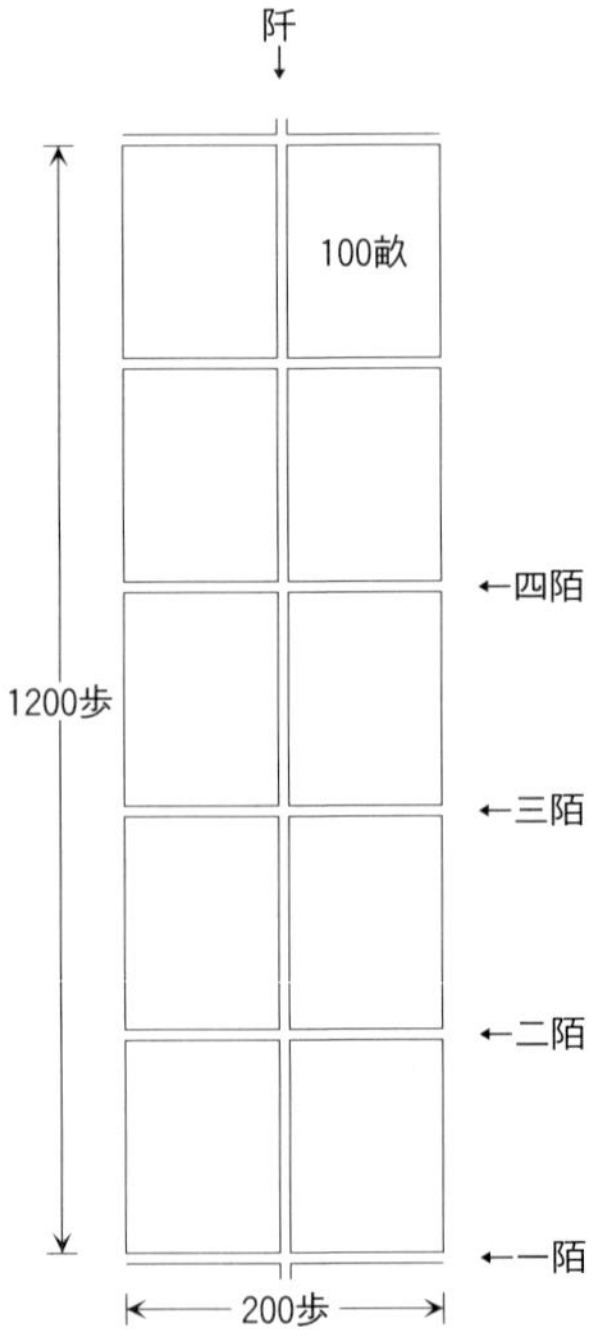

阡陌概念図（渡辺氏説）[46]

渡辺氏は、樊利家買田券に「桓千（阡）東比是佰（陌）北五畒」（桓阡の東・比是陌の北に位置する五畒の田地）とあることに注目し、「これは桓阡の統轄する一〇本の陌が阡の東西にまたがって存在していたことを示すものである。とすれば、阡はその両側に五陌ずつ計一〇陌を統轄したものと考えるのが自然であろう」という。しかし渡辺氏の概念図だと陌は五本と数えるべきなのではないか。一頃の田地ごとに一本の陌を設けるというのであれば、十頃の田地を縦一列に排列すると理解する方が自然なように筆者には思われる。

なお、「阡東」という言い方があるからといって、一本の阡の統轄する十頃の田地が阡の東西に分かれていたと考える必然性はないだろう。それは「陌北」という言い方があるからといって、一本の陌が統轄する一頃の田地が陌の南北に分かれていたと考える必要はないのと同じ道理である。概念上は一本の阡が十頃の田地を統轄することになっているが、実際には阡と田地がいくつも交互に並んでいるのだから、必ずしも統轄している阡によって田の位置を示す必要はない。阡陌制を採用している社会においてある田の場所を示そうとするとき、その田に接している阡と陌を一本ずつ選んで、その東西・南北を示しさえすれば、正確な場所を特定することができるからである。

おわりに

現時点において筆者が気づいている旧稿の誤りは以上ですべて正した。ここであらためて青川郝家坪秦墓一六号木牘正面文の全文訳を示し、これをもって本稿の結論とする。

（武王）二年十一月一日、王が丞相の（甘）茂・内史の匽氏と臂にあらためて田を作ることについての律を再公布するよう命ずる。

田の幅一歩、長さ八則（二百四十歩）ごとに畛を作れ。畝二つごとに畛を設け、畝百ごとに道を設けよ。百畝を一頃とし、畝千ごとに道を設けよ。道の幅は三歩とせよ。封（田の境界の標識）の高さは四尺、大きさはその高さに合わせよ。埒《あぜ》の高さは一尺、下部の厚さは二尺とせよ。秋八月には、封と埒を修築し、境界を正し、阡陌の大草を抜き取れ。九月には、道と阪道を大々的に整備せよ。十月には、橋をつくり、つつみを修築し、渡し場を修繕し、除草をせよ。道路整備の時でなくとも、道に陥没があって通行することができなければ、そのたびごとに道をつくれ。

章が記す。

今回の新たな解釈によって、この王命は新たに律を定めてはおらず、かつて定められた律を再び公布しているだけということが判明した。ゆえに筆者が旧稿においてこれを「秦王が命令を下して律を定めている例」として引用したのは不適切であった。この王命は「定律」ではなく「脩律」の王命である、と訂正しなければならない。

旧稿の誤りはほとんどすべて当時回避することのできるものであった。例えば「内史匽氏臂」の解釈は、当時公表されていた「十四年□平匽氏戈」と董珊氏の研究に気づいていれば正解にたどりつけたのであり、阡陌に関する部分にいたっては渡辺信一郎氏がとくに解決済みだったのである。旧稿には甚だ粗忽・軽率なところがあったと認めなければならない。

本稿において唯一の創見と言えるのは、青川郝家坪秦墓木牘に記された律は孝公十二年商鞅変法時に定めたものだとしたことである。もしこの説が幸いにして大過なければ、この律が中国古代史研究において有する意義は非常に大きなものがあることになろう。

最後にもう一つ大胆な仮説を立ててみたい。筆者の説によれば、秦孝公十二年（前三五〇年）に定められた「為田律」が武王二年（前三〇九年）に見直され、さらに漢呂后二年（前一八六年）のものとされる『二年律令』にほとんど手が加えられていない形で収録されていることになるわけだが、ここで改めて『史記』商君列伝の

爲田開阡陌封疆

という一句が思い起こされる。この一句が「為田律」の内容を極めて簡潔かつ正確に伝えており、「為田」という語が武王二年の王命にも見えていることに驚かされるのだが、これは偶然の一致なのだろうか。もしかすると司馬遷は「為田律」を知っていて、商君列伝のこの一句は「為田律」のことを述べているのではないか、と筆者は思うのである。

「為田律」の内容が呂后期まで伝わっている以上、この律が武帝期まで伝わっていたとしても不思議なことではない。そして司馬遷は、なんらかの根拠・理由をもとにこの律文を商鞅変法時に定めた律だと考えて、秦本紀や商君列伝にあのように書いたのではないだろうか。

もちろんこれは何の根拠もない推測にすぎない。しかし青川郝家坪秦墓木牘はそのような推測をさせてしまうほど興味深い資料なのである。

注

（1）「秦漢時代の律の基本的特徴について」、『秦漢律令研究』、汲古書院、二〇一〇年。本稿ではこれを「旧稿」と称する。なお青川郝家坪秦墓木牘の引用は一四七～一四八頁にある。

（2）陳偉主編『秦簡牘合集』、武漢大学出版社、二〇一四年。釈文注釈修訂本、武漢大学出版社、二〇一六年。

（3）管見のかぎりでは、中国では胡平生「秦簡合集　同道相益――評《秦簡牘合集》」（『人民日報』二〇一五年七月二十八日）、

王子今「更深入的研究――評陳偉主編《秦簡牘合集》」(『光明日報』二〇一五年八月三日)、侯旭東「秦簡整理的新里程碑」(『中華読書報』二〇一五年八月十二日)、鄔文玲「《秦簡牘合集》評介」(『中国史研究動態』二〇一六年第一期)があり、日本では湯浅邦弘・草野友子「秦簡牘の全容にせまる――陳偉主編『秦簡牘合集』」(『中国研究集刊』夜号、二〇一五年)、藤田勝久「陳偉主編『秦簡牘合集』の刊行について」(『中国出土資料研究』第二十号、二〇一六年)がある。

(4) 以上の主要な成果は『秦簡牘合集』郝家坪秦墓木牘の「概述」に簡明に紹介されている。

(5) 本稿は、筆者がかつて行った学術報告「郝家坪秦墓木牘〝王命丞相戊内史匽氏臂更脩為田律〟句補論――読《秦簡牘合集》札記(二)」(第三届簡帛学国際学術研討会、桂林、二〇一五年十一月六~七日)に大幅な修正を加えて成ったものである。『秦簡牘合集』初版本においては、本稿で紹介する「特に重要な研究」が引用されておらず、解釈に明らかな誤りがあった。その誤りを正すことが筆者の学術報告の一つの重要な目的だったのであるが、釈文注釈修訂本では筆者の指摘をもとに釈文と注釈に修正が加えられているため、この目的はすでに基本的に達成された。しかしここで述べたとおり、それでもなお『秦簡牘合集』には不十分なところがあると筆者は考えるし、また筆者自身の旧説の誤りを正す必要は今もなお残されている。本稿を公表するゆえんである。

(6) 以上、詳しくは『秦簡牘合集 弐』初版本一九一~一九二頁、釈文注釈修訂本 肆二二八頁を参照。

(7) 黄文傑「秦系簡牘文字訳釈商榷(三則)」、『中山大学学報(社会科学版)』一九九六年第三期。このほか黄文傑『秦至漢初簡帛文字研究』(商務印書館、二〇〇八年)一三六~一四一頁の「〝氏〟〝民〟辨」がこの問題についてさらに全面的に検討を加えている。筆者が旧稿においてこの字を「民」と釈したのは誤りであった。

(8) この戈の著録状況については、王輝・王偉『秦出土文献編年訂補』(三秦出版社、二〇一四年)の(一〇三)を参照されたい。なおこの戈は、本書で引用されている論著のほか、『珍秦琳琅　秦青銅文明』(澳門特別行政区民政総署文化康体部、二〇〇九年)一一六~一一七頁にも収録されている。

(9) 『秦出土文献編年訂補』(一〇四)。そこでは呉鎮烽「新見十四年上郡守匽氏戈考」(『秦陵博物院院刊』二〇一二年総貳集)が出所として引用されているが、筆者は未見。ここでは『秦出土文献編年訂補』所収の釈文を引用した。ただし呉鎮烽『商周青銅器銘文曁図像集成』（上海古籍出版社、二〇一二年）の一七二九〇（第三二巻三六八～三六九頁）に「上郡守匽氏戈」が収録されていて、この戈の大きさについての説明が『秦出土文献編年訂補』と一致しており、その形状についての描写もほとんど同じなので、この戈がおそらく上掲呉鎮烽論文において介紹された戈なのだろうと推測される。しかし『商周青銅器銘文曁図像集成』の図版を見ると、この戈は明らかに『秦出土文献編年訂補』（一〇五）で引用されている「十四年上郡守匽氏戈二」である。つまり「十四年上郡守匽氏戈一」と「十四年上郡守匽氏戈二」は同一物なのではないかという疑いが強い。

（10）『秦出土文献編年訂補』（一〇五）。

（11）董珊「読珍秦斎蔵秦銅器札記」、『珍秦斎蔵金　秦銅器篇』、澳門基金会、二〇〇六年、二一四頁。

（12）呉良宝「十四年上郡守匽氏戈考」、簡帛網、二〇一二年五月二十二日。その後宛鵬飛『飛諾蔵金【春秋戦国篇】』（中州古籍出版社、二〇一二年）に収録。

（13）陳平「試論戦国型秦兵的年代及有関問題」、『中国考古学研究論集――紀念夏鼐先生考古五十周年』、三秦出版社、一九八七年。

（14）『秦出土文献編年訂補』（九六）～（九八）。

（15）ただし董珊氏はこのうちの「厝」は司馬錯ではないのではないかと述べており（『戦国題銘与工官制度』、北京大学博士研究生学位論文、指導教師：李零教授、二〇〇二年）、筆者もその解釈が穏当であると考える。

（16）黄盛璋「青川秦牘《田律》争議問題総議」、『農業考古』一九八七年第二期。

（17）『秦出土文献編年訂補』（九五）。この戈は、本書に引かれている論著以外に、西漢南越王博物館『西漢南越王博物館珍品図録』（文物出版社、二〇〇七年）八七頁にも収録されている。

（18）『秦出土文献編年訂補』（九九）。この戈は、本書に引かれている論著以外に、『珍秦琳琅　秦青銅文明』一一四～一一五頁にも収録されている。

（19）『秦出土文献編年訂補』（一〇〇）。

(20) 上引陳平「試論戦国型秦兵的年代及有関問題」を参照。
(21) 張亜初・劉雨『西周金文官制研究』(中華書局、一九八六年)一一九〜一三〇頁を参照。
(22) 秦の内史をめぐる研究状況については、重近啓樹「秦の内史をめぐる諸問題」(『秦漢税役体系の研究』、汲古書院、一九九九年)を参照。
(23) 工藤元男「内史の再編と内史・治粟内史の成立」、『睡虎地秦簡よりみた秦代の国家と社会』、創文社、一九九八年、四五頁。
(24) 銭大昭『漢書辨疑』巻九に「案『公卿表』景帝元年『中大夫朝錯爲左内史』、二年『左内史朝錯爲御史大夫』、則分置左右、又在景帝之前。『地理志』以爲武帝建元六年分置者固非、而此表以爲景帝二年分置者亦未的也」とある。
(25) ただし漢代の左右内史は左内史と右内史で異なる区域を管轄するが、戦国秦の左右内史がそうであったかどうかは定かではなく、左右丞相との対比で考えるならば、むしろそうでなかった可能性の方が高い。ゆえに、戦国秦の左右内史と漢代の左右内史をただちに結びつけるということは慎重でなければならない。この点は、筆者が本稿のもととなる学術報告を行ったおり(注(5)を参照)、汪桂海氏にご指摘いただいた。
(26) 以上、詳しくは『秦簡牘合集 弐』初版本一九一〜一九三頁、釈文注釈修訂本 肆二二八〜二二九頁を参照。
(27) 「脩(修)+法令」の「脩(修)」の意味については、拙著一一三〜一一六頁で述べたことがある。内容がほぼ重複してしまうが、議論の必要上本稿でも述べる。
(28) 李学勤「青川郝家坪木牘研究」、『文物』一九八二年第十期。のち李学勤『李学勤集――追溯・考拠・古文明』(黒龍江教育出版社、一九八九年)、『李学勤文集』(上海辞書出版社、二〇〇五年)に収録。
(29) 睡虎地秦墓竹簡整理小組『睡虎地秦墓竹簡』、文物出版社、一九九〇年。
(30) 黄盛璋「青川秦牘《田律》争議問題総議」。
(31) この律文は陳松長「岳麓書院藏秦簡中的郡名考略」(『湖南大学学報(社会科学版)』二〇〇九年第二期)に引用されている。ここで引いた釈文は陳氏の引用によるものであるが、ここでは少し断句を改めてある。
(32) 程樹德『九朝律考』漢律考一・令・馬復令条を参照。

(33) 黄盛璋「青川秦牘《田律》争議問題総議」を参照。
(34) 黄盛璋「青川秦牘《田律》争議問題総議」。
(35) 張家山二四七号漢墓竹簡整理小組『張家山漢墓竹簡〔二四七号墓〕』、文物出版社、二〇〇一年、一四五頁。
(36) この訳は、大庭脩『秦漢法制史の研究』(創文社、一九八二年)六五九頁の訳をほぼ用いた。ただし「不更言請」を大庭氏は「あらためて供述内容の変更を願い出なければ」と訳しているが、この「請」は「こう」ではなく「情(まこと)」の意味である。
(37) 李学勤「青川郝家坪木牘研究」。
(38) 胡平生「青川秦墓木牘〝為田律〟所反映的田畝制度」、『文史』第十九輯、中華書局、一九八三年。のち胡平生『胡平生簡牘文物論集』(蘭台出版社、二〇〇〇年)に収録。
(39) 渡辺信一郎「阡陌制論」、『中国古代社会論』、青木書店、一九八六年。
(40) 慧琳『一切経音義』巻七十七所引『風俗通義』佚文「秦孝公以二百四十歩爲畮、五十畮爲畦。」
(41) 朱漢民・陳松長主編『岳麓書院蔵秦簡(貳)』、上海辞書出版社、二〇一一年。なお『秦簡牘合集』が注釈においてこの一条を引いて秦代の一畝が二百四十平方歩であることを証明している。
(42) 畛の訓詁は、宗福邦・陳世鐃・蕭海波主編『故訓匯纂』(商務印書館、二〇〇三年)一四八六頁を参照。
(43) この点は佐竹靖彦氏が指摘している。「商鞅田制考証」(『史学雑誌』第九十六編第三号、一九八七年。のち佐竹靖彦『中国古代の田制と邑制』、岩波書店、二〇〇六年に収録)を参照。その指摘は『中国古代の田制と邑制』五一頁に見える。
(44) 今でも多くの研究者は「一百道」の「百」を「陌」と読んで「一本の陌道」の意味と解している。例えば『秦簡牘合集』の釈文は「畮(畝)二畛、一百(陌)道」としている。また張家山漢簡『二年律令』田律についての研究を見てみると、整理者や彭浩・陳偉・工藤元男主編『二年律令与奏讞書』(上海古籍出版社、二〇〇七年)の釈文も「畝二畛、一佰(陌)道」としている。他には冨谷至編『江陵張家山二四七号墓出土漢律令の研究』(朋友書店、二〇〇六年)が、「二畛一百道」で一句とし、「二畛ごとに一陌道とする」と訳している(一六一頁)。

（45）李零氏は、「十個の百畝をどう排列したのか、現在ではまだ明らかでない。思うに二つの可能性があるだろう。一つは、溝洫制のように十個を縦一列に排列する可能性。もう一つは、五個ずつ縦二列に排列し、中間を封埒で隔てる可能性である」と述べている。「論秦田阡陌制度的復原及其形成線索——郝家坪秦牘《為田律》研究述評」（『中華文史論叢』一九八七年第一期。のち李零『待兎軒文存　読史巻』、広西師範大学出版社、二〇一一年に収録）を参照。

（46）この図は『中国古代社会論』七八頁から引用したものである。

秦統一後の法令「書同文字」と古代社会における「吏学」について
――里耶秦簡の公文書を中心として――

蔣　非　非
（畑野吉則 訳）

はじめに

人類の出現以来、数万年の歴史に対して、全世界の各人類文明による相互理解の歴史は、今日までわずか数百年にすぎない。現代では、学者は現地での考察を通じて、異なる社会を理解することができる。しかし古代社会に対しては、わずかに考古学による発掘と歴史上の古文字の記載に対する理解のみによらなくてはならない。したがって、古代文字の字義をより正確に理解することは、歴代文献の解読において重要な基礎となる。

およそ五千年前、メソポタミアに古文字が出現して以来、世界各地に分布した古文字は悠久のときを経て、あるものは消滅し、またあるものは表音文字へと変化していった。そして現在に至るまで、あらゆる社会において広く使用された文字の中で、ただ漢字のみが、秦代に基本的な字形が定まって以降、依然として表意文字を基本とする原型を維持している。今日、「漢字」と呼ばれるこの文字は、漢王朝あるいは漢民族が発明したわけではない。「隷書」という書体名称と、秦代の官吏程邈が隷書を創成したという伝説によれば、殷代の札記方式の甲骨文字、および筆画が非常に多く一文字に複数の書き方がある金文とは異なり、秦代の文書体系に用いられた文字は、漢王朝の建立よりも百年以上前の秦人によって創造されたことが証明できる。

四川省青川県郝家坪の秦墓から発掘された紀元前三〇九年（秦武王二）の『更修爲田律』木牘に記された文字を観察すると、当時の戦国秦において公文書に使用されたのは、すでに字形が簡潔で洗練され、かつ書写するのに簡便な隷書体であった。また、墓の地理的位置や墓穴の規模などを考慮すると、青川『更修爲田律』木牘を書き記した人物は、社会的地位のあまり高くない基層の官吏であろう。これにより、漢王朝建立の百年前、戦国秦の行政文書では、すでにこのような規範的な隷書体の文字が普遍的に使用されていたと推定できる。

秦以降、時代によって文字の発音と字義に変化があり、文字数の増加や紙の発明にともない字体も変化した。しかし、大部分の漢字の基礎的な字義や字形は、二千年ものあいだ連綿と受け継がれ、未だ大きな変化はみられない。では、このような秦から始まった中国独自の文字現象はどのようにして形成されたのであろうか。またこの現象は、秦王朝の統一後に発布された「書同文字」法令と関係があるのであろうか。そして、古代中国社会に対してどのような影響を与えたのであろうか。これまで歴史学界では資料の欠乏により、中国が他地域や他国家とは異なる特殊な文字現象を保持していることが重視されておらず、詳細な研究は行なわれていない。

二〇世紀後半、湖北省の雲夢睡虎地秦墓から竹簡が出土するまで、歴史学者は秦人が普遍的に使用していた公文書の字体と石刻の小篆の字体との明確な区別ができず、ただ後世の注釈にのみ依拠して推測していた。しかし睡虎地秦簡の発見により、初めて実際に秦人が書き記した文字の実例が大量に提供された。そして今世紀初め、湖南省龍山県里耶鎮において発見された統一秦代の洞庭郡遷陵県遺址から、およそ三万八〇〇〇点余の里耶秦簡が発掘されたことにより、さらに豊富な内容を持った秦代地方郡県の行政文書の実物が提供された。睡虎地秦簡がある官吏の副葬品だったのとは異なり、里耶秦簡にはさまざまな秦の官吏が書き記した文書の書跡が大量にあり、秦統一前後の公文書における文字や字形の変化を研究するにあたり、実際に依拠することのできる一次資料となる。すなわちこの二か所で発見された秦代簡牘は、秦王朝における「書同文字」法令に対する我々の理解が、妥当であったか否かを検証するための材料を提供するものといえよう。

旧来の秦代史研究者は、主に『史記』や『漢書』などの伝世文献史料の記載に依拠してきたが、これら史書の記載が信頼できるか否かを検証するための一次資料が欠乏していた。特に『漢書』の書写年代は、秦の滅亡からすでに三百年も経過しており、班固の秦代の史実に対する記載が正確であったか否かは、出土した秦代簡牘を用いて検証を加えなければならない。

本論では上述の課題に対して、睡虎地秦簡や里耶秦簡などの出土資料を用いて、秦統一前後の行政文書において使用された文字を比較し、「書同文字」法令が実施された具体的な内容を検討する。さらに、文書行政と後世「秦制」と称される中央集権体制を分析し、文書行政と中国古代社会における「吏学」との関係について基礎的な考察を行なうことで、歴史学界に活発な議論が起こることを期待する。

一　睡虎地十一号秦墓竹簡『封診式』の釈字に対する考証

湖北省雲夢県睡虎地十一号秦墓から出土した竹簡の釈文は、当初、「雲夢秦簡釈文」と題して、『文物』一九七六年第六期から第八期にかけて発表され、その後、文物出版社により繁体字版の『睡虎地秦墓竹簡』の釈文注釈と解釈が刊行された(1)。一九八三年に発見された張家山漢墓竹簡(2)、および二〇〇二年に発見された里耶秦簡には、さらに多くの秦漢時代の律令と行政文書が書き記されている。これまでに発表されている里耶秦簡は、秦王政二十五年（前二二二）から二世元年（前二〇九）までの遷陵県の公文書の記録であり、睡虎地十一号墓の墓主である喜の在職期間と大部分が重なる。里耶秦簡8-461木牘に記されている「毋敢曰豬爲彘」「以大車爲牛車」「以此爲野」等の公文書用語の規範は、里耶秦簡の行政文書において基本的に遵守されている。一方、睡虎地秦簡には「大車」がしばしばみられるが、「牛車」はみられない。(3) また「誣人曰盗一豬」のように、「豬」字は多くみられ、(4) 睡虎地秦簡『日書』にも、「豬良日」「利豬不利人」とあるが、「彘」字はみられない。そして、幾つかの「壄（野）」字の字形は里耶秦簡と異なっている。これらの文字の差異により、睡虎地秦墓から出土した秦律令は秦統一の始皇二十六年（前二二一）以前に記されたと推測できる。

二種の秦簡で用いられている字義を比較すると、『史記』にみえる始皇二十六年に発布された「書同文字」法令の具体的な実施内容および法律と公文書に用いられている文字が、どの程度改変されたかを理解することができる。(5) そこで本節では、睡虎地秦簡『封診式』第二十「經死」（六三〜七二簡）と題された六七簡の釈文に対する考証を基礎として、秦代の司法文書で使用された文字の字義を検討したい。(6)

まず「雲夢秦簡釈文」（『文物』一九七六年第八期）『經死』の釈文には「它度毋（無）兵刃木索迹」とある。(7) そして一九七八年簡体字本は「度、本義為量、這裡是検査的意思」と注釈し、「其他部位経検査没有兵刃・木棒・縄索的痕迹」と解釈する。(8)

『封診式』六七簡の図版を注意深く観察すると、整理者によって釈された「度」（二文字目）の字形はあいまいではっきりとしない。(9) またほかの部分で「度」と釈された図版と対照すると、二つ目の「度」字の部首「广」の部分にあるべき左払いの墨跡がはっきりとみえず、上部に残存する墨跡は、むしろ「宀」の形状に近い。そして、右下に右払いのような墨跡が確認できる。このように図版に基づいた場合、六七簡の第二字は「度」と確定することはできないであろう。

睡虎地秦簡中に数多く現れる「度」は、基本的には前後の文意に基づいて字義を確定できる。睡虎地秦簡『語書』中の「法度」が名詞として用いられているほか、同『爲吏之道』中の「度」と律文中の「度」は動詞として使用され、その比較的多くは穀物を計量するときに用いられる。この「度」の字義は、県における禾・芻藁の出入時に帳簿を作成する目的で規定された同『效律』により求めることができる。

1入禾、萬石一積而比黎之爲戶、及籍之曰。某廥禾若干石、倉嗇夫某・佐某・史某・稟人某。是縣入之、縣嗇夫若丞及倉・鄉相雜以封印之、而遺倉嗇夫及離邑倉佐主稟者各一戶、以氣（餼）人。其出禾、有（又）書其出者、如入禾然。　（二七〜二九）

以上の律文規定によると、秦代地方粮倉の穀物出入の際には、いずれも廥籍を作成する必要があり、穀物の出入を手掛けた倉嗇夫・倉佐・史・稟人、以上四名の順番で、連帯責任者の名前、および穀物を納入した県名を記録した。里耶秦簡で大量に発見された遷陵県の出粟帳簿は、地方行政運営において、『效律』に記された廥籍が確実に作成されていたことが裏付けられるであろう。里耶秦簡では、簡末に令史のみが署名している。しかし以下に挙げる里耶秦簡の事例は『效律』と同等の単位における粮倉記録ではなく、「離鄉」つまり『效律』での「離邑」にあたる粮倉記録であるため、令史が倉嗇夫の職務を代行しているとも考えられる。[10]

2粟米一石二斗半斗　卅一年三月丙寅倉武佐敬稟人援出稟大隸妾□
令史尚監　（8-760）

3徑廥粟米一石二斗半斗　卅一年二月己丑倉守武史感稟人堂出稟隸妾援

令史犴視平　感手（8-2249）

また『效律』の規定によると、官吏が離職して新任の官吏に交代するときには、帳簿明細の照合、および倉内の穀物数量を計量しなければならなかった。

4倉嗇夫及佐・史、其有免去者、新倉嗇夫・新佐・史主廥者、必以廥籍度之。其有所疑、謁縣嗇夫、縣嗇夫令人復度及與雜出之。禾贏、入之。而以律論不備者。（三二一〜三二二）

（倉嗇夫および佐や史で離職する者がいれば、新任の倉嗇夫・佐、廥を主管する史が、必ず前任者が残した穀物出入簿に基づいて各倉に現存する穀物の数量を計量する。もしも疑わしい点があった場合は、まず県嗇夫に伺いを立てる。そして県嗇夫は第三者に命じて、再び穀物を計量し、新任の官吏と共同で帳簿の不備を改訂する。）

例えば、倉中に帳簿明細よりも多い穀物が貯蔵されていた場合は、まず帳簿にその数量を書き足し、そして不備に関与した者を律令に照らし合わせて処罰する。

以上二箇所の「度」の字義は、間違いなく計量の意味として理解できる。加えて「度」は秦律中において、工程量、および物資の使用量を試算する意としても解することもできる。これは度量単位のような基本含義から派生した字義であり、睡虎地秦簡『秦律十八種』に次のように見える。

5度攻（功）必令司空與匠度之、毋獨令匠。　□（徭）律　（一二三・一二四）

（工程量を試算（算出）する場合は、必ず司空と工匠に命じて共同で計量させ、工匠だけに計量させてはならない。）

また、始皇二十六年の統一以降の里耶秦簡中には、「度」の字義が「試算」として使用されている史料がある。

6〼□六度給縣用足餘四

〼□八度給縣用足餘六

□蓋七具度縣用足餘二
□蓋布七度給縣用足餘三
□草□一度縣不足三　(8-1844)

この記録の最後の一行では、「草□」が一つしかなく、遷陵県の今後の使用量に三つ不足している。以下に挙げる里耶秦簡8-322簡は、各戸が口数に基づいて「取草」を行なうことを示す公文書である。これによると、当年はまだ割り当ての数量が徴収できていないようで、当該職務を主管した嗇夫と吏が「論」、すなわち律令に基づいて処罰されている。

7□□取草□
□各戸衛（率）人□□
□□今未上其□
□論嗇夫吏□　(8-322)

簡6と簡7が直接関連するとは断定できないが、戸籍に登記された口数に基づいて徴収すべきまぐさを割り当て、事前に一人あたりの納入重量を確定し、戸籍と照合して各戸の総重量を計算し、民に知らせなければならなかったことがわかる。民はまぐさを収穫するときには重量を量る必要があり、一定の収穫段階になって、登記した数量を合計すれば、遷陵県のある期間に必要な数量との差額を算出することができた。簡6のいくつかの「度」字の字義は、帳簿を査閲して各種物資の将来の使用量を計算し、余数を算出することである。

そのほかに、里耶秦簡8-1510中の「度」は、あらかじめ必要な船数を見積もりする意味として理解できる。

8廿七年三月丙午朔己酉、庫後敢言之。兵當輸内史、在貳春□□□□

五石一鈞七斤、度用船六丈以上者四㮴。謁令司空遣吏船徒取、敢言之。 （8-1510）

（始皇二十七年（前二二〇）三月丙午朔己酉日（四日）、庫の後が申し上げます。武器を内史に輸送する必要があり、貳春郷においてて……五石一鈞七斤。あらかじめ見積もると六丈以上の船が四艘必要です。そこで、庫が（県に）申請して（県が）司空に命令を下し、吏と船徒を派遣して（武器を）取りに行かせます。）

以上の「度」字は、いずれも財務事項と関連があり、これまでに発表された数千点もの里耶秦簡、および秦代公文書を抄録した漢簡中には、「度」が刑事案件の検証手順における「検査」の字義で使用された事例はみられない。『效律』や『秦律十八種』は墓主の遺体の右側から発見され、『封診式』はそのほかの竹簡と共に墓主の頭部右側に置かれていた。九十八本の竹簡はもともと独立した一つの巻き物で、表題の「封診式」は最終簡の背面に書写されている。これは、中央政府によって制定された書題であろう。「式」とは、官が制定した公文書様式であり、『封診式』という表題により、当該書の主要な内容が「封式」と「診式」であることがわかる。「封式」には、『有鞫』や『封守』が確認でき、その他の多くは「診式」と推測できる。「診書」に記された様式は、「診」字が各篇に多くみられ、いずれも検査の意で使用されている。例えば「診首」とは、斬られた首級を検査するという意である。また、「診其痍状」とは、負傷状況の検査の意であり、「令史某診丙、不病」とは、丙を検査して、病気が見つからなかったということである。

また『秦律十八種』中には、死亡した小隷臣の遺体を検査する律文がある。

9其小隷臣疾死者、告其□□之。其非疾死者、以其診書告官論之。 （一六・一七）

（小隷臣が疾病により死亡した場合、□□に知らせる。疾病以外で死亡した場合、「診書」に基づいて告発し、管理者を処分する。）

以上は、「診」字が窃盗や殺人現場、および正常ではない死亡案件の調査を含む案例に使用されている事例である。このほかに提訴された傷害事件の現場検証を行なうにあたり、提出した物証や被害者の負傷状況を参照する、争奪した権益物証の帰属を確定する、公私売買や奴隷取引、基準となる物品の品質を検証する、伝染病患者を診断する、官奴婢の死因を確定するために検死するなどの用法がある。

また『秦律十八種』中の「診」の字義は、官有家畜の死因確定の検査の意を含む。

10將牧公馬牛、馬【牛】死者、亟謁死所縣、縣亟診而入之。（一六）

（官有牛馬の放牧を監督し、もしもその牛馬が死亡すれば、すみやかに死亡した場所の県に報告しなければならない。そして県はすみやかに牛馬の死因を検査するとともに、死亡した牛馬の記録を帳簿から抹消する。）

以下、里耶秦簡8-2035簡における「診」の字義は、吏員が共同で居貲者の身元を調査し、老人や病人の身代わりを防止する意である。そして、検査結果を記録した文書は「診」と呼ばれる。これこそが秦律でいうところの「診書」の略称であろう。

11☐居貲亦雜診

☐上診一牒敢言之　（8-2035正）

秦統一前後の法律令および司法文書において、上述の処理の執行による犯人検挙や案件の判決に関連する調査や現場検証などの行為は、「診」と総称され、そのほかの用語はいまだみられない。『封診式』では、官府が通報を受けた後、「即令令史某往診」、つまり案件処理専門の知識を持った令史が事件現場に派遣されて現場検証を行ない、調査記録を作成する。

睡虎地十一号墓の墓主である喜の生涯を記した『編年紀』によると、かつて喜は安陸県や鄢県の令史を歴任している。そして、秦王政十二年（前二三五）に「治獄鄢」とあるように、まさにこのとき『封診式』に抄録されたような爰書を作成する令史の職に従事したのである。喜の死後、副葬品として墓に入れられたこの『封診式』は、かつて、喜が職務に携帯したハンドブックなのかもしれない。

前掲『經死』の前半冒頭には、「令史某爰書。……診丙……」とあり、「診丙」以下は、丙が首つり自殺を行なった現場および死体の描写を記録してある。『封診式』における爰書の作成慣例を参考にすれば、穀物の計量の意として常用された「度」は「検査」の意では用いることができないことがわかる。

『封診式』『經死』の一つ前の「診式」である『賊死』（五五〜六二簡）は、故意殺人の案件である。『賊死』では、遺体の傷痕を描写した後、五八簡の「它完」で記録が結ばれている。つまり令史が現場で遺体のその他の部位を検案して、上述の傷痕の記録以外には、そのほかの身体の部位にいずれも傷痕がないことを示す。図版によると、『經死』六七簡の二字目の上部に残存する墨跡は「宀」の形状に近く、右下には右払いのような筆跡がみえる。なおかつ図版中の「完」の字形と対比すると、六七簡の二字目は、整理小組の釈した「度」ではなく「完」とすべきである。「度」を「完」と釈して句点を改めると、『封診式』六七簡の釈文は「……它完、毋（無）兵・刃・木・索迹。……」となる。するとこの部分は、「（遺体の）その他の部位は損傷を受けておらず、武器・刃器（刃物）・木器（鈍器）、縄による損傷をうけた痕跡はない。」と解釈できる。

以上、秦統一前後の法律・案例中の「度」と「診」における総合的な対比を通じて、公文書中で使用された専門用語に、使用範囲と字義の限定があったことがうかがえる。文書を書写する官吏は、文字を異なる状況で使用したり、字義を拡大解釈することは許されなかった。「度」は財政および関連文書中で用いられ、「診」は刑事および過失、賠償に関連する爰書で用いられた。つまり、「度」は刑事案件で「検査」とみなされる字義として用いることはできず、

「診」は財務文書で倉庫を検査する字義として用いることはできなかったのである。このように、厳格な字義の限定による用字方法は、すでに秦代公文書の特徴として顕著に表れており、秦統一前後に改変されたわけではないと考えられる。

二　里耶秦簡にみえる「書同文字」法令と関連する資料

許慎は『説文解字』序において、六国を「言語異聲、文字異形、丞相李斯乃奏同之、罷其不與秦文合者」と述べる。この許慎の言は、李斯が獄中にて保身のために上奏した「平斗斛・度量・文章、布之天下」に依拠すると推察される(11)。里耶秦簡の発見は、秦が実施した「書同文字」法令を正確に理解するための具体的な時期、および文字の実例を提供した。始皇二十六年、丞相王綰と御史大夫馮劫、廷尉李斯、博士らが尊号を「王爲泰皇、命爲制、令爲詔」と改めるよう上奏した(12)。里耶秦簡8-461木牘には、字形を改める必要のあった「皇」「旦」などや若干の事物の名称が書き記されており(13)、またほかの部分では、例えば「王譴曰制譴。以王令曰以皇帝詔。承命曰承制。」のように(14)、旧来の公文書用語を新しいものに変更している。王綰らが上奏した内容と、遷陵県の吏がこの8-461木牘に記した文字は合致しており、二十六年における用語改変の奏議が、確実に実行されていたことを物語っている。また、二十八年（前二一九）の琅邪台刻石に「同書文字」とある(15)。当時の丞相は隗林と王綰であり、李斯が丞相の任に就いた二十九年（前二一八）以降、史書には関連する記載はみえない。許慎が述べる丞相李斯が「書同文字」を奏議したという説は史実における誤りではなかろうか。

「書同文字」「同天下書」、および二十八年の琅邪台刻石「同書文字」にみえる「書」とは、各種公文書を示す。秦代には私営の出版業は存在せず、儒家の多くは個人的に学問を教えた。官の発布した法令に、個人的に使用する文字の字形・字体を規制した条文はいまだみられない。そのため、「書同文字」法令の主な対象は、国家の行政運営の維持において使用された公文書であり、文化事業との関係はそれほど強くはないであろう。

里耶秦簡8-461木牘に「故旦今更如此旦」とあるが、これは、政府が法令を発した二十六年以降、公文書において「旦」の異体字である「旦」を用いてはならないことを意味する。しかし、一九九三年に江蘇省の東海県尹湾で発見された前漢成帝末（前十一年）の漢墓から出土した墓主の私文書「元延二年日記」では、依然として「旦」が使われている。(16) 秦の統一から尹湾漢墓の墓主が生きた前漢末まで二百年以上が経過していたにもかかわらず、私文書に「旦」が使用されていることから、秦による異体字使用禁止の法令が民間にまで及んでいなかったことがうかがえる。なお、これ以降にも、私的な師弟間での指導の際には、依然として異体字が使用されていた。さらに、秦代遷陵県の公文書であっても、ときおり「旦」が用いられており、始皇三十三年（前二一四）九月の文書の末尾には、すでに使用が禁止されていたはずの「旦」がみえる。現在公開されている里耶秦簡の中では、「旦」と「旦」は同時に存在するが、これは二つの文字の字形に大きな差異がないこと、かつ文書の受け取り記録のような一定の場面で多く使われていたことから、各官吏が書写する際に細かな区別を設けていなかったと推測できる。その他に、8-461木牘には、「毋敢曰豬爲彘」「以大車爲牛車」という記載がある。大部分の遷陵県の計課文書では「彘」を用いているが、残簡の中には「豬犬雞」もみられ、またそれ以外に「豕」字もみられる。始皇三十七年（前二一〇）の会稽刻石には「夫爲寄豭」とあるが、これは押韻のために「彘」ではなく「豭」を用いたとも考えられる。(17)

上述のように、秦が実施した公文書の常用用語を統一する法令は、民間で使われた用語にまでは及んでいなかったと推測できる。また、前漢中後期の肩水金関漢簡では、「牛車」と「大車」の混用がみられる。(18) これはおそらく、ある地域の民間の口語では依然として「大車」が使用され、漢代以降の公文書において再び「大車」が使用されるようになったためと推察される。

里耶秦簡8-461木牘に記されている内容の多くは、統一後の国家政治・儀礼の需要に応じて、それ以前の公文書で用いられていた用語を改めたものであり、文字そのものの書き方を改変したわけではない。以下に例をあげる。

12王室曰縣官。公室曰縣官。（8-461　第二欄八～九行）

13王游曰皇帝游。王獵曰皇帝獵。王犬曰皇帝犬。（8-461　第二欄二〇～二二行）

また、秦が六国を滅ぼしたことで新たな境界が形成されたことも、用語改変の一因であろう。以下の例からは、遷陵県が設置された地域において、秦の統一にともなって旧時における地理用語が改変されたが、境界地区では依然としてそれらを使用していたことがうかがえる。

14邊塞爲故塞。毋塞者爲故徼。（8-461　第二欄一七～一八行）

文献史料の記載や簡牘中の「書同文字」に関連する資料を整理すると、同一文字における具体的な措置は以下の三項目に分けられる。

一、文字の字形を確定させたこと。

二、公文書に使われる公文書専用の文字を規範付けたこと。

三、旧来用語を廃止して、新用語を使用したこと。

第一・二の項目については、新たに秦の体制下に編入された地域の行政機構の吏員を対象としたものであり、第三の項目は、故地を含む統一後の秦の官吏全体に対して施行された。しかし、睡虎地秦簡に記された律令と遷陵県の文書とにそれぞれ用いられた文字を比べてみると、二十六年の統一以前に制定された財務・司法文書における専用文字で、未だに改変されていない事例が確認できる。

ここで見落としがちになってしまうが、現代における「文字」は字そのものを示し、秦代の公文書における「文字」は、「文」と「字」という二つの字義を示す。これは二つの関連性のある独立した語を組み合わせた合成語である。すなわち「字」とは、今日における「文字」であり、「文」とは、文章つまり公文書の全体的な構成を指すのである。前述したように、李斯が獄中で上書したものは、「平斗斛・度量・文章」と言われる。ここにおける「平」とは、官による制定の意であり、「平」の字義は後世においても使用された。例えば長沙走馬楼三国呉簡にしばしばみられる「呉平斛」とは、孫呉政権が制定した量器斛である。[19] また漢の尚方鏡にしばしばみられる「刻之成文章、左龍右虎辟不羊（祥）」のような「文章」は、銅鏡の花紋図案の配置構成を示す。[20]

『封診式』に記された二十五篇の爰書様式からうかがえるように、秦代では、各地の県や郷の官吏が文書を書写する際に、このように規定された様式と用字を遵守せねばならなかった。また責任者は処理過程および関連事項を記録する必要があり、かつ個人で勝手に記録事項を抜粋することや自分の思ったように用字を改変してはならなかった。それは秦の刑罰体系を継承した漢の司法文書も同様である。張湯の故事によると、彼は幼いときに肉を盗んだ鼠を取り調べた。その際、「傳爰書、訊・鞫・論・報」といった正式な司法の取り調べ手順に照らして「具獄」を行ない一揃いの爰書を完成させたところ、張湯の父は「視其文辭如老獄吏」と評した。[21] ここでいう「文」とは、爰書における各項目の様式構成であり、「辭」とは、文書中において使用される刑事案件の専門用語を示す。年端もいかない張湯がしたためた文辞は、老練な獄吏のようであったという。秦代の県や郷の獄吏が作成した爰書などは、上級官吏のもとに送られ査閲される。そして、郡・県の長官や主吏は刑事案件の判断や裁決に対して、現場踏査の記録である「診書」と容疑者の供述書を参考にしなければならなかった。さらに地方における訊問・判決の過程においてもしも疑問が生じれば、中央の廷尉のもとに案件を送り指示を仰いだ。そのため案件情報が完全に備わっていること、および従事した各官吏の字義に対する統一理解を維持しなければならなかった。

そして『効律』等の財務法律では、[22]倉嗇吏に対して、穀物の出入量およびその用途を記録した嗇籍の作成が規定されており、新旧官吏の引き継ぎのときには帳簿を照合しなくてはならなかった。このような『效律』の規定は、遷陵県の嗇籍の書写様式と基本的に合致する。また郵伝制度では、文書の逓送に際して、逓送者の名前と文書の受け取り時刻とを記録することが求められた。さらに司空や倉などの官署においては、毎日「疏書」という、管轄する徒隷の従事した労働内容とその人数の記録、いわゆる「作徒簿」が作成され、県・郷の吏は、各四時末と年末に各種文書様式に基づいて計課文書を提出しなければならなかった。現在、既出の秦代各種公文書には、いずれも固定された基本様式と書写項目の「式」が存在した。里耶秦簡には遷陵県の吏が収集した「式」に関連するサンプルと、県が郡に対して、ある文書における「式」の不備を問い合わせた公文書がみえる。

15群志式具此中巳　(8-94)

16三月壹上發黔首有治爲不當計者守府上薄（簿）式　(8-434)

17卅三年六月庚子朔丁未、遷陵守丞有敢言之。守府下四時獻者上吏缺式曰。放（仿）式上。今牒書應（應）書者一牒上。敢言之。　(8-768)

簡15の「群志式」とは、各種記録・簿書の様式のことを指し、「具此中」とは、すべてがここ（竹笥の中など）にあるということを示している。簡16は、県が郡太守府に報告する簿式冊書の表題簡である。簡17は、遷陵県から郡太守府に対する上申文書である。この上申文書の内容は以下の通りである。

以前、遷陵県が郡太守府から受け取った下達文書に、四時の期間で当地の物産を国家に献上するための「四時獻」

を報告するようにあったが、遷陵県には該当文書の「式」がなかった。そこで、再び郡太守府は文書の「式」に準じて上申せよと命令を下したため、遷陵県は始皇三十三年（前二一四）に「四時獻」を報告した。

始皇二十六年に施行された「書同文字」法令は、二つの内容をもつ。第一に、字形を統一し、一部の事物名称や礼制用語を変更したこと、第二に、公文書の様式と専門用語の規範を統一したことである。その主な目的は、秦の法令の定める各クラスの官署における公文書の往来と計課制度を全国的に実施するためであった。里耶秦簡の文書にしばしばみられる「以律令從事」という定型句は、上級官署が下級の官吏に対して、双方が共通して認識する秦の法令に則った処理を指示するものであり、事項ごとに逐一実施方法を下達する必要はなかった。

秦の統治範囲の拡大にともない、政府は新たな占領地域において、関中で実施されていた文書制度と同じ方式を実施させようとした。そのため、熟練した官吏を旧来の秦地から新たな地域の県・郷機構に派遣し、各種の帳簿や文書を作成させせた。また彼らには、盗賊や傷害といった治安に関わる案件を処理して爰書を作成する以外にも、かつての六国地域から新たに加わった吏員たちを養成するという任務が求められた。

考古発掘が行なわれた遷陵県では、異なる吏員によって作成された各種の爰書・簿籍・財務出入帳細目の様式が基本的に一致しており、遷陵県と他県との間は、常に帳簿や決済のための文書などが往来していた。また、里耶秦簡が明示するように、遷陵県の各官署の吏員は、本地出身者以外に他県からやって来た者も多く、職務はしばしば交代させられ、外来の吏員は職務期限が満了すると故郷に戻った。このような流動的な任職状況においては、日常の行政業務に、各官署の官吏一人一人が法令、文書様式、および用語の字義などに対して共通認識をもつことが不可欠であった。そうしてこそ、処理された文書を引き継ぐ際に誤りが生じないことが保証できるのである。

『封診式』にみえるのは、部分的な秦代の公文書や専門用語であり、睡虎地秦簡や龍崗秦簡などの秦律令も一部の抄録にすぎない。すべての秦の律令や公文書の様式、専門用語、逓伝計課など各項の制度と、これに加えて、秦の統一の際に公布された字形と用語の新たな規範は、秦の公文書システムの骨格を構成した。秦王朝が二十六年に統一して最初に命令を下した「書同文字」は、この文書システムの骨格を全国に普及させることで、広大な領土を持った統一国家が、各クラスの地方政府における連携の調整や正常な行政運営を維持するために不可欠な基本条件をうち建てた。秦の滅亡後、これらの文書システムに精通した秦の吏員が漢の吏員に転身するにともない、漢代の公文書システムが継承した文書様式ならびに特定の文字の字義に対する規定という、公文書における二つの顕著な特徴がともに後世に伝えられていった。

三　中国古代社会における文字と吏学

1　漢語文字の発明と伝播

人間社会において最も早く文字を書写し認識できた人間は、どのようにして生み出され、どのような社会的身分を備えていたのであろうか。一般的な説として、アメリカ人学者ジャレド・ダイアモンド（Jared Diamond）は、早期文字の発明と食料生産の関係について、「文字を読み書きしていたのは、余剰食料によって支えられていた官吏たち」と述べる。(23)

文字を使用していた殷王朝は、農業を営んだ仰韶文化からすでに千年以上も経過していた。農民は自らどれくらいの食料を残すかをあらかじめ決定することができなければ、「余剰」数量を確定することは困難であろう。歴史上において、奴隷（捕虜）が生産した食料は統治者（荘園領主）の意志によって分配され、そこでようやく「余剰」の食料が発生する。秦代や古代ローマそしてアメリカ植民地には、いずれもこのような現象が看取される。

　中国で最も早い文字を使用した「史」の役割は、記録することであった。『説文解字』は、「吏、治人者也」つまり「民を管理する官員」と解釈する。これまで発見された甲骨文字には、「史」「卜」「祝」という文字を使用した三種の職がしばしばみえるが、「吏」字はみえない。秦漢時代になると、吏は一つの独立した職業の社会集団となった。居延漢簡の吏員の人事記録には「能書會計・治官民頗知律令文」とあり[24]、これは政府による官吏の任職資格の規定であろう。「能書」とは文書を書写できることであり、「會計」とは計算ができることである。里耶秦簡には掛け算の「九九表」が記された木牘があり、漢代初めの『二年律令』が出土した墓からも『算數書』が出土している[25]。これらは、吏が計算や公務執行の練習を行なうためのハンドブックであったと考えられる。

　秦漢時代の吏と殷周時代の史の職掌における最も根本的な違いは三つある。第一に、官の様式に沿った文書を作成できること。第二に、徴税の計算ができること。第三に、法令を熟知し、法令に則って業務を遂行できること、である。これまでに発表されている里耶秦簡に含まれる大量の行政文書や財務記録などによって、大多数の秦吏が前述の三項目の基本技能を備え、なおかつ秦吏が、中国史上はじめて大規模かつ体系的な文書用語を使用した職業管理者であったことが証明されるであろう。

　里耶秦簡8-461木牘に記された、改変を必要とした数十個の用字・用語は、文字を創造し規範づけたのが国家権力であったことを物語るであろう。また睡虎地秦簡『爲吏之道』は、秦吏に対する教育のハンドブックとみなされ、そのなかには、公文書において日常的に使用された「千（阡）佰（陌）津橋」「囷屋蘠（墻）垣」「溝渠水道」「犀角象齒」「皮革橐（蠹）突」「久刻職（識）物」「倉庫禾粟」「兵甲工用」「徒隷攻丈」などといった用語が大量に記されているため、吏員の識字教本を兼ねていたと推測できる。

2　商鞅変法による周礼制社会の崩壊と秦制吏治社会の形成

文字が、札記方式の甲骨文字からシステム化された表意文字の隷書へと変わった過程は、紀元前四世紀後半において、伝統的な君主の権限や社会構造に対して徹底的な改革を行なった商鞅変法に適応するためのものである。『國語』晉語四には、周王朝の礼制社会が以下のように描かれている。

同姓則同徳、同徳則同心、同心則同志。……胥・籍・狐・箕・欒・郤・柏・先・羊舌・董・韓、寔掌近官。諸姫之良、掌其中官。異姓之能、掌其遠官。公食貢。大夫食邑、士食田、庶人食力、工商食官、皁隷食職、官宰食加。

「同姓」とは、同一の血縁氏族の成員を指す。周の貴族は、同姓氏族の成員は同じ志を追求するものと考えており、近親と姻戚が「近官」、つまり君主身辺の官職を担った。また「諸姫」とは、姫姓氏族の成員を指し、品行・能力の優良な者が「中官」、つまり都城内外の官職を担った。そして「異姓」で能力がある者は、遠方および都城から遠く離れた地方の官職を担った。このように周王朝の礼制は、君主との血縁の親疎を基礎とした等級制であった。次に「公食貢」とは、国主が貢献を受け、各封君の大夫が収税や司法等の国政を管理し、遠方地域では、征服あるいは帰順した氏族の首領が自治を管理し、民間の統治は血縁的聚落の首領に任せるということである。君主や貴族、同姓氏族の成員はいずれも兵士を世襲し、君主が出征するとき、各地の封君には臣下を率いて出征に随従する義務があった。斉の桓公ら「春秋五覇」は、いずれも士卒を率いて出征する君主であったが、城外の耕作地に居住する農夫は「食力」、つまり生産労働によって食料を獲得し、従軍はしなかった。

中国古代の帝王が社会に対して果たした役割の転換は、戦国秦の孝公のときに始まった。商鞅が外来の客卿でありながら秦軍を率いて魏国に出征して以降、各国の客卿は秦に入り重用され、秦君自身は基本的に最前線での戦闘を回避した。秦は、職業的な将軍に軍を率いさせて楚を滅ぼした戦争で、最も典型的なモデルを示した。あるとき秦王政が将軍の李信に楚を攻めるのにはいくらの兵が必要かと問うと、李信は二十万人と答えた。また王翦に問うと、六十万人と答えた。その後、李信が楚を攻めて敗れると、秦王政は都城の咸陽から王翦の故郷である頻陽まで出向き、老将王翦に出征を請うた。すると王翦は先の六十万人説を堅持した。秦王政はその要求に答えて、自ら咸陽城外の灞上まで出向いて大軍の出征を見送った(26)。

ここでは壮年の秦王政が自ら兵を率いなかったにもかかわらず、六十万の兵を平民出身の老将軍に率いさせた。では、なぜ軍が謀反を起こすことを危惧しなかったのであろうか。それは王翦の国家に対する忠誠心か、それともそのほかの保証があったのであろうか。この問題を検討すると、その要因は、商鞅変法による中国古代社会の構造改革およびこの種の改革過程を支えた人力資源である「吏」に求めることができる。

商鞅変法は、軍功爵、つまり戦争で功績があった者に田宅を与えることで農民を戦争に参加させた。また一般の民を戦争に参加させて、社会的な地位が上昇する方法を導入した。そして第一に、各地における頃畝面積に応じた土地計画および山林、特産品などをすべて登記して国有資産とし、軍功爵の物質的な保証とした。周制には「普天之下莫非王土」という理念があり、秦国はこの理念を各地の「田簿」に具現化した。第二に、君王が全国の土地面積や耕作状況、穀物および特産品などに対する支配を実現した。四川省青川県から出土した秦の『更修爲田律』には、頃畝や道路計画関係の法規がみえ、里耶秦簡には「田提封」（頃畝区画）や「田官」、つまり政府が国有の耕地を管理する部門の文書記録が大量にある。また遷陵県貳春郷における枳枸（枝枸）樹の生育状況を記録した文書がいくつかある。

18卅四年八月癸巳朔丙申貳春郷守平敢言之。貳春郷樹枝（枳）枸卅四年不實、敢言之。（8-1527）

19貳春郷枝（枳）枸志。（枳）枸三木……去鄕七里、卅四年不實。（8-455）

20下臨沅請定獻枳枸程。　程　巳　　　　　　　　　　　　　　　　　　　　　　　(8-855)

簡18では、始皇三十四年（前二一三）八月、貳春郷守の平が、同郷の枳枸樹に果実が実らなかったことを遷陵県に報告している。簡19は、遷陵県の枳枸樹の記録である。ここでは三本の枳枸樹が貳春郷から七里のところにあり、始皇三十四年には果実が実らなかったことが記されている。簡20は、遷陵県が上級機関より請求された特産品である枳枸樹の果実の「程」、つまり規定の数量を示している。これらの資料は、先に引用した簡17の「四時獻」に対応するものであり、里耶秦簡にはこのほかに「獻冬瓜」や「乾魿魚」のように、現地から帝室に献上する特産品の記録がある。これらの文書は、秦が六国を占領したあとに官吏を現地に派遣して、頃畝の計画および土地面積の登記を実施するとともに、果樹や水産品等の特産品についても登記簿を作成し、毎年、登記目録に基づいて咸陽に特産品を献上させたことを裏付けるものである。さらに、里耶秦簡にみえる他県から遷陵県の丞に送られた大量の文書は、ある吏員が公務により遷陵を通過する際に、田官あるいは倉に寄ったため食事を供給する必要があったことを示唆する。また、遷陵県で作成された大量の財務文書からは、月ごとに県令・県丞から佐史に至る各級吏員の食料を提供していたことが読み取れる。つまり、秦が新たに占領した地区の戍卒や官吏には、基本的には政府によってまとめて食料や装備が配給されており、民間から購入することはなかったようだ。

商鞅変法のもう一つの重要な内容は、血縁氏族の打破、ならびに分散居住していた各邑の民衆を強制的に編成して郷・里に集住させたことであった(27)。例えば里耶秦簡8-1554では、郷吏の里典が、高里の士伍である広が奴婢や財産を子女に与えたことを報告している。これは一般の私人における奴婢や財産の占有した状況でさえも郷が登記していたことを示唆する。

ここでもう一度、王翦が六十万の兵を率いた問題に戻ろう。この六十万とは、秦の政府が全国から徴発してきたもので、供給する食料も全国から集めたものであった。全国から食料を集める命令を下す行政権力は、秦王政のほかには有し得なかったのである。

商鞅変法の社会に対する最大の改革とは、統一戦争の過程で消滅した各地方の自治単位であった氏族組織である。里耶秦簡には「除道」「捕虎」「祀先農」「黔首醫課」や服薬の記載がある。以前は氏族組織が担っていた各地方の治安、養老、撫恤、糾紛の仲裁、道路や橋の補修整備、祀神、防疫および救災などの諸機能は、すべて政府の管理下に置かれるようになった。吏員は法令に基づいて管理すると同時に、管理過程を必ず文書として記録し、上級機関への報告と副本の保存が求められた。現在まで、中国内地で考古学の調査によって発見された公文書の大部分は、いずれも基層の吏員が作成し完成させたものである。

商鞅変法は、血縁を基礎とする周代の礼制社会の構造を撤廃して、各種の文書と簿籍を基礎とした官吏による管理社会を構築した。秦漢以降、中原地域は多くの戦乱と胡族の侵入を経験したが、戸籍や田籍などの文書や簿籍を基礎とした有効な地方統治の方法に代わるものはなかった。また、官吏による文書システムに代わって中央集権体制を支える技術集団も他にはなかった。後の王朝はいずれも前王朝が作成した地図や簿籍などの財務資料を継承した。清朝の建立に至るまで、歴代王朝が継承した文書に基づいた法令による統治方式は、まさに秦の制度であった。したがって、秦吏によって創立された公文書の文字も代々伝えられ使用されていった。中国は歴史上の戦乱と民族移動を経て、現在では、七つの漢語方言の地域を有する。異なる方言地域の民衆言語は通じなくとも、中央集権の統治方式は、地方機構と中央政府との間の文字による連係が必要とされた。そのため、吏は文書用語の学習を通じて、文字の字義と文書の書写を習得していった。それによって、口語による会話は十分にできなくとも、文書によって意思を疎通させることができた。これは、漢語が幾千年もの間、一貫して会意文字のままであることの主な原因であろう。

3　中国古代の文書行政と吏学の伝承

商鞅変法は、中国古代の中央集権制の時代を切り拓いた。これにより、中国の歴代皇帝は天下を平定して建国したのち、再び兵を率いて出征することはほとんどなかった。文字上の表現では、『史記』に記された神農氏や黄帝、殷の湯王、周の穆王らの上古の帝王による出征に「征」「伐」「討」が用いられている。しかしのちの『後漢書』には、光武帝の劉秀の出征について「帝覧其奏、竟不親征」とあり(28)、皇帝が軍を率いて出征する場合に、必ず「親」字が加えられるようになった。これにより、かつて帝王が独占していた軍を率いる「征討」権が変質したことが読み取れる。

秦王朝以降、皇帝は都城の中で行政の中枢を主管し、日常社会の管理や詔書の発布、武将や兵士の派遣、装備の供給を担った。皇帝は軍隊や民衆とまみえることはなく、文書の往来が主要な行政のスタイルとなった。

そして秦漢時代の皇帝は文書行政制度を敷いた。公文書で使用された語句の多くは固定化した字義と里耶秦簡にみえるような「式」であった。これらの字や式、法令は次第に一つの専門分野を形成した。漢代以降の地方の基層官吏の多くは世襲によって子弟に担われ、郷・里の戸籍や田籍の登記、ならびに収税や治安、司法などの機能を受け持った。秦漢時代の県令・県長などの官吏は中央から地方に派遣されたが、後漢時代になると郡県官の多くは地方の状況を把握しきれず、収税や司法の審判さえもわからなくなってしまったため、実際に地方を管理したのは、現地出身の吏であった。吏は公文書の文字や字義を把握し、文書様式は慣例等とともにひとつの専門の学問となった。後世、元人の徐元瑞が大徳五年（一三〇一）に著した『習吏幼學指南』（『吏學指南』）では、公文書で使用する文字とその解釈を集成して、児童の官吏育成教材とした。そのなかには、依然として「折肢」「趺体」のように、漢初の『二年律令』と同様の刑事文書用語がみられ、収税や司法などの基本文書用語が、秦漢以降も大幅な変化がなかったことを示唆する。

秦の吏員本人とその家族は、他人から扶養される存在ではなく、また専任の官員のように生産から完全に離脱していたわけでもなかった。秦漢時代における吏の仕事の本質は、国家が設けた徭役であった。里耶秦簡に記載されている吏員の多くは、外地から遷陵県にやってきた任職者であり、期間が満了すれば故郷に戻り、次の服役周期を俟って再度派遣された。早期の吏の来源は、おそらく征服された殷人で、文字が理解できた下層氏族の成員、つまり『國語』の「皁隷」と推察される。これは、秦漢の吏がいずれも黒色の衣服を纏っていたことが一つの証拠となろう。祖先が征服されたため、吏の家族は強制的に代々文字を学習させられ、官府のために服役した。後漢以降、吏の地位が低下したのはこれに起因するのかもしれない。吏の社会的地位が卑賤であったのは、文字を習得したほかの人々が、吏の仕事に従事したがらないことが原因でもあった。

睡虎地秦簡にみえる規定では、史の子供以外の児童は学室で学習することを許されなかった(29)。また漢初の『二年律令』史律には「史・卜子年十七歲學」とあり、その三年後に考試を行ない、五千字以上を習得した者のみが史となることができた。漢代は、史の子供以外の若者が法律や公文書とその文字を学ぶことを禁止しておらず、基層の小吏でも、文書を熟知し業務効率が高かった者は昇格することができた。居延漢簡等に『蒼頡篇』を書写した木簡がしばしばみられるが、これは辺境の戍卒が字を学ぶために使用されたためであろう。出土『蒼頡篇』の第一章には、「蒼頡作書、教後嗣、幼子承詔、謹愼敬戒、勉力諷誦、晝夜勿置、苟務成史、計會辯治、超等軼群、出尤別異」とあり、児童がこの書を学ぶ目的が「成史」であることがわかる。また「辯（辨）治」「尤異」とは、秦漢時代の文書に頻繁に用いられた官吏の実績を評価する用語である。したがって『蒼頡篇』第一章は、幼年児童を奨励して懸命に文字を学ばせ、将来昇進させるという意図を持つ。

さらに『漢書』巻三〇藝文志は次のように記す。

蒼頡七章者、秦丞相李斯所作也。爰歴六章者、車府令趙高所作也。博學七章者、太史令胡母敬所作也。文字多取史籀篇、而篆體復頗異、所謂秦篆者也。是時始造隷書矣、起於官獄多事、苟趨省易、施之於徒隷也。漢興、閭里書師合蒼頡・爰歴・博學三篇、斷六十字以爲一章、凡五十五章、幷爲蒼頡篇。

青川秦墓から出土した『更修爲田律』木牘は、秦武王四年（前三〇七）のことを記録したものである。この記録に使用されている文字はすでに隷書体である。したがって、およそ百年後の秦の統一後に、ようやく李斯が丞相に、趙高が車府令になるが、隷書の出現は秦の統一ほど遅くはない。したがって、班固が『漢書』藝文志に記したことは必ずしも史実とは一致しない。隋唐以降、『蒼頡篇』は文献の記載にみられなくなったが、漢簡の『蒼頡篇』と元人の徐元瑞が編撰した『習吏幼學指南』とを注意深く比較すると、使用されたテキスト形式に変化が起こっていることがわかる。『習吏幼學指南』では、文書用語のみの形式から公文書用語の下辺に解説を加える形式へと変化した。このような吏学のテキストは一千年以上もの間、絶え間なく吏の一族に代々伝えられ、文字伝承における重要な役割を担った。

おわりに

文字は、人類が記録やコミュニケーションに用いたツールであり、数千年の歴史において絶えず変化してきた。漢字の歴史は、世界上の大多数の地域、とりわけヨーロッパで使用された文字の歴史とは異なり、戦国秦の商鞅変法によって国家権力の管理・運用と結びついて、専制体制の維持に用いられた。これは、里耶古城から発見された8-461

木牘に示されているように、中央政府しか公文書文字の字形と字義を確定する権力を持っていなかったことからも裏付けられる。

秦漢時代では、文字はおもに行政運用のツールであり、神聖性を持ち合わせていなかった。この点は、西北漢簡などにみられる「削衣簡」（籌木木簡）が厠の中に捨てられていたことからもうかがわれよう。しかし、千数百年後の明清時代では、文字は科挙によって神聖性を帯びるようになった。清朝のひとびとは文字が書かれた紙に畏敬の念を抱き、文字のある紙を包み紙に再利用することさえもせず、ただ燃やしていた。これは「敬惜字紙」と呼ばれた。

漢字と権力の関係は独特のものであり、世界上のそのほかの種類の文字にはみられない現象である。秦が実行した「書同文字」後の中国歴史を研究することで、二千年もの間、漢字が表音文字に変わらなかった原因が明らかになるであろう。

注

（1）睡虎地秦簡の釈文や注釈は主に以下の三つである。①一九七八年出版、睡虎地秦墓竹簡整理小組による注釈と中国語訳を附した『睡虎地秦墓竹簡』簡体字釈文平装本。②一九八一年出版、繁体字の釈文を附した《雲夢睡虎地秦墓》編写組『雲夢睡虎地秦墓』発掘報告書。③一九九〇年出版、『睡虎地秦墓竹簡』繁体字釈文精装本（いずれも、文物出版社）。

（2）張家山二四七号漢墓竹簡整理小組編『張家山漢墓竹簡〔二四七号墓〕』釈文修訂本（文物出版社、二〇〇六年）。

（3）前掲睡虎地秦墓竹簡整理小組編『睡虎地秦墓竹簡』（一九九〇年繁体字釈文）、四一頁、四九頁、五〇頁、五三頁、八四頁。

（4）前掲睡虎地秦墓竹簡整理小組編『睡虎地秦墓竹簡』（一九九〇年繁体字釈文）、一〇五頁。

（5）『史記』巻六秦始皇本紀（中華書局、一九五九年）、二三九頁。

（6）前掲睡虎地秦墓竹簡整理小組編『睡虎地秦墓竹簡』（一九九〇年繁体字釈文）、『封診式』六七簡。『雲夢睡虎地秦墓』発掘

報告書（文物出版社、一九八一年）六四七簡、出土編号乙一一六。なお、本論で引用する睡虎地秦簡の編号は、睡虎地秦墓竹簡整理小組編『睡虎地秦墓竹簡』（一九九〇年繁体字釈文）の編号を使用し、簡末（　）内に編号を附した。また、釈文および語訳は睡虎地秦墓竹簡整理小組編『睡虎地秦墓竹簡』（一九七八年簡体字釈文）を参照した。

（7）雲夢秦墓竹簡整理小組「雲夢秦簡釈文」（『文物』一九七六年第八期、文物出版社）、三六頁。

（8）前掲睡虎地秦墓竹簡整理小組編『睡虎地秦墓竹簡』（一九七八年簡体字釈文）、二六八～二六九頁。

（9）前掲睡虎地秦墓竹簡整理小組編『睡虎地秦墓竹簡』（一九九〇年繁体字釈文）、「封診式図版」七四頁。

（10）本文で使用する里耶秦簡の編号はいずれも、湖南省文物考古研究所編『里耶秦簡 壱』（文物出版社、二〇一二年）による。

（11）『史記』巻八七李斯列伝（中華書局、一九五九年）、二五六一頁。

（12）『史記』巻六秦始皇本紀（中華書局、一九五九年）、二三六頁。

（13）『校釈』、一五六～一五七頁。

（14）原釈文では「令」に作るが、前掲『校釈』一五六頁では「命」に改める。

（15）『史記』巻六、秦始皇本紀（中華書局、一九五九年）、二四五頁。

（16）連雲港市博物館等編『尹湾漢墓簡牘』（中華書局、一九九七年）、六一頁。

（17）『史記』巻六秦始皇本紀（中華書局、一九五九年）、二四五頁。

（18）甘粛簡牘保護研究中心等編『肩水金関漢簡 壱』（中西書局、二〇一一年）、四、五、十一頁。

（19）『竹簡 壱』、簡号：六・一七五四、六・一八二二、六・一八三七。

（20）林素清『両漢鏡銘集録』（中央研究院歴史語言研究所文物図像研究室資料庫、http://saturn.ihp.sinica.edu.tw/~wenwu/search.htm）。

（21）『史記』巻一二二酷吏列伝（中華書局、一九五九年）、三一三七頁。

（22）前掲睡虎地秦墓竹簡整理小組編『睡虎地秦墓竹簡』（一九九〇年繁体字釈文）、六七頁。

（23）Jared Diamond. 1998. Guns, germs and steel: A short history of everybody for the last 13000 years. Chapter 12: Blueprints and borrowed letters The evolution of writing. London: Vintage, p.236.

（24）謝桂華等『居延漢簡釈文合校』（文物出版社、一九八七年）、二一、六三、八四、一〇〇頁。

（25）前掲張家山二四七号漢墓竹簡整理小組編『張家山漢墓竹簡〔二四七号墓〕』釈文修訂本、一三一〜一五七頁。

（26）『史記』巻七三白起王翦列伝（中華書局、一九五九年）、二三四〇頁。

（27）『史記』巻六八商君列伝（中華書局、一九五九年）、二二三二頁。

（28）『後漢書』巻二六伏湛伝（中華書局、一九五九年）、八九五頁。

（29）前掲睡虎地秦墓竹簡整理小組編『睡虎地秦墓竹簡』（一九九〇年繁体字釈文）、六三頁。

秦簡に見える私的書信の考察

――漢簡私信との比較――

呂　静・白　晨
（塩沢阿美・畑野吉則　訳）

はじめに

近年、秦漢の私的書信への注目が高まりつつあるが、秦簡に私的書信の資料として見えるものは僅か一墓葬の二件に過ぎず、議論を行うには十分ではなかった。ところが、二〇〇二年に里耶秦簡が発見され、状況は変わりつつある。「湖南龍山里耶戦国―秦代古城一号井発掘簡報」（以下、「簡報」）が発表されて以降[1]、二〇〇七年の『里耶発掘報告』[2]、二〇一〇年の『里耶秦簡　壱』[3]、二〇一三年の『湖南出土簡牘選編』などの各種図録や集釈が続々と刊行されている[4]。これまで公表された数千点の里耶秦簡には、数点の個人的な書信が見える。これら資料の形態は不完全で、釈読も進んでおらず、秦簡の私的書信に関する研究は、なお十分には展開していない。しかし秦簡の書信が、漢代の書信に影響を与えていることは疑いない。そこで最新の出土資料を利用し、秦代の私的書信を考察することは、ますます重要となるであろう。

本稿では、まず私的書信を判別する根拠と方法を明確にしておかなければならない。つまり、秦の官署遺跡に廃棄された行政文書の檔案庫から、どのようにして私的書信を識別するかという問題がある。秦漢時代の行政文書の判別については、王国維の『流沙墜簡』「屯戍篇」において、「敢言之」などの用語が漢代行政文書で用いられた定型文であると初めて指摘され、(5)その後百年にわたる学者たちの研究によって、すでに漢代の行政文書の基本的な書式が明確になっている。そこで文書の書式と内容に基づいて、まず行政文書を排除していく。つぎに、居延、敦煌、安徽省天長、長沙東牌楼後漢簡牘などの研究によって明らかにされた、漢代の私的書信の基本的な特徴を参考にして、書信の書式や特殊な用語に基づいて、秦代の私的書信を判別する。

しかし戦国秦代では、私人間の書信のやりとりは、社会の主要な交流手段ではなく萌芽の段階にあり、現在まで認識されていない問題が数多くある。たとえば廃棄された官署の遺跡から発掘された書信は、それを記した人がいずれも官署の公務と密接な関係を有する公務吏員であることは疑いない。そのため公務と関連する内容の書信は、私人の書信との判別が困難である。また遺跡から出土した竹木の書信は、大部分が「残片で断裂し、釈文も極めて不完全であることは、これまでの漢簡書信の研究者が痛感してきたところであり、「出土した書信を選別することは極めて難しい。多くの書信は見分けることが難しいだけではなく難解であるため、選別をより困難なものとしている。(6)」

このように問題は少なくないが、筆者は上述の判別方法により、これまで公表されている里耶秦簡の中から、私的書信、もしくはその可能性があるものを選別・整理し、同時に一九七六年に睡虎地四号秦墓から出土した二点の書信とも結び付け、秦代の私的書信について考察を試みる。

一　秦簡に見える私的書信

里耶秦簡の年代は、秦王政二十五年（前二二二）から秦二世二年（前二〇八）にわたり、有字簡は一七〇〇〇余点ある。本稿では、すでに公表されている里耶秦簡の中から、私的書信およびその可能性がある簡牘を整理し、注釈をしてゆく。

（1）里耶秦簡 7-4

木簡は完整で、長さと幅、厚さの詳細は不明。墨書、秦隷書である。正面は二行、背面は一行で、その合計は三十七文字。

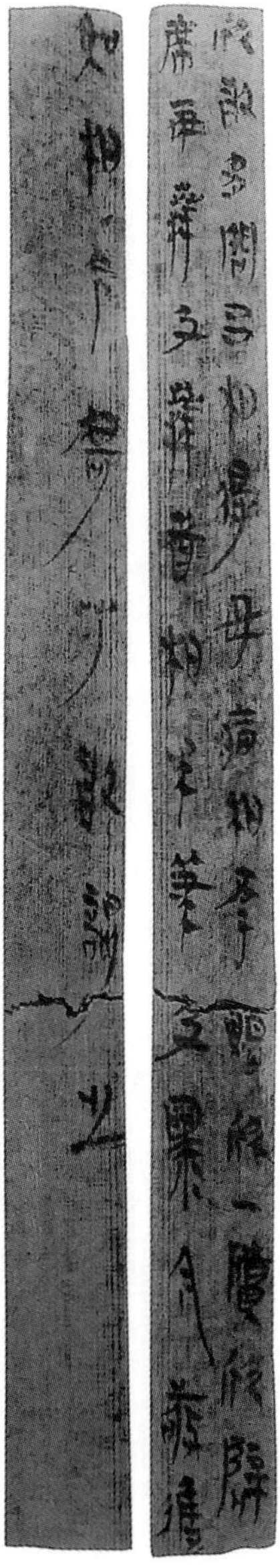

背面　正面

図1　7-4

【釈文】

欣〔1〕敢多問〔2〕呂柏〔3〕、得毋病〔4〕。柏幸賜〔5〕欣一牘、欣辟　Ⅰ

席〔6〕再捧〔7〕及捧者。柏求筆及黒〔8〕、今敬進〔9〕　Ⅱ（以上正面）

如柏令、寄芎〔10〕、敢謁之〔11〕。　Ⅰ（以上背面）

【注釈】

[1] 欣：人名。里耶秦簡の公文書に多く見られる。たとえば、8-152「欣發」、8-155「欣手」、8-890+1583「佐欣行」などがある。欣は、遷陵県の県廷で文書の受け取りの署名、あるいは文書の起草を担当した文吏と推測される。

[2] 敢多問：「敢」は、先秦・秦漢の公文書で最もよく見られる謙譲語であり、「恐れ多いことですが……」という意味である。「問」は機嫌伺いで、私的書信の最も重要な構成要素であり、挨拶に属する用語である。

[3] 呂柏：人名。8-771に「呂柏取五斗一参」とある。

[4] 得毋病：病気などがないかという書信における挨拶の常套句であり、類似のものに「得毋恙殴」がある。

[5] 幸賜：秦漢時代の私的書信でよく使われる敬語である。たとえば、居延漢簡 408.2（P9 博羅松治）「幸賜広意記」、居延漢簡 34.22（A8 破城子）「中卿足下、辱幸賜記」などがある。『漢書』趙充国伝にも「臣竊見騎都尉安國前幸賜書」とある。「幸」については後の注釈で詳述する。「賜」は「予」である。『正字通』には「上予下曰賜」とある。『礼記』曲礼には「長者賜、少者賤者不敢辭」とある。

[6] 辟席：「辟」は「避」に通じ、離席の意味である。『呂氏春秋』直諫篇と慎大篇には「桓公避席再拜」、「武王避席再拜之」とあり、高誘注では「避席、下席也。下席者、猶言離去其席位也」と解釈する。[7]

[7] 捧：「拜」と同じ。「再拜」は、秦漢時代の私的書信によく使われる挨拶の用語である。睡虎地秦簡 4-11には「二月辛巳、黑夫・驚敢再拜問中」とある。また漢代書信にも「伏地再拜」などの慣用語が見られる。「再拜及拜者」とは三拝であり、書き手である欣が、柏から来た書信に対して、感謝の極みであるという心情を表わしている。

[8] 黑：8-598＋624＋227には「柏所幸賜文黑（墨）得□〼」とある。この書信は、欣から柏に対して、筆・墨を求

められたことへの返信である。墨と黒の音・意味は近く、両者はしばしば相い通じ、『説文解字』（以下、『説文』）に「墨、書墨也。从土从黑、黑亦声」とある。音韻学では、墨と黒の古音は互いに通じ、もともとは同じ字であることから、両者は通用すると考えられている。

［9］　敬進如柏令：「敬進」とは、恭しく物を献じるという意味である。秦代書信には「敬進……」「進……爲敬」とあり、主に贈り物や書信に用いられた常套句である。たとえば、里耶秦簡の書信には「進書爲敬」の語句があり、8-823＋1997には「毋以問、進書爲敬」などもある。

［10］　寄：送るという意味。里耶秦簡には、「寄＋人名」および「寄＋物品」という書式の簡文が見える。「芍」は人名のようである。ここでは、芍に命じて、筆と墨を柏のもとへ届けるという意味である。

［11］　敢謁之：大胆ではあるがあえて拝謁を告げるという意味で、秦漢時代の行政文書の常套句である。「謁」は動詞で、拝謁するという意味である。『釈名』釈書契には「謁、詣也、詣告也。書其名于上以告所至詣者」とある。

【大意】

恐れ多いことですが、欣から呂柏様にご挨拶させていただきます。ご健康にお変わりはございませんでしょうか。恐れ多くも貴方様よりお手紙を賜り、避席して三拝させていただきます。貴方様がお求めになっておられる筆と墨をここに献上いたしますとともに、芍に託してこれら筆や墨などを届けさせて頂きます。身の程をわきまえず拝謁させていただきますことをお許しください。

（2）里耶秦簡 8-103

この簡は欠損が甚だしい。「毋物可問」という特殊な用語が見られるため、私的書信と判断した。

【釈文】

☒□毋物可問〔1〕者、欲□☒　Ⅰ

□□□唯毋□□☒　Ⅱ

【注釈】

［1］毋物可問：何も贈りものを添えずに挨拶に出向くことを、先方へ知らせる常套句である。里耶秦簡8-823＋1997には「毋以問、進書爲敬」、8-659＋2088には「毋物可問、進書爲敬」とある。

【大意】略

（3）里耶秦簡8-659＋2088

この二簡について、『里耶秦簡　壱』の「綴合表」には接合の説明がない。陳偉主編『里耶秦簡牘校釈』第一巻では、二つの残簡を組み合わせているが、(8) 完全な形ではないという説明はない。二簡を接合したところ、8-659の上部二文字は、8-2088右側一・二行の最後の欠けた二文字と繋ぎ合わせることができる。

正面
図2　8-659＋2088
（筆者復原）

【釈文】

七月壬辰[1]、贛[2]敢大心[3]再捧多問芒季[4]。得毋爲事▨[5]　Ⅰ
居者[6]深山中、毋物可問、進書爲敬。季丈人[7]、柏及▨　Ⅱ
毋恙毆。季幸[8]少者、時賜▨　Ⅲ
史來不來[9]之故、敢謁之▨　Ⅳ（以上正面）
▨官　▨　Ⅰ（以上背面）

【注釈】

[1] 七月壬辰：書信に記された日付。『中国先秦史歴表』と照らし合わせると、(9) 秦始皇二十九年（前二一八）七月五日と推測できる。

[2] 贛：人名。里耶秦簡8-653には「贛手」とある。

[3] 大心：8-823＋1997には「校長予言敢大心多問子柏」、8-1909には「(大) 心多問……毛大心」とある。睡虎地秦簡4-6にも「驚敢大心問衷」とあり、おそらく秦代書信における挨拶の常套句であろう。この語句は、先秦時代の文献にもしばしば見られる。たとえば『逸周書』周祝解には「維彼幽心是生包、維彼大心是生雄、維彼忌心是生勝」とあり、『韓詩外伝』巻四第二二章にも「君子大心則敬天而道、小心則畏義而節……小人大心則漫而暴、小心則淫而傾」とあり、劉釗は「大胆」という意味と考える。(10)「敢大心」は「失礼を顧みず大胆ではありますが」という心情を表している。

[4] 芒季：8-782＋810は、この書信の返信と考えられる。返信中の人名は「季」であるため、ここでの「芒季」の「芒」は地名であろうか。8-879に「冗佐上造芒安□□」とあり、『校釈』では「芒」を県名、「安」を里名と解釈する。(11) この人名はほかの簡にも見える。8-1817には「私進令史芒季自發」、8-1065には「私進令史忘季自發」と

ある。「芒」は「忘」と音通であり、同一人物の異なる表記であろう。

［5］得毋爲事☐：欠字部分は「繇」と思われる。文脈から判断するに、おそらく常用の挨拶表現であろう。詳しくは8-823＋1997注釈［5］の「得毋爲事繇」を参照。

［6］者：「諸」。

［7］丈人：老人の意味。詳細な解釈は睡虎地秦簡4-11注釈［20］を参照。また8-686＋973に「丈城旦」とあり、老人の城旦を意味する。[12]

［8］幸：『校釈』では、親密の意と解釈する。幸は会意文字であり、上部は夭折などの災禍の「夭」と、下部は相反する意味の「屰」で構成される。本来の字義は、災禍と相反する結果を示し、不利なことから免れ、吉や善の状況が出現することを表している。『説文』では「吉而免凶也」という。戦国時代において、この字義はすでに派生して、偏愛や寵愛の意味を持つ。『韓非子』内儲説下には「子見王、常掩鼻、則王長幸子矣」とあり、『史記』魏公子列伝には「如姫最幸、出入王臥内」とある。また8-823＋1997には「前所謁者柏、柏幸之」という一文があり、文献史料とほぼ同じ意味である。

［9］史來不來之故：「史」が来るかどうかを問い合わせている。同様の文型として、睡虎地秦簡4-11に「相家爵來未來」とある。ここでは官役と賜った爵位の情報を問い合わせ、下達があるかないかという意味であろう。これは秦代の社会における民衆や役使の民におよぶ重要な問題であり、更なる研究を待ちたい。

【大意】

七月壬辰、贛は恐縮ながら芒季様にご挨拶をさせていただきます。公務雑事など煩わしいことはございませんか。（贛は）山深いところに住んでおりますゆえ、お土産を持参してご挨拶に伺うことができませんので、お手紙のみでご挨拶に替えさせていただきます。季先輩・柏様ほか……順調にお過ごしでしょうか。日頃から（芒）季様には格別のご愛顧を賜り、常々……を賜りまして……史の（情報）が齎されるかどうか分かりませんので、厚かましくも敢えてお手紙にて伺わせていただきます……。

（4）里耶秦簡 8-782＋810

『校釈』ではこれを8-659＋2088の芒季の返信と考えているが、欠損が甚だしいため判断することができない。しかし簡面に書かれた文字の配置や、わずかに判読できる文字によると、公文書である可能性は少ないため、暫定的に『校釈』の見解に従って、私的書信に分類した。

【釈文】

□□□季、＝幸耤（藉）[1]小吏[2]□□信[3]　Ⅰ

急使之、賜報。　Ⅱ

【注釈】

[1] 耤：「藉」と読む。凭藉、依託の意味である。『管子』内業には「彼道自來、可藉与謀」とあり、尹知章の注には「藉、因也」とある。

[2] 小吏：職位の極めて低い官吏。『史記』李斯列伝には「年少時、爲郡小吏」とあり、『楽府詩集』陌上桑には「十五府小吏」とある。

[3] 信：この前は欠字。意味は明確ではないが、この「信」は信使の意味と推測できる。『世説新語』文学には「司空鄭沖馳遣信就阮籍求文」とあり、ここでも信物をもった外交使臣、書函を伝送する者、口頭で情報を伝え

る者を指す。秦代では、「信」はまだ書信という意味を含んでおらず、信が「書信」という意味を持つようになるのは、魏晋南北朝期になってからである。「信」の本来の意味は、情報を伝達する人、つまり「信使」のことを指す。甲骨卜辞中の「辛」について、王子今氏は「信」と読むべきと考える。[13]『説文』では、古文の「信」は「人」と「辛」から構成される。当時の通信形式を反映した卜辞の例は以下の通りである。

『殷墟書契続編』4.50.5

貞：帚（婦）好有辛（信）　　貞：帚（婦）好亡辛（信）

『殷墟小屯村中村南甲骨』南2・142[14]

王占曰：有辛（信）

【大意】

（季は）官署の小吏を頼みとし、使者によって情報を伝達いたします。事情は急を要するため、返信をお願いいたします。

（5）里耶秦簡 8-823＋1997

この二簡について、『里耶秦簡 壱』の「綴合表」では接合されていないが、『校釈』では、二つの残簡を組み合わせている。二簡の長さや幅、断裂の形状、断裂部分の木質や木目、そして筆跡などによると、図3のように繋ぎ合わせることができ、文意も上下で繋がる。

背面　　正面

図3　8-823＋1997（筆者復原）

【釈文】

校長［1］予言［2］敢大心多問子柏［3］、〻得毋恙殹［4］。柏　Ⅰ

得毋爲事繇［5］虖。毋以問、□□【進書】爲敬［6］、敢謁　Ⅱ

之。／前所謁者柏、〻幸之、不敢亡［7］賜。今爲柏　Ⅲ（以上正面）

下之［8］、爲柏寄食一石［9］□□　Ⅰ（以上背面）

【注釈】

［1］校長：里耶秦簡によく見られる。たとえば、8-167には「校長寛以遷陵船徙卒史酉陽。……酉陽校長徐。……敬已遣寛與校長囚吾追求盜發田官不得者」とある。秦代の軍隊には校長という役職が置かれていた。『漢書』彭越伝には「令校長斬之」とある。睡虎地秦簡『封診式』群盜二五簡には「某亭校長甲」とあり、整理小組は「校長は『続漢書』百官志の注に「主兵戎盜賊事」とある」と注釈する。[15] 高敏氏は「校長は本来、亭長と同質の官吏であり、亭に設置された吏員に関していえば、秦代には亭嗇夫と亭校長はあるが、これらは漢代にはない。漢代

の校長という官名は、ただ陵園令のもとのみで用いられた。その職掌は秦代の亭校長に近いが、秦制とは異なる」という[16]。

［2］予言：人名。8-149＋489の貲罪名簿の中には、「校長予言貲二甲」のように、予言という名の人物が登場する。本簡の「校長予言」と同一人物であろう。

［3］子柏：柏は人名。背面には「柏得毋恙毆」「前所謁者（諸）柏」「柏幸之」「今爲柏下之」と見えることから、「柏」は人名、「子」は敬称であろう。7-4が公表されたのち、何有祖氏はここを「呂柏」と改める[17]。

［4］〻得毋恙毆：「〻」符号は柏字の下にあるため、ここは「柏得毋恙毆」となる。私的書信によく見られる機嫌伺いの常套句である。里耶秦簡にはこれ以外にも、たとえば8-659に「（得）毋恙毆」とあり、睡虎地秦簡4-11には「黑夫・驚敢再拜問中、母毋恙毆」とある。

［5］緜：『説文』には「緜、不絶也」とある。「得毋爲事緜虖」の大意は、公務や雑務に心を乱すようなことはないか、という意味である。また8-659「得毋爲事▨」と、8-1193の「【問】何柏得毋爲事□」は、この機嫌伺いの常套句「得毋爲事緜」と推察される。この他8-850＋1462にも「多問華得毋爲事緜」とある。

［6］□□爲敬：ここの欠字は「進書」と推察される。「進書爲敬」は、秦簡の私的書信に多くの例がある。8-659には「居者（諸）深山中、毋物可問、進書爲敬」とある。7-4注釈［10］を参照されたい。

［7］亡：「忘」に通じる。

［8］下之：字形がぼやけており識別できない。意味は不明。

［9］一石：古代度量衡制の単位。『漢書』律暦志に「二十四銖爲兩。十六兩爲斤。三十斤爲鈞。四鈞爲石」とある。『岳麓秦簡　弐』八〇簡（0458）に「十六兩一斤。卅斤一鈞。四鈞一石」とあるのはその証左となる。

【大意】

校長の予言は、恐縮ながら柏様にご挨拶をさせていただきます。その後、お変わりなくご心配事などもございませんか。公務雑事など煩わしいことはございませんか。お土産を持参し伺うことができませんので、お手紙にて謹んでご挨拶をさせていただきます。前に（柏様に）お目にかかった折、格別な御もてなしをしていただきましたこと、忘れることができません。この度は、柏様のために食糧一石を送らせていただきました。

（6）里耶秦簡 8-1193

恐らく書信であろう。欠損が甚だしい。

【釈文】

☑□【問】[1]何柏得毋爲□[2]☑　Ⅰ
☑遷陵不得見何☑　Ⅱ
☑有適□【與】尉主□☑　Ⅲ
☑偕者□□遷[3]□□☑　Ⅳ（以上正面）
☑□□□□☑　Ⅰ
☑□□□□　Ⅱ
☑□□□【欣】□☑　Ⅲ（以上背面）

【注釈】

[1]　一文字目は『校釈』では未釈。何有祖氏はこの字を「問」と推測する。(18)

［2］得毋爲□：文脈から「得毋爲事繇」と推測される。

［3］偕者：『校釈』では「皆□」と釈す。「者」の後ろの三文字目は未釈であったが、何有祖氏はこれを「遷」と考える。[19]

【大意】略

（7）里耶秦簡 8-1848

この簡牘には「敢再拜」とあり、私的書信の要素が強い。恐らく私人の書信であろう。

【釈文】

唐[1]敢再拜[2]⍁　Ⅰ

□□□□⍁　Ⅱ

【注釈】

［1］唐：人名。里耶秦簡 8-919には「謂令佐唐叚（假）爲畜官⍁」とあり、参照すべきである。

［2］敢再拜：書信の常套句である。これにより、この簡牘は書信であると考えられる。

【大意】略

（8）里耶秦簡 8-1909

この簡牘には「（大）心多問」とあり、私的書信の要素が強い。恐らく私人の書信であろう。

【釈文】

心多問［1］毋□□▨　Ⅰ

▨毛大心□□▨　Ⅱ

【注釈】

［1］心多問：「心」の前の一字は、「大」と推測できる。「大心多問」とは、おそらく秦代の私的書信における機嫌伺いの常套句であろう。

【大意】略

（9）睡虎地秦墓 4-11

睡虎地秦墓四号墓から出土した二点の家族への書信は、『文物』一九七六年第一期で最初に公表され(20)、カラーとモノクロの二種類の写真と釈文が刊行された。一九八一年には、文物出版社が『雲夢睡虎地秦墓』を出版して写真と釈文を再び発表し(21)、一九七六年の釈文を修正した。このほか、李均明・何双全編『秦漢魏晋出土文献 散見簡牘合輯』にもこの二点の家族への書信は収録されている(22)。しかしそれ以前の釈文では、均しく「簡報」に掲載されている図版に基づいて釈読している。撮影機材や手法の進歩、とりわけ赤外線スキャナーの導入によって、以前は判読できなかった十一号木牘の背面下部に広がる墨だまり部分の文字を、かすかにではあるが判読できるようになり、新たな突破口となった。そして二〇一四年の陳偉主編『秦簡牘合集 壱』睡虎地秦墓簡牘は、現時点で最新の撮影画像と釈文である。本稿でもこの図版と釈文に基づく(23)。

この二点の家族への書信をめぐる検討は、墓主および手紙の発信者・受け取り人から、その内容、歴史的背景、秦の社会的制度や風習などまで、多くの成果が公表されている。(24) 本稿では、既に先行研究で言及されている点は省略し、新しい釈字と私見のみを述べることにする。

二点の木牘はどちらも墨書・秦隷体である。4-11の長さは二三・四cm、幅は三・七cm、厚さは〇・二五cmである。

【釈文】

二月辛巳〔1〕、黑夫・驚敢再拜問中〔2〕」母毋恙也。黑夫・驚毋恙也。前日黑夫與驚別、今復會矣。 Ⅰ

黑夫寄乞〔3〕就書〔4〕曰、遺黑夫錢、毋操夏衣來。今書節（卽）到、母視安陸絲布賤可以爲禪 Ⅱ

帬襦〔5〕者、母必爲之、令與錢偕來。其絲布貴、徒操〔6〕錢來、黑夫自以布此〔7〕。 Ⅲ

黑夫等直佐淮陽、攻反城久〔8〕、傷未可智也。顚（願）母遺黑夫用勿少。書到、 Ⅳ

皆爲報〔9〕。報必言相家爵〔10〕來未來、告黑夫其未來狀。聞王得〔11〕苟得 Ⅴ（以上正面）

毋恙也〔12〕。辤〔13〕相家爵不也。書衣之南軍〔14〕毋……王得〔15〕不也。 Ⅰ

爲黑夫・驚多問姑姊・康樂季須〔16〕・故術長姑外內〔17〕……毋恙也。 Ⅱ

爲黑夫・驚多問東室季須〔18〕苟得毋恙也。 Ⅲ

爲黑夫・驚多問嬰汜季事可（何）如。定不定。 Ⅳ

爲黑夫・驚多問夕陽呂嬰・匾里閻諍〔19〕丈人〔20〕得毋恙也。嬰・諍皆毋恙也、毋錢用・衣矣。 Ⅴ

驚多問新負〔21〕妴〔22〕得毋恙也。新負勉力視瞻〔23〕丈人、毋與□□□。垣柏〔24〕未智（知）歸時。新負（婦）勉力也。 Ⅵ（以上背面）

【注釈】

〔1〕二月辛巳：秦王政二十四年（前二二三）の二月十九日にあたる。

［2］中：人名。睡虎地秦簡4-6にも「衷」とある。「中」と「衷」とは通用するため、同一人物を指すのであろう。黄盛璋氏は早い段階から、中（衷）は書信を書いた黒夫・驚の兄と推測している。[25]

［3］乞：「〓」の釈字には二つの見解がある。第一は、この字を「益」とするものである。「簡報」やその後の論文では人名と認識している。第二は、「乞」とするものである。楊芬氏は、字形から判断し、『睡虎地秦簡』「法律答問」一一五簡と結び付け、この字を「乞」と釈読している。[26] 筆者は、文脈と字句の構造からみて、この「〓」字は人名とするのがよく、黒夫が「〓」という人物に家族への書信を託した意味と考える。

［4］就：「成」の意味にあたる。『広韻』宥韻には「就、成也」、「就書」とある。おそらく黒夫がかつて「〓」に託して母に届けた書信を指しているのであろう。しかし最近、新たな見解が提示された。王力鑫氏は、「就」を「僦」と解釈し、秦漢時代に雇用されて運搬を司った専用人員の「僦人」と考える。[27] また「益就」を一人の人物として、「益」は姓、「就」を名とする説もある。[28] このように「就書」の解釈には、なお疑問が残る。

［5］襌裙（帬）襦：『睡虎地秦簡』「封診式」賊死に「衣布襌帬・襦各一」（五八簡）とある。襌は単衣を指し、『礼記』玉藻には「襌爲絅、帛爲褶」とあり、一重の衣服を「絅」と称し、二重の絹綿で作った衣服を「褶」とする。鄭玄注には「有衣裳而無里」とあり、『説文』衣部には「襌、衣不重」とある。劉熙『釈名』釈衣服には「有里曰復、無里曰襌」とあり、秦漢時代には単衣を「襌」といったことがわかる。「帬」とは「裙」、すなわち下裳である。『説文』巾部には「帬、下裳也。从巾、君聲」とあり、襦は上衣で、短襖である。つまり「裙・襦」は、裙と短襖である。『荘子』外物には「未解裙襦、口中有珠」と、『陳書』孝行伝・殷不害には「簡文又以不害善事親、賜其母蔡氏錦裙襦・毡席・被褥、單復畢備」とあり、これらによれば、「裙・襦」は下裳・上衣を指す。

里耶秦簡には「帬」字が多く見られる。たとえば「洞庭上帬直」（8-152）、「御史問直絡帬程書」（8-153）、「上洞庭絡帬程有制書」(8-159) などがある。李学勤氏は「一種の軍服」と指摘する。[29] 里耶秦簡の「帬」字は睡虎地秦簡の「帬」とまったく同じである。しかし、この書信で言及する「帬」は、兵士自身が準備するものであり、里耶秦簡に見える官府で製作・提供するという状況とは異なる。これまで秦代における軍服の提供については、自身で準備するのと、官府が提供するという二つの見解がある。高敏[30]、李均明[31]、熊鉄基[32]、袁仲一[33]氏などは、この家族への書信は、兵士が自ら軍服を準備したことを反映すると考える。しかし筆者は、この家族への書信と里耶秦簡の公文書の事例から、秦では、兵士の軍服を自身で準備する場合と、官府が製作し兵士たちに提供する場合の、二つの状況が並存していたと考える。

[6] 徒操：徒は「只」である。「操」は、以前は技術的に判読できなかったが、赤外線画像によって「操」と釈読された。

[7] 自以布此：「布」は、布帛や銭幣の計測単位として使われる以外に、財貨という意味もある。『莊子』山木には「赤子之布寡也」とあり、成玄英の疏には「布、貨財也」という。ここでは、自ら赴いて衣料を購入することを指している。

[8] 久：陳偉『秦簡牘合集 壱』は、「久」は「疚」に通じ、疾病を指し、下文につづくかもしれないとする。[34]

[9] 書到皆爲報、報必言：秦簡の公文書には「書到相報」「書到爲報」という常套句が多く見られる。たとえば里耶秦簡には14-948「當騰騰、書到爲報、敢告主」とあり、公文書制度に返信の規定があったことを示す。また睡虎地秦簡「行書律」には、「行傳書・受書、必書其起及日月夙莫（暮）、以輒相報殹」[35]とあり、岳麓秦簡「行書律」にも「傳書受及行之、必書其起及到日月夙暮、以相報」[36]とあるように、公文書が指定した場所に届いたかどうかを、必ず返信するように規定している。

〔10〕　相家爵：陳偉『秦簡牘合集 壱』では、これまでの諸説をふまえて、「相家爵」は人名の可能性が高いとする。一方、宋磊氏は黒夫と驚が軍功によって爵位を得たと分析する(37)。韓国の尹在碩氏も黒夫は戦功を立てたことによって、軍功爵を得たと考える(38)。

〔11〕　王得：後文の「苟得毋恙也」により、ここでは問い合わせている「王得」が人名であることがわかる。

〔12〕　苟得毋恙也：「苟」は、「尚」「暫且」の意味である。「苟得毋恙也」は、秦漢時代の書信の挨拶用語である。この句は、赤外線画像によって新たに判読された部分である。

〔13〕　辤：この字は「発掘簡報」「附録」の釈文に「辞（簡体字）」と作る(39)。木牘の写真を観察すると、左上は「爫」、左の真中は「冖」、左下は「又」である。「辤」は「不受」という意味であり、受け入れない、もしくは遠慮して断ることを表している。また「辞」は言う、もしくは訴えるという意味である。段玉裁は「経傳凡辞譲皆作辞説字、因属假借而学者乃罕知有辤譲本字」と指摘しており、「辤相家爵不也」の「辤……不」は「不受」の意味ではなく、おそらく賜った爵位を受け入れる態度であろう。

〔14〕　書衣之南軍：張伯元氏は、衣は「依」に通じ、南下する軍隊に委託して家族への書信を届ける意味とする(40)。『尚書』康誥には「今民將在祇遹乃文考、紹聞、衣德言」とあり、孔穎達疏では「衣同依」という。書信の文脈によると、前半の「毋操夏衣来」は、黒夫のもとに衣服を送る必要はないという意味であろう。「之」は「到」「往」の意味である。「南軍」とは、秦代の中央軍の組織の一つである「南軍」を指し、衛尉が統轄する宮城の衛士であろうか(41)。

〔15〕　王得：これは赤外線画像によって新たに判読された文字である。一九七六年、一九八一年に発表された木牘は、この部分が大きな墨跡に覆われていた。しかし最新の赤外線画像によって、楊芬氏は「王得」の二字を判読し、

この書信が王得という人物によって開封されたと指摘する。

[16] 康樂：人物の呼称には、一般に「地名＋人名」という書式が用いられた。したがって康楽は地名であろう。嬃：「須」に作るべきで、姉に対する呼称であろう。『説文』には「楚人謂姉爲嬃」とある。たとえば、屈原は姉を「女嬃」と呼んでいる。『楚辞』離騒には「女嬃之嬋媛兮、申申其詈予」とあり(42)、王逸の注は「女嬃、屈原姉也」とする。安陸はもとの楚の地であり、「嬃」は楚人の姉に対する呼称で、この書信が作成された当時は楚の習慣が残っていたと考えられる。

[17] 故術長姑外内：故術は地名であろう。4-6に「家室外内」とあり、一家の全員を指している。したがって、「外内」は長姑一家の人を指すのであろう。

[18] 東室季嬃：東室は地名であり、季は長幼の順序である。「季嬃」は第三の姉であろう。

[19] 夕陽呂嬰、匽里閻諍：李均明他編前掲『秦漢魏晋出土文献 散見簡牘合輯』では「閒誤」とするが(43)、『雲夢睡虎地秦墓』では「閻諍」としており、『秦簡牘合集 壱』でも「閻諍」と隷定する。

[20] 丈人：『論語』微子には「子路從而後、遇丈人以杖荷條」とあり、何晏『集解』では包咸の「丈人、老人也」という説を引く。睡虎地秦簡『秦律十八種』司空に「仗城旦勿將司」とあり、整理小組は「仗」を「杖」と注釈しており、「杖人」は、古代の老人が杖を持っていたことに起因して、老人の意味が派生したとする。顔師古は『漢書』匈奴伝の「漢天子、我丈人行」に注して、「丈人、尊老之稱」と解釈する。

[21] 新負：「負」は、秦漢時代の文献と簡牘に多く見える。『漢書』高帝紀には「常從王媼、武負貰酒」とあり、如淳注に「俗謂老大母爲阿負」とあり、『三国志』蜀志・劉焉伝の裴松之注に「今東人呼母爲負」とある。陳槃は居延漢簡を釈読し、女性の名前と考える(44)。しかし清代の崔述は『史記探源』で「古声負・婦相同、故借負爲婦也。

……案以上諸負字、固屬老母、然必以爲専爲老母、尚不知負之爲婦爾」と異議を唱え、古声の負と婦は相い同じと認識している(45)。この説に従うならば、「新負」は「新婦」とすべきである。王利器が注した『風俗通』怪神・世間多有精物妖怪百端に「漢魏六朝人通称婦爲新婦」とあるため(46)、この「新婦」は驚の妻と考えられる。

［22］ 妴：人名。『説文』女部には「妴、婉也」とある。睡虎地秦墓竹簡整理小組は「新負妴」を「新負・妴」と断句しており、新負と妴の二人と考えている。楊芬氏は、書信の中で「新負勉力」と要求する対象は「新負」一人と考えている(47)。また4-6の書信で、衷（中）が「教詔妴」とする妴は驚の妻の名で、衷（中）の弟の嫁であろう。

［23］ 視瞻：『説文』には「視、瞻。瞻、臨視也」とある。「視瞻」には見舞いに訪れるという意味がある。ここでは、驚が妻に常々父母のもとを見舞うようにうながしている。

［24］ 垣柏：人名。4-6にも見える。「垣柏未智（知）歸時。新負（婦）勉力也」は、赤外線画像によって初めて判読された。

【大意】

二月十九日、私たち黒夫と驚は、再拝して兄の中（衷）様にご挨拶申します。お母様はお元気ですか。黒夫と驚はともに元気でおります。過日、私黒夫と驚とは離れ離れになっておりましたが、いまはまた一緒におります。

以前、黒夫が送りました手紙にて、「銭を送ってもらい、夏の衣服をお送りいただく必要はございません」とお願い申し上げました。いま、もしこの手紙が届いたとき、お母様には安陸の糸と布の値段が安く、衣服（裙・襦）が作れるのであれば、それを買って衣服を作り、銭と一緒に送ってください。もし糸と布が高ければ、銭だけを送ってください。黒夫が自分で布を買って衣服を作ります。私たちは淮陽の戦いに参戦し、（淮陽の）反乱した城邑を攻めることが久しく、負傷者の状況は未だによく分かりません。お母様が少なくない費用を送っていただくことを願います。

この手紙が届きましたら、いずれもご返事ください。返事の際には、必ず私が賜った家爵を受けたかどうかをお知らせください。もし家爵を受けていなければ、その原因を黒夫に教えてください。王得もなお変わりなく元気だとうかがっております。賜った家爵を受けとったでしょうか。手紙は南下する軍隊に託します。……

黒夫と驚に代わって伯母様、康楽のお姉様、故術のお姉様ご一家によろしくお伝えください。お変わりなくお元気でしょうか。黒夫と驚に代わって東室のお姉様にもよろしくお伝えください。お変わりなくお元気でしょうか。黒夫と驚に代わって嬰汜季のところの近況はどのようか、決まったのか決まっていないのかをお尋ねください。黒夫・驚に代わって夕陽の呂嬰と匽里の閻諍、お二人のご老人にもよろしくお伝えください。嬰・諍のお二人がともに元気であれば、銭と衣服もいりません。驚からですが、新婦と娑にお変わりはありませんか。新婦にはできる限りご老人たちのお世話をするようにと、……。垣柏はいつ帰るかはまだ分かりません。新婦には一生懸命努力するようにと。

（10）睡虎地秦墓4-6

4-6は下半部を欠き、その長さは一六㎝、幅は二・八㎝、厚さは〇・三㎝である。

正面

図4　睡虎地秦墓4-6

背面
図4　睡虎地秦墓 4-6

【釈文】

驚敢大心問衷（中）、母得毋恙也。家室［1］外内同▨　Ⅰ
以衷（中）└・母力毋恙也。［2］與從軍、與黑夫居、皆毋恙也。▨　Ⅱ
錢衣、顯（願）母幸遺錢五・六百、綰（綌）布謹善者毋下二丈五尺［3］。▨　Ⅲ
用垣柏錢［4］矣、室弗遺［5］、即死矣。急＝　Ⅳ
驚多問新負（婦）・嫛皆得毋恙也。新負（婦）勉力視瞻兩老▢▨　Ⅴ（以上正面）
驚遠家故、衷（中）教詔［6］嫛、令毋敢遠就若取新（薪）。衷（中）令▨　Ⅰ
聞新地［7］城多空不實者、且令故民［8］有爲不如令者實▨　Ⅱ
爲驚▢▢【祠祀】、若大發（廢）毀［9］、以驚居反城中故。　Ⅲ
驚敢大心問姑＝秭（姊）＝子産得毋恙。　Ⅳ
新地多盜、衷（中）唯毋方行［10］新地、急＝　Ⅴ（以上背面）

【注釈】

［1］　家室：ここでは家族を指す。尹在碩氏は、この書信の「室」は、「垣」を境界とする居住空間、すなわち単一

の血族・経済単位を指すという。[48] 本稿ではこの解釈に従う。

［2］與：簡文ははっきりしないが、「與」と考えられる。「歟」と同じく語気助詞であり、「也」と連用される。

［3］⿰糸咅（倍）：整理小組は「倍」とするが、「⿰糸咅」とするほうがふさわしい。「⿰糸咅」は、『説文』に「敝絮也」、段玉載注に「敝絮猶故絮」とあり、古い綿という意味である。布は麻布もしくは葛布である。ここの「⿰糸咅布謹善者毋下二丈五尺」とは、少なくとも二尺五寸はある古綿で作った⿰糸咅布を送ってくれるように母親に要求している。黄盛璋氏は、二丈五尺の衣料について、当時の中位の身の丈の人が一着の上着を作る材料に丁度よい長さであると指摘している。[49]

［4］垣柏錢：4-11書信の最新釈文の成果により、「垣柏」は人名であることが判明した。ここでは垣柏に銭を借りたと解釈する。

［5］室弗遺：黄盛璋氏は、「」を「室」ではなく、「實」と隷定する。本稿では黄氏の説に従う。したがって「用垣柏錢矣、實弗遺」となり、垣柏から銭を借りたがすでに使い切ってしまい、手元には残っていないと解釈できる。

［6］教詔：教導、訓戒である。『呂氏春秋』審分覧には「不知乘物而自怙恃、奪其智能、多其教詔、而好自以」とあり、高誘の注では「詔亦教」とする。[50] このほか『説文』には「詔、告也」とある。この書信では、驚が家から離れているため、兄の衷に嫛を教導してもらいたい旨を述べている。

［7］新地：秦代に戦争を通して新しく獲得した土地。睡虎地秦墓の位置は、戦国時代の安陸県に属したが、もとは楚地であった。睡虎地秦簡『葉書』（『編年記』）にも「新城」が見える。整理小組は「楚地で、今の河南襄城」と考える。「新地」に関して、里耶秦簡8-1516に「課廿四年畜息子得錢殿。沮守周主、爲新地吏、令県論言史（事）」

とあり、『校釈』の注では「新地、新占領地区」と解釈する。[51]

［8］故民：ここでは「新地」に遷した徒民を指す。張伯元氏は「徒民」が一種の刑罰であると考えており、[52]于振波氏は秦代には「新地」への移住が罪人に懲罰を実施する代わりの手段として用いられ、これらの罪人は新地に移住させられると同時に罪を赦免され、庶人の身分を回復したと考えている。[53]したがって「新地多盗」とは、当地の住民の多くが移住した罪人であるため治安が混乱していることを意味し、驚は家族の安全を憂慮しているのであろう。

［9］祀：『説文』には「祀、祭無巳也」とある。祭祀は子々孫々まで絶やすことなく続けなければならない。簡文中では、祀が壊されていないかどうかを見に行くことを求めているが、もし壊れていたならば、それは驚の責任であるとする。

［10］唯毋方行：「唯」は、祈請である。8-1552には「敢告尉。以書到時、盡將求盜、戍卒（操）衣・器詣廷、唯毋遺」とあり、『校釈』では「唯」を「祈請」と解釈する。『史記』楽毅列伝には「恐侍御者之親左右之説、不察疏遠之行、故敢獻書以聞、唯君王之留意焉」とある。「方行」は、『尚書』立政に「方行天下、立于海表」とあり、孔安国の注に「方、四方」とある。これによれば、衷の一家は安陸県の新地に居住しており、衷と家人が盗賊の沢山いる新地に行くことのないように祈請したと推測できる。

【大意】

驚は恐縮ながら（兄）の衷（中）殿にご挨拶をさせていただきます。お母様はお変わりなくお元気でしょうか。家の内外の方もみなお元気ですか。……兄の衷、お母様、何か差しさわりはございますか。（驚は）従軍して以来、黒夫と一緒に（従軍して）おり、何事も順調です。……

銭と衣服につきまして、お母様には五、六百銭と、古い綿の中から比較的良質なものを選んで、あわせの衣服を作りお送りくださることをお願いいたします。（衣服の丈は）少なくとも二丈五尺より以上としてください。……（以前に）垣柏から銭を借りておりましたが、いまは手元には幾らも残っておらず、（私たちは）瀕死に近い状況で、極めて急を要しております。

驚からですが、妻と嬰はみな変わりないでしょうか。妻はできる限り二人のご老人たちのもとを訪れて、しっかりとお世話をするように……。驚は遠く家から離れたところにおりますので、兄の衷殿に嬰を教導していただくようお願いします。彼女には家からさほど離れていないところに薪を拾いに行かせてください。……新地はどこも閑散としており、（朝廷は）古くからの民で法令を遵守しない（罪）人の徙民を強化していると聞いております。……驚に代わって祖廟にお祈りを捧げてください。もしも荒らされていたり壊されていたりしたら、それは私が反城にいるためです。

さらに驚は恐縮ながら申し上げますが、伯母様が新しく授かったお子様はお元気でしょうか。

新地はどこも盗賊が多く、衷殿と家族が盗賊のたくさんいる新地に行かれませんようお祈りしております。しっかりとお心にお留めおきください。

二　秦簡に見える私的書信の特徴について――漢代書信との比較

秦代の私的書信は、現段階では里耶古城遺跡と睡虎地秦墓から出土した数点のみであり、依然として数量は少ないものの、内容、書式、形態は秦代の私的書信の典型的な要素を備えている。ここでは、上述した秦代の私的書信の事例に基づき、漢代書信との比較を進め、秦代書信の特徴を考察してみよう。

（1）書信の形態

紙が現れる以前は竹や木の簡牘が主要な書写媒体であった。書信は、基本的に一枚の木片に書かれており、「牘」とも称され、外見は行政文書とほぼ同じである。これらの木牘はいずれも長方形で、長さは二三㎝前後、秦漢の一尺に相当する。幅は一・四～五㎝、厚さは〇・二五～〇・八㎝、いずれもある程度の幅をもつ木牘で、細長い長方形の「簡」とは異なる。木牘に書かれた文字は、必ず二行以上で、正面・背面に書かれている。文字は墨書で、その字体は、基本的に秦簡では秦隷体である。また敦煌漢簡や居延漢簡と比較すると、その木牘の形態や書法などは、基本的に秦簡と同じで、漢代書信の字体は漢隷体が多くを占めている。しかし、敦煌や居延、懸泉置遺跡からは、絹布の書信も出土している。たとえば、敦煌漢簡1871帛書「政伏地再拝」は長さ一五㎝、幅六・五㎝である。(54) 懸泉漢簡ⅡT0114③：661帛書「元致子方書」は長さ三四・五㎝、幅一〇㎝である。(55)

唐代の徐堅『初学記』巻二一、文部紙七には、「古者以縑帛、依書長短、随事截之」とあり、(56) 絹布の書信には、特に固定された形式はなく、内容の多少によって定められたと考えられる。

（2）書信の書式および内容

秦代書信の内容構成と書写形式は、本稿の整理と分析によると表1のようにまとめることができる。

①日付

秦代の書信は日付を記さないものが一般的であるが、公文書のように月日が記されているものもある。たとえば、

表1

編号		日付	差出人	機嫌伺	受取人	主文	末尾挨拶（及び結び）
1	里7-4		欣	敢多問……得毋病	吕柏	柏幸賜欣一牘、欣辟席再捧及捧者。柏求筆及黑、今敬進如柏令、寄芍。	敢謁之
2	里8-103					毋物可問	
3	里8-659＋2088	七月壬辰	贛	敢大心再拜多問……得毋爲事繇	芒季	毋物可問、進書爲敬。	季丈人・柏及……毋恙殹……敢謁之
4	里8-782＋810		(季)不明			季幸耤小吏□□信▨急使之。	賜報
5	里8-823＋1997		校長予言	敢大心多問子▨子柏、＝得毋恙殹	子柏	毋以問、□□爲敬敢謁之……爲柏寄食一石□□	
6	里8-1193			問何柏			
7	里8-1848		唐	敢再拜			
8	里8-1909			～心多問、毋～			
9	睡 4-11	二月辛巳	黑夫驚	敢再拜問……毋恙也	衷母	省略	多問姑姊、東室季嬃、嬰泛季事、新負娶……毋與▨勉力也
10	睡 4-6		驚	敢大心問……得毋恙也	衷母新負娶	省略	敢大心問姑秭姑秭……唯毋方行新地、急＝

里耶秦簡8-659＋2088には「七月壬辰」、睡虎地秦簡4-11にも「二月辛巳」とある。また居延新簡EPT44.4「十一月廿二日具記、習叩頭死罪言」のように、書信の文頭に日付を記す事例も見られるが、数量はごくわずかである。この種の書信は、いわゆる公務の「官場私記」のようなものである。これにより、秦代の私的書信は公文書の風格を持つと考えられる。

②差出人

秦代の私的書信は、自分の名前を記入する際には、「贛」「唐」「驚」「欣」などの単名、もしくは「予言」「黑夫」などの複名を用いるが、姓氏は用いない。これは先秦時代の通例である。盟書には、誓約者自身の名前を直接記入し[57]、侯馬盟書には「趙敢不侑閛其腹心而以事其主」（1:22）[58]「欒自今以往、敢不逕從此盟質之言」（67:1）[59]とある。しかし秦代書信の自称には、「校長予言」のように、自身の官職を書き加えることもあった。

漢代書信の自称は二種類に分けられる。その一つは、「政」「宣」「泉」「敞」などのように、自分の名前をそのまま記すものである。もう一つは、「賤」「賤弟」「賤子寿宗」「客賤子侈」などのように、自らを謙遜した表現である。この表現は、既出の秦代書信には見られないため、漢代以降に現れた新しい現象であろう。

③挨拶文の形式

漢代書信の挨拶文の形式は、基本的に秦代書信とほぼ同じであるが、用語がより豊富で多様なものになっている。挨拶文は、拝礼、啓事、機嫌伺いの語に分けられる。拝礼の用語には、「再拝」「伏地」「頓首」「叩頭」などがある。啓事の用語には、「多問」「諾白」「候普白」「蕭晏白」「請」「多請」「言」「進言」「謝」などがある。また機嫌伺の用語には、「毋恙」「緩急毋恙」「玉体毋恙」「善毋恙」「萬年毋恙」「起居得毋有它」「人馬起居得毋有它」「毋它急」「起居平善」などがある。通常の受取人や親戚・友人の安否や、公務の繁忙などを問う際の挨拶文は、「敢大心問……得毋恙也」「敢多問再拜」「得毋爲事繇」という形になる。

④受取人の呼称

秦代書信の多くは、「芒季」「柏」「中（衷）」のように、相手方の名前をそのまま用い、姓氏は用いない。また親族の呼称には「母」も見られる。そのほかに里耶秦簡8-823「多問子柏」のように、名前の前に冠する敬辞として「子」が見える。一方、里耶秦簡7-4には「欣敢多問呂柏」とある。この二つの「某柏」の解釈については、現在も議論が続いており、本稿にも極めて重要な意義を持っている。現段階では十分な資料や根拠がなく、より多くの里耶秦簡が公表されるのを待ちたい。

漢代書信には、さらに多くの受取人の呼称がある。尊称には「卿」「君」「公」があり、官職を添えたものには「楊掾」（敦煌漢簡 244）「燧長任」（居延漢簡 157.10）「蔡主簿」（東牌楼後漢簡牘33）などがある。漢代書信には、相手方の代称である「提称」も見られる。たとえば「足下」「馬足下」「坐前」「侍前」「馬侍前」「執事」などで、これらの用辞は、秦代の私的書信には見られない。そのため「提称」は、秦代以降に新たに出現した書信の尊礼習慣と考えられる。このほか、漢代書信と同様に、秦代書信の受取人はいずれも字を用いている。この点について馬怡氏は「古代の人の交際では、呼称の名と字は重要な礼節である」と主張する。[60] ただし秦代書信の相手方の呼称について、名であるかそれとも字であるかという問題は、資料に限りがあり現段階では結論付けることができない。

⑤内容

秦代書信の内容には、秦墓に見える二点の家族への書信（4-11、4-6）のように、日常的な衣食などの些事を家人と連絡する以外にも、友人との関係を維持し強固にするための書信も数多く発見されている。また里耶秦簡の書信には、「進書爲敬」や「毋物可問、進書爲敬」のように、その書信自体が同僚や友人との間の感情を強める意図のものがある。このほかに相手方への贈り物に対して好意を示す際の一種の礼儀的なものもある。

漢代書信では、秦代書信の機嫌伺いや礼拝、好意を示す感情表現のほかにも、叙述的な内容が増加している。たとえば、著名な居延漢簡『宣伏地再拝請』（居延新簡10.16）という書信では、まず駐屯地である辺境の労苦を尋ね、同時に受取人や周りの仲の良い友人の近況を尋ねる。つづいて、亭掾が先に巡視検査に出向くことを受取人に伝え、「毋爲諸部殿」と部隊の最後尾にならないようにと願っている。

⑥平出

「平出」の制とは、言及する相手を尊重して敬意を表すため、新たに行を改めて書き始める書写形式である。これは後世の書信における礼儀でも、必ず守るべき常識となっている。しかしすでに秦代に「平出」の制があったのかどうかについては見解が分かれている。王国維は敦煌の書信を考察したとき、秦代は皇帝にまで及んでいたため、すでに「平出」の制が存在したと考え、「行文平闕の形式は、古金文中には見られない。ただ琅琊台の残石では、『始皇帝』『成功盛徳』および『制曰可』などの字句は、いずれも改行して行頭に置いている。これが平闕の始まりである」と述べる(61)。

睡虎地秦墓の二点の家族への書信（4-11、4-6）は、末尾で挨拶を述べる際に改行する書式を採用している。これにより、彭礪志氏は「平闕形式の起源は秦にある……（睡虎地秦簡では）行いっぱいに文字が書かれた正面とは異なり、背面の一行目はまだ字を書ける空間があるにもかかわらず、改行して新たな行を起こしている。……改行して行頭を平らかにする目的は、書を受け取った相手への尊敬を示すことにある」と主張する(62)。しかし馬怡氏は、秦代は意識的に改行する習慣はまだなく、「親しい者の呼称に行を改めることこそが『平出』であり、このように一行に字が満たないときに改行する書き方は、書き手が意識的に段落を分けた可能性があり、これは平出ではない」と考える(63)。筆者が秦代書信と漢代書信を概観したところ、漢代書信は秦代書信よりも、形式、内容、規則の面では豊富で成熟していた。そのため漢代書信に見える「平出」の形式も、秦代から漢代にかけて次第に形成されたもので、秦代はまさにその萌芽の時期にあたるといえよう。

おわりに

これまで漢代以前の私的書信に関する出土資料は極めて少なかった。しかし里耶古城遺跡から出土した私的書信と睡虎地秦墓の二点の家族への書信の分析によって、若干ではあるが秦代の私的書信の概略を理解することができる。秦代の私的書信は、すでに基本的な要素を備えており、書き出し・本文・文末の三つの部分から構成されている。

（一）書信の書き出しは、差出人の自称、受取人の名前、および機嫌伺いで構成される。これを漢代書信の冒頭にある自称、拝礼、啓事、受取人の尊称、提称と比較すると、秦代書信には「足下」「馬足下」「坐前」「侍前」「馬侍前」「執事」などの提称は見られないが、そのほかの諸項目はすでに備わっている。

（二）書信の本文は、書信の主要な内容を成す部分である。これまでに確認された秦代書信では、睡虎地四号秦墓の二点の家族への書信が家族や日常の衣食を求めることに触れているほか、里耶秦簡の私的書信では、書信を通して感情をやり取りしたり、絆を強めたり、あるいは贈り物をしたりする事例が多い。これは今日の日本社会における寒中見舞いや、暑中見舞いの習俗と似ている。贈り物に文章を添え、送り手の心情を表明することこそが、私的書信の起源のひとつなのかもしれない。

（三）文末に関して、これまで完整な状態で残っていた秦代書信は少なかった。しかし、完整な里耶秦簡7-4の書信や、比較的完整な8-659＋2088と8-823＋1997などの書信によると、書信の末尾は「敢謁之」を用いて結んだことがわかる。そしてこのような私的書信は公文書の風格を帯びている。一方、睡虎地四号秦墓の書信（4-11）の末尾は、受取人の周辺の親戚、隣人、友人への挨拶であり、後世の私的書信により近づいている。このように、秦代書信に二つの全く異なる風格が同時に存在したことは非常に興味深く、私たちが古代の私的書信の起源と発展を探究するうえで重要な手がかりとなろう。

これまで見てきたように、秦代書信の形式、内容、規則は、基本的にはすでに整っている。しかし漢代書信に見える婉曲性や規範、成熟度、内容の豊富さと比較すれば、秦代書信は形成期の素朴さ、率直さ、単純さ、随意性という特徴を明らかに示している。

私的書信の出現と流行は、情報を伝える新たな手段となり、人々の交際の新たな方法を切り開いた。私的書信は、家族においては身内と連絡を取りあう紐帯となり、社会においては人々の交際の新たな媒介と手段となった。ただし秦漢時代の私的書信に関しては、まだ解決すべき課題が多く残っている。たとえば、書信は誰によって書写されたのであろうか。差出人自身の書写か、あるいは文字を知る文吏の代筆かという問題がある。また私的書信は、他の個人に依託して届けるのか、あるいは公式の逓伝を用いるのかという伝達方式などの問題もある。今後はさらに多くの秦漢簡牘資料の発見と公表を期待しつつ、上述の疑問に対して考察を進めていきたい。

注

（1）湖南省文物考古研究所・湘西土家族苗族自治州文物所・龍山県文物管理所「湖南龍山里耶戦国――秦代古城一号発掘簡報」（『文物』二〇〇三年第一期）。

（2）湖南省文物考古研究所編『里耶発掘報告』（岳麓書社、二〇〇七年）。

（3）張春龍主編『湖南里耶秦簡』全四冊（重慶出版社、二〇一〇年）。

（4）鄭曙斌・張春龍・宋少華・黄朴華編『湖南出土書簡牘選編』（岳麓書社、二〇一三年）。

（5）羅振玉・王国維『流沙墜簡』（中華書局、一九九九年版）。

（6）王素「長沙東牌楼東漢簡牘概述」（長沙市文物考古研究所・中国文物研究所編『長沙東牌楼東漢簡牘』、文物出版社、二〇〇六年）六九～七七頁。

（7）陳奇猷校注『呂氏春秋校釈』（学林出版社、一九八四年）一五四七頁。

（8）陳偉主編『里耶秦簡牘校釈』第一巻（武漢大学出版社、二〇一二年）。本稿では『校釈』と簡称とする。

（9）張培瑜編『中国先秦史歴表』（斉魯書社、一九八七年）二二四頁。
（10）劉釗「古文字中的人名資料」（『吉林大学社会科学学報』一九九九年第一期）。
（11）前掲『校釈』二四一頁。
（12）前掲『校釈』二〇三頁。
（13）王子今『駅道史話』（社会科学文献出版社、二〇一一年）二一頁。
（14）中国社会科学院考古研究所編『殷墟小屯村中村南甲骨』（雲南人民出版社、二〇一二年）。
（15）睡虎地秦墓竹簡整理小組編『睡虎地秦墓竹簡』（文物出版社、一九七七年）。
（16）高敏「論秦漢時期的〝亭〟―読〈雲夢秦簡〉札記」（『雲夢秦簡初探』増訂本、河南人民出版社、一九八一年）二七九～二八〇頁。
（17）何有祖「新見里耶秦簡牘資料選校（一）」（『簡帛』第十輯、武漢大学出版社、二〇一五年）一一七頁。
（18）（19）何有祖「読里耶秦簡札記（四）」（『簡帛網』http://www.bsm.org.cn, 二〇一五年七月八日）。
（20）湖北孝感地区第二期亦工亦農文物考古訓練班「湖北雲夢睡虎地十一座秦墓発掘簡報」（『文物』一九七五年第九期）六九頁。
（21）《雲夢睡虎地秦墓》編写組編『雲夢睡虎地秦墓』（文物出版社、一九八一年）。
（22）李均明・何双全編『秦漢魏晋出土文献　散見簡牘合輯』（文物出版社、一九九〇年）。
（23）陳偉主編『秦簡牘合集　壱』睡虎地秦墓簡牘（武漢大学出版社、二〇一四年）、陳偉主編『秦簡牘合集　弐』（武漢大学出版社、二〇一六年）。
（24）代表的な研究は、以下の通りである。黄盛璋「雲夢秦墓両封家信中有関歴史地理的問題」（『文物』一九八〇年第八期）、楊芬『出土秦漢書信匯校集注』（武漢大学博士論文、二〇一〇年）。張伯元「雲夢木牘考」（『出土法律文献叢考』、上海人民出版社、二〇一三年）。
（25）黄盛璋「雲夢秦墓両封家信中有関歴史地理的問題」七〇頁。
（26）楊芬『出土秦漢書信匯校集注』一四頁。

(27) 王力鑫『睡虎地木牘家書研究』（中央民族大学碩士論文、二〇一五年）四〇頁では、『商君書』墾令の「令送粮無得取僦、無得反庸、車牛輿重設必當名」を引用し、「僦人とは一種の雇用収費の運輸方式」という。
(28) 王関成は『通志』氏族の「益」の姓例を挙げ、「漢代には益強、益寿あり、宋には益暘あり」という。「再論秦代士兵的服装供給問題」（『秦文化論叢』二〇〇四年十一期）一八五頁。
(29) 李学勤「初読里耶秦簡」（『文物』二〇〇三年第一期）。
(30) 高敏「論秦漢時期的〝亭〟」を参照。
(31) 李均明「秦簡所反映的軍事制度」（『雲夢秦簡研究』、中華書局、一九八一年）。
(32) 熊鉄基「試論秦代軍事制度」（『秦漢史論叢』第一輯、陝西人民出版社、一九八一年）。
(33) 袁仲一『秦始皇陵兵馬俑研究』（文物出版社、一九九〇年）。
(34) 陳偉主編『秦簡牘合集　壱』睡虎地秦墓簡牘。
(35) 《雲夢睡虎地秦墓》編写組編『雲夢睡虎地秦墓』六一頁。
(36) 陳松長「岳麓書院蔵秦簡行書律初論」（『中国史研究』二〇〇九年第三期）。
(37) 宋磊「漢初無贖刑説考論——以〝以爵贖罪〟為中心的合理性考察」（『商丘師範学院学報』二〇一四年第四期）。
(38) （韓）尹在碩「睡虎地秦簡〈日書〉所見〝室〟的結構与戦国末期秦的家族類型」（『中国史研究』一九九五年三期）。
(39) 前掲「湖北雲夢睡虎地十一座秦墓発掘簡報」。
(40) 張伯元「雲夢木牘考」四頁。
(41) 黄今言「秦代中央軍的組成和優勢地位：兼説秦兵馬俑所反映的軍制内涵」（『文博』一九九四年第六期）二五頁。
(42) 『楚辞章句』（王逸注、線装書局、二〇一四年）。
(43) 前掲『秦漢魏晋出土文献　散見簡牘合輯』。
(44) 陳槃「漢晋遺簡識小七種」（『中央研究院歴史与語言研究所専刊』六十三、一九七五年）。
(45) （清）崔述『崔東壁先生遺書』（上海古籍出版社、一九八三年）。

(46) 応劭撰、王利器校注『風俗通義校注』(中華書局、一九八一年)四二八・四三三頁。
(47) 楊芬『出土秦漢書信匯校集注』一八頁。
(48) 尹在碩「睡虎地秦簡〈日書〉所見〝室〟的結構与戦国末期秦的家族類型」。
(49) 黄盛璋「雲夢秦墓両封家信中有関歴史地理的問題」。
(50) 陳奇猷校注『呂氏春秋校釈』。
(51) 前掲『校釈』三四三頁。
(52) 張伯元「雲夢木牘考」一一頁。
(53) 于振波「秦律令中的〝新黔首〟与〝新地吏〟」(『中国史研究』二〇〇九年第三期)。
(54) 甘粛省文物考古研究所編『敦煌漢簡』(中華書局、一九九一年)図版八九頁。
(55) 甘粛省文物考古研究所「甘粛敦煌懸泉置遺址発掘簡報」(『文物』二〇〇〇年第五期)図版三。
(56) (唐)徐堅『初学記』(中華書局、一九九三年)五一六頁。
(57) 拙著『春秋時期盟誓研究――神霊崇拝下的社会秩序再構建』(上海古籍出版社、二〇〇七年)二〇七～二〇九頁。
(58)(59) 山西省文物工作委員会編『侯馬盟書』(文物出版社、一九七六年)。
(60) 馬怡「居延簡〈宣与幼孫少婦書〉――漢代辺吏的私人通信」(『南都学壇』二〇一〇年第三期)。
(61) 王国維「秦陽陵虎符跋」(『観堂集林』巻十八、中華書局、一九五九年)。
(62) 彭礪志『尺牘書法――従形制到芸術』(吉林大学博士論文、二〇〇六年)一六一頁。
(63) 馬怡「読東牌楼漢簡〈侈与督郵書〉――漢代書信格式与形制研究」(『簡帛研究二〇〇五』、広西師範大学出版社、二〇〇八年)一八三頁。

漢代辺郡の文書逓伝と管理方式

畑野吉則

はじめに

簡牘資料の発見以来、漢代辺郡の文書逓伝についての研究は、簡牘研究の成果が最も影響を与えた方面といえよう。本稿のねらいは、そこからもう一歩踏み込んで、辺郡における軍政系統機構の文書逓伝システムについて、簡牘資料――郵書記録――に内在する逓伝業務の管理方式を解明することにある。対象を軍政系統に限定した理由は、近年、陸続と公開されていた肩水金関漢簡が一通り公開され終えたためである。

二十世紀前半に発見された西北辺境漢簡は、居延地域における具体的な逓伝経路の復原を可能にした(1)。これら旧来の簡牘研究では、約一〇〇〇〇点の居延漢簡が出土した甲渠候官を中心として、辺郡軍政系統における地方行政の研究が進展したが、当時の資料状況では、そこから全国的に共通するような一般性を読み取ることは困難であった。

しかし近年、大量の簡牘資料が発掘・公開され、秦代内郡の里耶秦簡と漢代西北辺境漢簡とにみえる行政文書システムに共通性があることが指摘されている(2)。そして漢代の文書逓伝については、漢初の『二年律令』行書律に「畏害及近邊不可置郵者、令門亭卒・捕盜行之」（二六六簡）とあるように、一般的には郵によって実施されるはずの逓伝業務を、辺境地域では、門亭卒や捕盗に代替させる規定が存在したことが判明している。この規定は居延漢簡にみえる燧や亭の卒による文書逓伝の実例と合致する。したがって、漢代辺郡の軍政系統における文書逓伝システムは、民政系統のそれに準ずるものであったと予想される。この問題は、辺郡軍政系統の居延漢簡・肩水金関漢簡、民政系統の懸泉漢簡等といった同時代・同地域の簡牘資料による比較によって解明しなければならない課題である。

そこで本稿では、居延漢簡にみえる軍政系統の文書逓伝システムが、肩水金関漢簡にみえるそれと共通するかを比較し、辺郡軍政系統における文書逓伝の管理方式について検討したい。なお本稿で引用する居延漢簡で、一九三〇年代発掘のものは「居延旧簡」、七〇年代発掘のものは「居延新簡」、そして肩水金関漢簡は「金関漢簡」と呼称する。

一　漢代辺郡の文書逓伝研究と簡牘資料

1　漢代辺郡の行政構造

近年の考古発掘および簡牘資料の研究成果により、文献史料に記された地方郡県の行政構造がより具体的に把握できるようになった。とりわけ居延漢簡をはじめとする西北辺境漢簡により、漢代武帝期から後漢中期にかけて張掖郡の額済納河流域に設置された軍政系統の組織構造が詳細に復原された(3)。辺郡の行政組織には、民政と軍政の二系統の行政機構が設置され、民政系統は〈郡―県―郷―里〉、軍政系統は〈都尉―候官―部―燧〉という編制であった。「燧」は辺境防衛の最末端機構、「部」はいくつかの燧を束ねたグループ、「候官」はその部を通じて燧を統括する機構であった。そして「都尉」は郡の軍事的出先機関であり、いくつかの候官を統括した。民政・軍政系統の編成原理は同じで、候官は県に、部は郷に相当すると考えられている。ただし民の居住地をもたない燧は、民政とは別系統の亭に相当するかもしれない。当時、この地域には二つの都尉府が設置されていた。そのひとつの居延都尉では殄北候官、居延候官、甲渠候官、卅井候官を統括し(4)、もうひとつの肩水都尉では広地候官、橐佗候官、肩水候官をそれぞれ統括したことが判明している。

このような軍政系統の行政機構の中には、甲渠候官や肩水金関（以下、金関）のように、実際に簡牘資料が出土した官署もある。甲渠候官が統括した烽燧群は「甲渠河北塞」と「甲渠河南道上塞」に大別される。このうち、文書の逓伝を担当したのは河南道上塞であった。そして肩水都尉府が統括した肩水塞からも、文書逓伝に関する資料が大量に出土している。一方、民政系統では、同時期の疏勒河流域に設置された懸泉置や、統一秦代の遷陵県城からも大量の簡牘資料が発掘され、いずれも文書逓伝の実施状況が確認できる。以上を総合すると、秦漢地方の民政・軍政両系統における各種行政機構の資料群は**表一**のように整理できる。

漢代の肩水塞〈都尉府―候官―肩水金関―燧〉は比較的に資料が豊富である。したがって、近年の金関漢簡の公表により、どのレベルの行政機構がどのような文書逓伝の範囲を管轄していたかという問題に対して、検討を加える条件がようやく整った。

表一　秦漢簡牘資料と地方行政機構

	資料	行政機構		
秦代　民政系統	里耶秦簡	洞庭郡	●遷陵県	都郷・啓陵郷・貳春郷
漢代　軍政系統	居延旧簡・居延新簡 金関漢簡	河南道上塞		
		居延都尉	●甲渠候官	●第四燧など
		肩水塞		
		●肩水都尉	●肩水候官	●肩水金関
		燧		
漢代　民政系統	懸泉漢簡	敦煌郡	效穀県	●懸泉置
		臨泉亭		

●は実際に簡牘資料が出土した官署を示す。

2　漢代辺郡における簡牘資料の出土状況

まず（1）額済納河流域の甲渠河南道上塞と（2）肩水塞、（3）疏勒河流域の懸泉置における簡牘資料の出土状況を整理しておく。

（1）河南道上塞は、まず一九三〇～三一年にかけて実施された西北科学考察団による発掘で、破城子遺址〔A8〕、すなわち甲渠候官から約五〇〇〇点もの簡牘が発見された。そして一九七三～七四年にかけて実施された居延考古隊による発掘で、同遺址から約八〇〇〇点もの簡牘が出土した。(5) 両者を合わせると甲渠候官跡から出土した簡牘は一三〇〇〇余点にものぼる。前者は居延旧簡、後者は居延新簡と呼ばれる。

（2）肩水塞は、まず一九三〇～三一年の発掘により、大湾遺址〔A35：肩水都尉府〕から約一三〇〇点、地湾遺址〔A33：肩水候官〕から約二五〇〇点、金関遺址〔A32〕から約八五〇点、合計四六五〇余点の簡牘が出土した。そして一九七三～七四年の発掘では、金関遺址から約一一五〇〇点の簡牘が出土し、二〇一六年までに『肩水金関漢簡』としてそのすべてが公開された。(6) 両者を合わせると肩水塞の総出土簡牘数は約一六〇〇〇余点にのぼり、肩水塞は甲渠候官に匹敵する資料群となる。

（3）懸泉置は、一九九〇～九二年にかけて実施された甘粛省文物考古研究所による発掘で、約二三〇〇〇点もの懸泉漢簡が出土した。現在はその一部の八〇〇余点の公開に止まるが、文書逓伝に関する新たな知見を数多く提供している。(7)

以上の三地域からは、いずれも文書逓伝に関する資料が大量に出土している。これは各行政機構において文書逓伝業務が日々遂行されていたことを示唆する。文書逓伝は秦漢時代の文書行政を維持するうえで基盤となるシステムで、その機能はさまざまな行政機構に備えられた。そして日々の逓伝業務は「郵書」に記された。郵書の詳細は後述する。

表二　漢代辺郡における簡牘資料と郵書の出土状況

	遺跡名	総出土点数	郵書
1	甲渠候官	約一三〇〇〇点	約一〇〇点
2	肩水都尉府	約一三〇〇点	約二〇点
	肩水候官	約二五〇〇点	四点
	肩水金関	約一二三五〇点	約一七〇点
3	懸泉置	約二三〇〇〇点	約一三〇点

上記の三地域における簡牘の出土状況と出土した郵書の出土数は、表二のように整理できる。これらの郵書は、民政・軍政の別なくさまざまな行政機構で日常的に作成されており、各行政レベルに応じた記録の存在が想定できる。

3　漢代辺郡における文書逓伝研究

これまで漢代辺郡における文書逓伝の研究には、中国では陳夢家氏、日本では永田英正氏による先駆的研究があり、居延漢簡の郵書に記された受け渡し情報をもとに、居延地域における逓伝経路の詳細が復原された。[8] しかしこれらの研究は、居延漢簡の大部分が出土した甲渠候官管轄下の河南道上塞における逓伝経路の研究に限定せざるを得なかった。そのため当時は、簡牘に残された逓伝業務の実態が、甲渠候官独自のものか、あるいは全国的に共通する普遍的なものであるかを判断することは困難であった。しかし金関漢簡の追加により、どのレベルの行政機構がどのような逓伝範囲を管轄していたかという、地方における行政管理の問題について検討が可能となった。具体的には、金関漢簡の公表により肩水塞の〈肩水都尉府―肩水候官―肩水金関〉の情報が追加され、辺郡の軍政系統における主要な行政機構の資料が揃ったため、各行政レベルと管轄範囲との対応関係がより明確になると考える。

次に、郵書の実例を挙げて、その記録形式と機能を紹介しよう（簡文傍線部は逓伝機構名を示す）。

簡1　居延新簡　EPT51:14

南書一封居延都尉章　詣張掖大守府　三月庚午日出三分呑遠卒賜受不侵卒
受王食時五分付誠北卒朐

南向きの書が一通。居延都尉の章で封印。張掖太守府宛て。

三月庚午、日出三分に呑遠卒の賜が不侵卒の受王より受け、食時五分に誠北卒の朐に付した。

簡1のように、郵書には、1：伝達の方向、2：文書の種類とその件数、3：発信者の印文、4：宛先、5：受け渡しの年月日と時刻、6：受け渡しの担当者、の六項目が記され、文書逓伝の状況を厳密に記録した。このような逓伝記録は簡牘資料中で「郵書刺」や「過書刺」、「郵書課」と呼ばれるが、本稿ではそれらを「郵書記録」と総称する。

筆者はかつて上述の二地域に加えて、懸泉漢簡の出土した漢代懸泉置、里耶秦簡の出土した統一秦代遷陵県における文書逓伝の業務実態について、郵書記録の記載を手掛かりに復原し、秦漢時代の文書逓伝は、時代と地域による差異があまり無く、基本的には共通した業務方式が採用されていたことを指摘した(9)。この結果に基づくと、各地域における文書逓伝の管理方式も共通していることが予想される。

そこで次節では、旧来の甲渠候官における文書逓伝の研究成果に金関漢簡を追加し、漢代辺郡の軍政系統における河南道上塞と肩水塞の文書逓伝の管理方式を考えてみたい。なお河南道上塞については、先行研究の指摘と重複する部分も少なくないが、本稿の着眼点である「逓伝範囲」の規則性や「管理方式」を検討するために、改めて資料を整理した。

二　漢代甲渠河南道上塞における文書逓伝の管理方式

ここでは甲渠候官が設置された河南道上塞における逓伝範囲について、甲渠候官出土の郵書記録に記された受け渡しを基に考察したい(10)。河南道上塞は、北から不侵部、呑遠部、誠北部、臨木部という四つの部が設定され、北端の不侵部は、居延候官属下の収降燧に接続し、南端の臨木部は、卅井候官属下の誠勢北燧に接続する。そして部の責任者である候長は各部の北端に、次官である候史は南端の燧に配置された。このような河南道上塞における部と燧の配置は、図一のように示すことができる（○は候長、△は候史の在所を示す(11)）。

この地域からは、新旧居延漢簡を合わせると約一〇〇点の郵書記録が出土している。これらの郵書記録には、二燧間と三燧間、そして四燧間の受け渡しが確認できる。このうち二燧間のものはわずか一例しかなく(12)、各部の文書逓伝は三燧間と四燧間の受け渡し、甲渠候官の文書逓伝は四燧間の受け渡しが行なわれた。

図一　甲渠河南道上塞における部と燧の配置（略図）

1　部単位の逓伝範囲

まず部単位での逓伝範囲について、甲渠候官出土簡には図一に挙げたすべての部の逓伝範囲が確認できる。河南道上塞北端の不侵部と南端の臨木部では四燧間で受け渡しを行ない、中間の呑遠部と誠北部では三燧間で受け渡しを行なった。不侵部の逓伝範囲を記した郵書記録を挙げる。

簡2　居延旧簡 56.41

⧄十一月癸亥蚤食不侵卒受王受呑遠卒賜

⧄日失付當曲卒□下餔八分付收降卒發

簡2は、某年十一月癸亥の蚤食時に不侵卒の受王が呑遠卒の賜から受け取り、同日日失に当曲卒の某に渡し、同日下餔八分に居延候官属下の収降卒の発に渡した記録である。したがって不侵部の受け渡しは〈収降―当曲―不侵―呑遠〉となり、不侵部の北端の当曲燧と南端の不侵燧、つまり候長と候史が駐在した燧を経由して、居延収降燧あるいは呑遠部に送られたことがわかる。同様に河南道上塞南端の臨木部でも、候長が駐在した臨木燧と、候史が駐在した武賢燧の二箇所を経由（旧簡 173.1、484.3、新簡 EPT50:107 等）、卅井候官属下の卅井誠勢北燧に渡している。

中間の呑遠部の受け渡しは前掲簡1より確認できる。簡1は、南向きの逓伝で、某年三月庚午の日出三分に呑遠卒の賜が不侵卒の受王から受け取り、同日食時に誠北卒の朐に渡した記録である。したがって呑遠部の受け渡しは〈不侵―呑遠―誠北〉となり、基本的に候長が駐在した呑遠燧のみを経由した。また誠北部も同様に、候長が駐在した誠北燧のみを経由している。[13] 他候官との境界に接するかどうかによってルールが異なるのであろう。

ここまで整理してきた各部における逓伝範囲は以下のように示すことができる（○は候長、△は候史の駐在所を示し、▒は当該部所属の燧を示す。北―南）。

①不侵部：居延収降―**当曲△―不侵○**―呑遠○

②呑遠部：不侵○―**呑遠○**―誠北○

③誠北部：呑遠○―**誠北○**―臨木○

④臨木部：誠北○―**武賢△―臨木○**―卅井誠勢北

このように河南道上塞における文書逓伝は、他候官と境界を接する部では候長と候史が配置された燧を経由し、境界を接しない部では候長の燧のみを経由した。また郵書記録に記された受け渡しには、基本的に候長や候史が駐在していない燧は確認できない。したがって、そのほかの燧は通常の逓伝業務に携わらなかったと考えられる。

2　候官単位の逓伝範囲

次に候官単位での逓伝範囲を考察する。この範囲の文書逓伝は先行研究でも指摘するように、北向きの逓伝と南向きの逓伝とで総逓送距離が異なる。[14] 以下に北書と南書の事例をそれぞれ挙げる。

簡3　居延旧簡 157.14

北書三封合檄板檄各一　其三封板檄張掖大守章詣府
合檄牛駿印詣張掖大守府牛掾在所（上中段）
九月庚午下餔七分臨木卒副受卅井卒弘雞後鳴當曲
卒昌付收降卒福界中九十五里定行八時三分疾行一時二分（下段）

簡4　居延旧簡 317.27

南書一封居延都尉章　詣張掖大守府　十一月甲子夜大半當曲卒昌受收降卒輔乙丑蚤食一分臨木
卒□付卅井卒弘界中廿八里定行□程二時二分

以上の二簡は「郵書課」と呼ばれる記録で、通常の逓伝記録に加えて、律令で規定された速度「程」で逓伝したかどうかを計測する機能を持つ。[15] 簡3は、北向きの逓伝で、某年九月庚午の下餔七分に河南道上塞南端の臨木卒の副が卅井候官属下の卅井卒の弘から受け取り、同日の雞後鳴に河南道上塞北端の当曲卒の昌が居延候官属下の収降卒の福に渡した記録である。簡4は、南向きの逓伝で、某年十一月甲子の夜大半に北端の当曲燧が収降燧から受け取り、翌日乙丑の蚤食一分に南端の臨木卒の某が卅井卒の弘に渡した記録である。(16)

このように候官単位での郵書記録は、北書の場合は、臨木燧が卅井燧から受け取ったものと当曲燧が居延収降燧に渡したものの二つ、また南書の場合は、不侵燧が収降燧から受けとったものと臨木燧が卅井燧に渡したものの二つの受け渡し記録から構成される。両者ともに呑遠部と誠北部での受け渡しは省略されている。したがって、甲渠候官の逓伝範囲が記された郵書記録は、北端と南端の逓伝時刻から管轄範囲全体の所要時間を計測する目的で編集された二次記録である。

また両者の総逓送距離は、北書は九十五里、南書は八十里と異なる。(17) 北書の場合、南端の臨木燧が受け取ってから居延収降燧に渡すまでの範囲を、南書の場合、北端の当曲燧が受け取ってから卅井燧に渡すまでの範囲を計測している。したがって、計測範囲は北書・南書ともに、甲渠候官の管轄からスタートして、管轄外の第一番目の燧までが受け取るまでであり、これこそが甲渠候官が管轄すべき範囲を示すのであろう。以上、甲渠候官における逓伝範囲を部単位の逓伝範囲と合わせると以下のように整理できる(北―南)。

甲渠候官：居延収降―当曲(―不侵―呑遠―誠北―)臨木―卅井

北書：収降↑当曲・臨木↑卅井［九十五里］　南書：収降↓当曲・臨木↓卅井［八十里］

3　甲渠河南道上塞における郵書記録と管轄範囲

ここまで甲渠候官から出土した郵書記録をもとに、各部と甲渠候官の逓伝範囲を整理してきたが、どの範囲の記録がどれくらい存在するかを確認したい。まず部単位の郵書記録は十四例、そのうち郵書課は誠北部のものが一例(居延新簡 EPT51:504）、臨木部のものが三例（旧簡 173.1、484.34、新簡 EPT50:107）確認でき、部内の総逓送距離は誠北部と臨木部ともに十七里である（不侵部と呑遠部は不明）。この部単位で作成された郵書課は甲渠候官へ送られた。

簡5　居延新簡 EPT40:147A

元延四年九月戊寅朔戊寅。不侵候……謹移八月郵書課一編。敢言之。

簡6　居延新簡 EPT51:264

建始二年十二月甲寅朔甲寅、臨木候長憲敢言之。謹移郵書課一編。敢言之。

簡5は、元延四年（前九年）九月一日に、不侵候長の某が甲渠候官に八月度の郵書課を提出した際の送り状である。簡6は、建始二年（前三一年）十二月一日に、臨木候長の憲が甲渠候官に郵書課を提出した際の送り状であり、簡5の事例に基づけば、十一月度の郵書課を提出したのであろう。また「臨木部建武八年閏月郵書課」（新簡 EPT20:2）や「●誠北建昭五年二月過書刺」（旧簡 136.18）のように、月簿の表題簡も十数例確認できる。このような表題簡のうしろに実際の郵書記録が綴合され、簡5や簡6のような送り状を添えて、毎月一日、前月度の記録が候官に提出されたことが想定される。したがって、部には記録を作成する機能だけでなく、郵書課を作成する機能も備わっていたということになる。

次に候官単位の郵書記録は十六例、そのうち郵書課は十三例が確認でき、通常の記録よりも郵書課のほうが多い。出土した数量をもとに、当時実際に存在した記録の数量を推し量ることはできないが、甲渠候官では記録を作成するよりも、各部から集められた記録を集計・編集することが主な業務であったといえよう。

ここまでに考察した河南道上塞の文書逓伝における業務管理の過程は次のように整理できる。第一に、各部は郵書記録を作成し、それをもとに部単位での郵書課を作成した。この郵書記録と郵書課はいずれも毎月一日に月簿の形式で候官に提出された。第二に、甲渠候官では各部から送られてきた郵書記録と郵書課をチェックし、そしてデータの集計・編集を経て甲渠候官全域の郵書課を作成し、規定の「程」に準じているかを監査した[18]。この郵書課は居延都尉府に提出された可能性があるが、残念ながら河南道上塞には該当する資料が確認できない。そこで肩水塞の事例を追加してみよう。

三　漢代肩水塞における文書逓伝の管理方式

肩水塞から出土した郵書記録の内訳は、肩水都尉府が二一点、肩水候官が四点、肩水金関が約一七〇点である[19]。またこれら三機構の立地は、肩水金関を起点にすると、肩水候官は南に約五〇〇メートル、肩水都尉府は西南に約九〇〇メートルの地点に位置する[20]。そのため簡の移動を念頭に置き、出土地の情報だけに基づくのではなく、郵書記録に記された受け渡し情報から記録が作成された行政機構を推測しなければならない。そこで本節では、金関出土の郵書記録に記された逓伝範囲を考察し、それを基礎に肩水都尉府出土の郵書記録を考察する。なお肩水候官出土の郵書記録はいずれも断簡で受け渡しの情報がないため、ここでは金関と肩水都尉府を中心に考察する。

1　肩水金関出土の郵書記録

まず肩水金関〔A32〕から出土した郵書記録の逓伝範囲は、以下の三簡より確認できる。

簡7　金関漢簡 73EJT21:201

南書一封居延都尉章詣張掖大守府十月戊子起　十月庚戌夜人定五分騂北受莫當

簡8　金関漢簡 73EJF3:460A[21]

☐居延都尉三年　　正月己丑起

☐年正月乙巳日下餔　時騂北亭卒賀受沙頭

簡9　居延旧簡 288.3

南書五封　二合檄張掖城司馬毋起日詣設屏右大尉府　右三封居延丞印八月辛卯起　八月辛丑日餔時騂北受橐佗莫當

一封詣右城官　　　卒單崇付沙頭卒周良

一封詣京尉候利

一封詣穀成東阿

簡7は、南向きの逓伝で、騂北が莫当より受け取った記録である。簡8は、騂北亭卒の賀が沙頭より受け取った記録、断簡ではあるが、沙頭燧は騂北燧よりも南に位置するため北向きの逓伝であることがわかる。簡9は、南向きの逓伝で、騂北が橐佗莫当卒の単より受け、沙頭卒の周良へ渡した記録である。これら金関出土の郵書記録に記された逓伝範囲は、以下の三区間に整理できる（北—南）。

① 橐他莫当—騂北

② 騂北—沙頭

③ 橐他莫当—騂北—沙頭

このように金関出土の郵書記録に記された逓伝範囲は、北端は橐他候官管轄下の莫当燧、南端は肩水候官管轄下の沙頭燧となる[22]。そして二燧間あるいは三燧間での受け渡しが行なわれていた。

また肩水金関出土の郵書記録はいずれも騂北燧を中心とした受け渡しの記録で、しばしば「騂北」の烽燧名が省略されているため、これらの郵書記録は騂北燧で作成されたと考えられる。騂北燧は金関の塢内に設置され、金関は東部候長の駐在地でもあったとされる。[23] したがって、金関から出土した③〈槖他莫当—騂北—沙頭〉という三燧間の逓伝範囲を記した郵書記録は、先述した河南道上塞の事例に基づけば、東部単位で作成・編集されたものと考えられる。

2　肩水都尉府出土の郵書記録

次に、肩水都尉府〔A35〕から出土した郵書記録の逓伝範囲は、以下の三簡より確認できる。

簡10　居延旧簡 505.2

南書一輩一封張掖肩候　●六月廿四日辛酉日蚤食時沙頭亭長　受騂北卒音
詣肩水都尉府　　　　　　日食時二分沙頭卒宣付騂馬卒同

簡11　居延旧簡 495.13+495.28

☑……一封居延都尉詣肩水府五月甲午起　昏時騂馬卒良受沙頭卒同□□□
☑……詣肩水府　　　　　　　　　　　　時良付不今卒豊

簡12　居延旧簡 503.1

☑一封詣廣地一封詣槖他　十二月丁卯夜半盡時卒憲受不今卒
☑記二張掾印　　　　　　恭雞前鳴時沙頭卒忠付騂北卒護
☑封詣

簡10は、南向きの逓伝で、某年六月辛酉（二十四日）の日蚤食時に沙頭亭長某が騂北卒の音より受け、日食時二分に沙頭卒の宣が騂馬卒の同へ渡した記録である。簡11は、断簡であるが、受け渡しの関係性から南向きの逓伝であることがわかる。騂馬卒の良が沙頭卒の同より受け、良が不今卒の豊へ渡した記録である。以上の二簡は、金関から出土した郵書記録がいずれも騂北燧を中心としたものであったのとは異なり、沙頭燧あるいは騂馬燧を中心とした受け渡しの記録である。したがって、簡10は沙頭燧、簡11は騂馬燧で作成され、肩水都尉府に提出されたと推察される。

簡12は、受け渡しの関係性から北向きの逓伝であることがわかる。某年十二月丁卯の夜半尽時に某卒の憲が不今卒の恭より受け、同日の恭雞前鳴時に沙頭卒の忠が騂北卒の護に渡した記録である。この某卒憲は騂馬に所属する卒（旧簡495.21）であるため、この郵書記録は、騂馬が不今から受け取ったものと、沙頭から騂北へ渡したものの二つの受け渡し記録で構成される。簡10と簡11に基づくと、この二つの受け渡しの間に、〈騂馬→沙頭〉という受け渡しがあったはずだが、その記録は省略されている。したがって、この記録には「程」についての記述はないが、先述した河南道上塞における候官単位の郵書課と同様に、不今が騂馬に渡してから騂北が受け取るまでの時間を計測する目的で編集された二次記録である。ただし逓伝範囲が他候官との境界を越えない点は甲渠候官の郵書課と異なる。

これらの郵書記録に記された逓伝範囲は、以下の三区間に整理できる（北―南）。

④　騂北―沙頭―騂馬

⑤　　　沙頭―騂馬―不今

⑥　騂北―沙頭・騂馬―不今（北書：騂北←騂馬、南書：沙頭→不今）

このように、肩水都尉府出土の郵書記録に記された逓伝範囲の北端は騂北燧、南端は不今隧であり、いずれも肩水候官管轄下の烽燧である。そして三つあるいは四つの隧で受け渡しが行なわれた。

3　肩水塞における郵書記録と管轄範囲

ここまで肩水金関と肩水都尉府から出土した郵書記録に記された逓伝範囲を区間ごとに整理してきた。両者を合わせると、受け渡しの種類は以下の六つに別けることができる（▭は、作成場所を示す。北―南）。

i　二燧間での受け渡し：①槖他莫当―騂北、②騂北―沙頭

ii　三燧間での受け渡し：③槖他莫当―騂北―沙頭、④騂北―沙頭―騂馬、⑤沙頭―騂馬―不今

iii　四燧間での受け渡し：⑥騂北―沙頭・騂馬―不今

ここではiii四燧間での受け渡し記録の作成方法について、i二燧間とii三燧間の記録をもとに検討したい。i二燧間の記録は、その出土地と記された逓伝範囲に基づくと、騂北燧で作成した記録の実物として出土したと考えられる。そしてii三燧間の記録には金関から出土した③騂北燧作成の記録、肩水都尉府から出土した④沙頭燧と⑤騂馬燧作成の記録の三種類がある。先述の通り、③騂北燧作成の記録は東部単位で作成・編集したものである。(24)したがって、④沙頭燧と⑤騂馬燧作成の記録も部単位で作成した可能性が高いと考えられる。これらが肩水都尉府から出土した経緯は不明であるが、日常業務の記録は部から上部機構に提出することになっていたと想定される。このように部単位で郵書記録を作成する点、その記録を上部機構に提出する点は、河南道上塞における文書逓伝の業務管理と一致する。

そしてii三燧間の記録を集計すると、iii四燧間の記録が編集できる。これは一次記録を集計・編集した二次記録にあたる。肩水塞において、この種の二次記録は肩水都尉府からしか出土していない。またこの二次記録の多くには、編綴するための空間の確保、あるいは上・中・下段を明確に区分する記録形式や編縄位置の切れ込みといった処理が確認できる。(25)このような特徴は、記録をもとにした簿籍の作成が念頭に置かれていることを想起させる。以上の過程をまとめると、部における記録の作成・編集は、候官による業務管理に対応し、候官における簿籍の作成は、都尉府

あるいは郡太守府による行政管理に対応するものであると推察されよう。

居延地域の軍政系統の組織構造において、肩水都尉府は肩水候官・橐佗候官・広地候官の三候官を統括していたため、肩水都尉府にはこれら候官が作成した二次記録が集積されるはずである。しかし現在公開されている肩水都尉府から出土した簡牘には、このような二次記録は確認できない[26]。この点については節を改めて検討したい。

四　漢代辺郡の軍政系統における逓伝管理

ここでは河南道上塞と肩水塞の郵書記録に記された逓伝範囲をもとに、金関漢簡の新資料を追加して、部単位、候官単位、そしてこれまで資料がほとんどなかった都尉府単位における逓伝管理の方式を検討したい。

その前に、この地域における文書逓伝の最小単位が部であったことを整理しておきたい。郵書記録の受け渡しには燧名が明記されており、帳簿の表題簡に「臨木燧建始二年二月郵書刺」（居延新簡 EPT51:391）や「●騂北亭河平三年四月過書刺」（金関漢簡 73EJT24:34）のような燧亭名を冠したものが出土しているため、燧が主体となって文書逓伝を遂行したとも考えられる。しかし「●不侵部建昭元年八月過書刺」（新簡 EPT52:166）や「●呑遠部建昭五年三月過書刺」（新簡 EPT52:72）のように、基本的に郵書記録は部単位でまとめられている。また先に指摘したように、河南道上塞では候長と候史の駐在した燧しか逓伝業務に携わらなかった。金関から出土した郵書記録で受け渡しの中心である騂北燧は、金関の塢内に設置され、かつ東部候長の駐在地であった。なお肩水東部塞には騂北燧のほかに、平楽燧、執適燧、楽昌燧、驩喜燧等が配置された[27]。これらの燧で文書逓伝に携わったのは、東部候長の駐在地であった騂北燧のみである。したがって、「臨木燧」や「騂北亭」と冠した表題簡の中身は、臨木部と東部の単位でまとめられたものと推察できる。以上のことから、居延・肩水地域における文書逓伝の最小単位は部であったと考えられる。

まず部単位で作成された記録は、金関から出土した郵書記録に基づくと、燧名義で作成した二燧間の受け渡し記録を集計・編集した三燧間の受け渡し記録である。部単位の郵書記録は、河南道上塞では不侵部、呑遠部、誠北部、臨木部の記録が確認でき、肩水塞では騂北燧を中心とした東部の記録、沙頭燧や騂馬燧（所属部不明）が作成した記録が確認できる。

次に候官単位の記録は、部が作成した三燧間の受け渡し記録を編集したものである。甲渠候官では、河南道上塞に配置されたすべての部の郵書記録が集積されており、それらを編集して管轄範囲内の逓伝速度を計測した郵書課も出土している[28]。一方、肩水塞では、部が作成した三燧間の受け渡し記録は都尉府から出土しており、記録の集積状況が異なる。なお肩水候官から出土した郵書記録はわずか四例のみで、いずれも受け渡し部分が欠損しているため、肩水候官における記録の集積状況は不明である。

では、辺郡の都尉府はどのようにして文書逓伝にかかわっていたのであろうか。漢代張掖郡の北辺に配置された対匈奴の防衛線には、居延都尉と肩水都尉の二つが設置され、居延都尉は殄北候官、居延候官、甲渠候官、卅井候官を、肩水都尉は広地候官、橐佗候官、肩水候官をそれぞれ統括した。河南道上塞を統括する居延都尉府遺址には諸説があり、いまだ資料がない。また肩水都尉府遺址から出土した資料は数量が少なく、肩水候官が編集した郵書課は確認できない。そこで肩水金関遺址の關門西側の楼櫓跡から出土した、橐佗候官の管轄範囲を記した郵書課を手がかりに検討してみよう[29]。

簡13　金関漢簡 73EJF3:143＋211＋425

三月辛亥日蚤食時莫當卒受騂北卒

北書一封張掖右大尉　詣後大尉府三月甲辰起　三月壬子日西中時高顯隧卒同付守林隧卒同
界中百卅里書行十三時中程

簡13は、北向きの逓伝で、某年三月辛亥の日蚤食時に橐佗候官管轄南端の莫当卒が肩水候官管轄北端の騂北卒から受け取ったもの、翌日壬子の日西中時に高顕卒の同が守林卒の同へ渡したものの二つの受け渡し記録で構成された郵書課である。[30] 簡末の「界中百卅里」は、甲渠候官の管轄範囲が北書九十五里、南書八十里であったことをふまえると、橐佗候官管轄下の総逓伝距離であろう。さらに橐佗候官管轄の受け渡し記録（金関漢簡 73EJT25:105「橐佗先登卒孫彭受付莫當」）も金関から出土している。これらが如何なる経緯により金関に廃棄されたかは不明であるが、橐佗候官管轄の郵書記録が肩水都尉府に提出され、その後、金関に廃棄されたという可能性が考えられる。

次に、このような郵書記録の作成、集計・編集、提出（報告）という一連の過程について、甲渠候官から出土した資料と対照させて、その仕組みを検討してみよう。

簡14　居延新簡 EPT52:83

建昭四年四月辛巳朔庚戌、不侵候長齊敢言之。官移府所移郵書課擧曰、各推辟部中、牒別言。會月廿七日●謹
推辟案過書刺、正月乙亥人定七分不侵卒武受萬年卒蓋。夜大半三分付當曲卒山。雞鳴五分付居延收降亭卒世。

簡14は、甲渠候官管轄下の不侵部候長の斉が甲渠候官に送った上行文書である。この文書の概略は以下の通り。

①居延都尉府が甲渠候官に郵書課挙を送り「各部を調査し資料を添付して報告せよ」と命令する。
②甲渠候官が各部に郵書課挙を転送する。
③各部で「過書刺」を調査し、候官に報告する。

これまでに整理した、候官と各部における郵書記録の作成、集計・編集、提出（報告）という一連の過程に基づく

と、①〜③は以下のような状況であったと理解できる。

①居延都尉府には甲渠候官が作成した郵書課が提出され、候官に対する監査を行なう機能があったが、各部単位の記録は存在しない。

②甲渠候官から出土した郵書記録からわかるように、各部の過書刺・郵書課はいずれも甲渠候官に提出（報告）され、甲渠候官には各部が行なった逓伝業務に対する監査を行なう機能があった。ただしもし簡14のように、候官に保存されていた記録で不備が判明しなかった場合は、各部に調査をさせる。

③各部は候官に郵書記録を提出するが、部にも同様の記録が保存されている。

したがって、金関から出土した簡14のような槖佗候官の管轄範囲を記した郵書記録は、肩水都尉府に提出（報告）されたものだとわかる。このように、部が作成した記録を候官が監査し、候官が編集した記録を都尉府が監査するという、二重の監査体制によって逓伝業務は厳密に管理された。

この監査において業務の不備が発覚した場合、「問責」が行なわれた。この問責の過程は、鵜飼昌男氏による郵書失期の冊書復原により明らかになった[31]。この一連の問責は、甲渠候官が臨木部の候長に対して行なったものと考えてよいであろう。また鵜飼氏は、問責の際には「郵書失期前數召候長敞詣官對狀」（旧簡123.55）とあるように、候長が候官に出頭を命じられ、「當曲燧長關武持郵書詣官十月己亥蚤食入」（旧簡46.6）とあることから、部に保存されていた郵書記録を持参することもあったと指摘する。この指摘は、簡14③の状況において、部に記録が保存されていたことの証左となろう。このような文書逓伝の留遅等に対する問責の事例は、候官から部に対するものしか確認できず、都尉府が主体となったものはない。したがって、都尉府は問責の機能を持たなかった可能性がある[32]。

むすびにかえて

本稿では、漢代辺郡の甲渠河南道上塞と肩水塞における文書逓伝業務の管轄範囲について整理し、それぞれの管理方式について考察した。その目的は、漢代辺郡の軍政系統で実施されていた文書逓伝の業務状況を比較し、両者に共通する文書逓伝の管理方式を見い出すことにあった。その結果は、以下のようになる。

一、実際の現場で記録を作成する最小単位は部であり、文書逓伝業務は部単位で遂行された。(補注) 逓伝を実行する下部組織の人員は、亭長や燧卒などである。

二、部が作成した記録は候官に提出され、候官ではそれらを集計・編集して候官単位の郵書課を作成した。候官は実際の逓伝業務に従事することはなく、郵書課に基づいて部の逓伝業務を監査した。

三、候官が作成した郵書課は都尉府に提出され、都尉府により再び監査された。

四、候官と都尉府の監査により留遅等が発覚した場合、各部に調査を行なわせ、候官が部の責任者を問責した。

このほかに、都尉府と候官との関係性には未だ疑問が残るが、肩水塞の事例により都尉府の状況を推察することができる。肩水候官が管理したであろう逓伝範囲の郵書記録は肩水都尉府から出土し、橐佗候官の逓伝範囲が記された記録は金関から出土した。金関から橐他候官の郵書記録が出土した経緯は不明であるが、候官が作成した記録が都尉府に送られ、都尉府には統括する各候官の郵書記録が存在したと考えてよいであろう。

最後に、以上の結果をふまえ、懸泉漢簡にみえる民政系統の文書逓伝をあわせて、民政・軍政両系統における文書逓伝の管理方式を展望しておきたい。

図二　懸泉置における逓伝範囲の把握状況

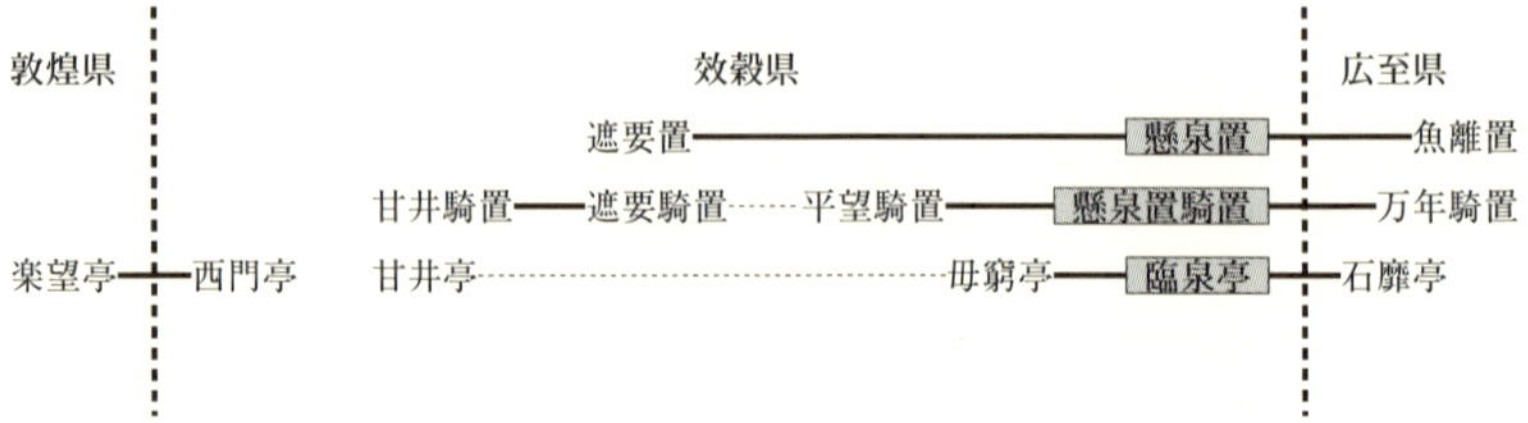

敦煌郡效穀県の疏勒河流域に設置された民政系統機構の懸泉置では、置・騎置・亭という各逓伝方式に対応するそれぞれの郵書記録が確認できる。置と騎置による逓伝は、效穀県の東端における置と騎置による受け渡し記録が懸泉置に提出された。(33)また亭による逓伝は、效穀県の西端と東端の亭の受け渡し記録が懸泉置に提出された。(34)さらに效穀県の東西境界における亭による逓伝速度を計測した郵書課も作成されている。(35)このような状況は図二のように示すことができる。したがって、懸泉置は效穀県の下部機構であるにもかかわらず、少なくとも效穀県全域の亭の逓伝業務を管理し得たと考えられる。以上、漢代辺郡における文書逓伝の実務と管理の関係は表三のように整理できる。

両者の管理方式について、懸泉置が県に属する行政機構であること、懸泉置が実際に逓伝業務に従事したこと、そして逓伝範囲の規模に基づくと、懸泉置の文書逓伝は軍政系統における部に近似する。それにもかかわらず、表三のように両者の職掌に差異が生じた要因は、民政系統と軍政系統との相違、あるいは「置」という行政機構の持つ特殊性という二つの解答が予想される。残念ながら、現在この問題を解決し得る資料はなく、両者の比

表三　漢代辺郡における文書逓伝の実務と管理

	行政機構	記録作成	集計編集	監査	問責
軍	部	○			
軍	候官		○	○	○
軍	都尉府			○	
民	懸泉置	○	○	○	?

較により、文書逓伝の全国的な管理システムを明らかにすることは困難である。しかし、本稿の結果を基礎にして、文献史料に残された漢代の地方における文書逓伝の状況との比較を行なうことで、秦漢時代における文書逓伝システムの全体像がみえてくるであろう。この課題については、懸泉漢簡の公開を待って論じることにしたい。

注

（1）陳夢家「漢簡考述」第二篇「郵程表与候官所在」（『考古学報』一九六三年第一期、のち、同著『漢簡綴述』、中華書局、一九八〇年に再録）や、永田英正『居延漢簡の研究』第Ⅰ部第一章「居延漢簡の集成一」、第二章「居延漢簡の集成二」（同朋舎、一九八九年〔初出：第一章一九七四年、第二章一九七九年〕）等。

（2）藤田勝久『中国古代国家と社会システム』（汲古書院、二〇〇九年）。

（3）漢代辺郡の行政構造については、陳夢家「漢簡所見居延辺塞与防御組織」（『考古学報』一九六四年第一期）、厳耕望『秦漢地方行政制度』巻上、「秦漢地方行政制度」（中央研究院歴史語言研究所、一九六七年）、永田英正「簡牘よりみたる漢代辺郡の統治組織」（同著『居延漢簡の研究』第Ⅱ部第四章、同朋舎、一九八九年。〔初出：講座・敦煌三「敦煌の社会」、大東出版社、一九八〇年〕）等に詳しい。

（4）藤田高夫「漢代西北辺境の文書伝達」（藤田勝久・松原弘宣編『古代東アジアの情報伝達』汲古書院、二〇〇八年）五九頁。

（5）甘粛居延考古隊「居延漢代遺址的発掘和新出土的簡冊文物」（『文物』一九七八年第一期）。

（6）甘粛簡牘保護研究中心・甘粛省文物考古研究所・甘粛省博物館・中国文化遺産研究院古文献研究室・中国社会科学院簡帛研究中心編『肩水金関漢簡　壱』『同　弐』（中西書局、二〇一一・二〇一二年）。甘粛簡牘博物館・甘粛省文物考古研究所・甘粛省博物館・中国文化遺産研究院古文献研究室・中国社会科学院簡帛研究中心編『肩水金関漢簡　参』『同　肆』『同　伍』（中西書局、二〇一三・二〇一五・二〇一六年）。なお『肩水金関漢簡　伍』には、一九七二～七三年の甘粛省文物考古研究所による調査で金関以外の遺跡から採集・発掘された簡牘も掲載されている。それらの内訳は、地湾〔A33〕二二点、大湾〔A35〕

八点、査科爾帖〔A27〕八三点、査科爾帖南一燧〔T154〕一点、布肯托尼〔A22〕九点、莫当燧〔T168〕三九一点である。また一九八六年には、同研究所が再び地湾から七〇〇余点の簡牘を発掘した。この七〇〇余点の簡牘はまだ発表されていない（『肩水金関漢簡 伍』「前言」）。

（7）現在までに公開された懸泉漢簡の主な資料は、甘粛省文物考古研究所編『敦煌漢簡』全二冊（中華書局、一九九一年）、同「敦煌懸泉漢簡釈文選」（『文物』二〇〇〇年第五期）、胡平生・張徳芳編撰『敦煌懸泉漢簡釈粋』（上海古籍出版社、二〇〇一年）、郝樹聲・張徳芳著『懸泉漢簡研究』（甘粛文化出版、二〇〇九年）等がある。なお片野竜太郎「散見敦煌懸泉漢簡釈文集成―第一区域出土簡牘」（『国士舘東洋史学』四・五、二〇一一年）では、既発表論文に引用された懸泉漢簡の釈文を出土番号順に集成している。

（8）前掲陳夢家「漢簡考述」第二篇「郵程表与候官所在」や、前掲永田英正『居延漢簡の研究』第一章「居延漢簡の集成一」、第二章「居延漢簡の集成二」では、居延旧簡の郵書記録を集成し、河南道上塞の逓伝経路を復原した。のちに、前掲藤田高夫「漢代西北辺境の文書伝達」、拙稿「居延漢簡にみえる郵書記録と文書逓伝」（愛媛大学「資料学」研究会編『資料学の方法を探る（11）』、二〇一一年）等では、居延新簡の資料を追加し、同地域の逓伝経路の一部を修正した。

（9）拙稿「敦煌懸泉漢簡の郵書記録簡」（愛媛大学「資料学」研究会編『資料学の方法を探る（10）』、二〇一一年）。前掲拙稿「居延漢簡にみえる郵書記録と文書逓伝」、拙稿「里耶秦簡の郵書記録と文書伝達」（同編『資料学の方法を探る（12）』、二〇一三年）。

（10）河南道上塞における文書逓伝の管理については、前掲藤田高夫「漢代西北辺境の文書伝達」ですでに大部分が明らかにされているが、後述する肩水塞の考察に備え、改めて整理した。

（11）河南道上塞における候長と候史の配置および候長と候史の職掌については、吉川佑資「居延漢簡にみえる候長と候史」（『古代文化』六三―二、二〇一一年）に詳しい。また図一は、吉川論考図②「甲渠候官烽燧配置図」をもとに作成した。

（12）居延旧簡 317.1〈呑遠―不侵〉。

（13）呑遠部の候史が駐在した万年燧を経由した事例（後掲簡14新簡 EPT52:83等）、誠北部の候史が駐在した執胡燧を経由した事例（旧簡229.4、新簡EPT51:504）はともに少ない。筆者はこれを特殊な事例と考える。

(14) 李均明「漢簡所見〝行書〟文書述略」（甘粛文物考古研究所編『秦漢簡牘論文集』甘粛人民出版社、一九八九年、のち李均明『簡牘法制論稿』広西師範大学出版社、二〇一一年に再録）。

(15) 『周礼』司徒・掌節の鄭玄注に「皆道里日時課如今郵行有程矣」とあるように、漢代の文書逓伝には道里ごとに所要時間が規定され、それは「程」といった。この程について、漢初の張家山漢簡『二年律令』行書律には「郵人行書一日一夜行二百里」（二三七簡）とあり、居延漢簡には「官去府七十里書一日一夜當行百六十里」（新簡EPS4T2:8A）とあるように、規定された逓送速度が一致しない。

(16) 謝桂華・李均明・朱国炤編『居延漢簡釈文合校』（文物出版社、一九八七年）では、「乙丑」を「辛丑」と釈すが、「辛丑」では日数が合わないため「乙丑」に改めた。

(17) 北書九十五里と南書八十里との差異は、当曲燧から居延収降までの距離と、臨木燧から卅井燧までの距離によるものであろう。李均明氏は前者を十九里、後者を四里と算出する（前掲李均明「漢簡所見〝行書〟文書述略」一三四頁）。そのほか、北書南書ともに九十八里の事例が三例ある（新簡EPC:26、EPC:37、EPW:1）。

(18) 前掲藤田高夫「漢代西北辺境の文書伝達」では、旧簡157.14の判読できない字跡を「疾」と釈読することで、文書逓伝の監査が留遅だけでなく、早く逓伝した場合も対象としたと考え、その理由を「最終集計の時点で表面には出てこない留遅を顕在化させるため」と推察した（六三～六四頁）。この推察は、近年刊行された居延旧簡の赤外線図版で、該当箇所を「疾程」と釈読していることによって裏付けられよう（簡牘整理小組編『居延漢簡　弐』、中央研究院歴史語言研究所、二〇一五年、一三九頁）。

(19) 肩水塞の逓伝経路については、鷹取祐司「漢代の居延・肩水地域における文書伝送」（『立命館東洋史学』三六、二〇一三年、のち、同著『秦漢官文書の基礎的研究』に再録）、拙稿「漢代辺郡の文書逓伝における管理と運営――肩水金関を中心として――」（関西大学東アジア文化研究科院生論集『文化交渉』二、二〇一三年）に詳しい。

(20) 前掲『肩水金関漢簡　伍』「前言」、角谷常子「エチナ河流域の諸遺跡（毛目地域）」（『シルクロード学研究　古シルクロードの軍事・行政システム―河西回廊を中心として』二二、シルクロード学研究センター、二〇〇五年）等参照。

(21) 二行目「日下飯」は「日下餔」の誤記であろう。

(22) ③の逓伝範囲について、〈稽落―騂北―沙頭〉という逓伝経路も一例のみ確認できる（金関漢簡73EJF3:345A）。稽落は莫当と同じく、橐佗候官管轄下にある（金関漢簡73EJC:448A「橐佗稽落亭」）。さらに、騂北と稽落の受け渡しも一例（金関漢簡73EJT22:110「騂北驛騎倂受稽落驛騎則□」）のみ確認できるため、時期あるいは逓伝文書の種類により逓伝経路が変わった可能性もある。そのほかに〈界亭―騂北―沙頭〉という逓伝経路も一例（金関漢簡73EJT24:26）のみ確認できるが、「界亭」が固有の地名ではなく、単に「境界に位置する亭」を意味するのであれば、莫当か稽落を示すとも考えられる。居延漢簡にはこのほかに「南界亭」等の燧や亭の名称が確認できる。

(23) 侯旭東「西漢張掖郡肩水候官騂北亭位置考」（『河南大学学報（社会科学版）』二〇一六年第四期）では、日迹簿や出入名籍における署名ならびに兵器等の文書楬により、騂北亭が肩水金関内側の塢内に置かれたと推測する。また郭偉涛「肩水塞東部候長駐地為A32遺址考」（「首届絲綢之路（敦煌）国際文化博覧会系列活動――簡牘学国際学術検討会」報告論文、二〇一六年八月）では、肩水東部塞の治所を騂北燧と推定する。

(24) 前掲注（23）参照。

(25) 例えば、居延旧簡495.3（A35肩水都尉府出土）等。このように、記録の作成段階で簿籍の編集が念頭に置かれていた点については、井上亘「中国古代における情報処理の様態――漢代居延の簿籍簡牘にみる記録の方法論」（『東洋文化研究』三、二〇〇一年。のち、論説資料保存会編、二〇〇一年分中国関係論説資料四三―三・上に再録）や藤田勝久『中国古代国家と情報伝達』第二章「漢代地方の文書逓伝と情報処理」（汲古書院、二〇一五年）等ですでに指摘されている。

(26) ただし、金関漢簡73EJT30:194「十二月郵書課」のように、作成単位は不明であるが金関から郵書課の表題簡が出土している。また73EJT23:764や73EJT24:46に、表火伝達の二次記録が確認できる。

(27) 前掲郭偉涛「肩水塞東部候長駐地為A32遺址考」。

(28) 記録の集計・編集の前には、校閲も行なわれた（旧簡78.8「●校臨木十一月郵書一☑」等）。

（29）肩水金関遺址の闕門西側楼櫓跡から出土した簡牘は、前掲『肩水金関漢簡（伍）』に掲載されている。

（30）このほかに金関漢簡73EJF3:311にも同様の逓伝範囲がみられる。

（31）鵜飼昌男「居延漢簡にみえる文書の逓伝について」（『史泉』六〇、一九八四年）。

（32）野口優「前漢辺郡都尉府の職掌と辺郡統治制度」（『東洋史研究』七一―一、二〇一二年）において、辺郡の都尉府は行政実務の多くを候官に委任し、軍事・観察方面に特化した機関であったと指摘するように、文書逓伝業務においても、都尉府は問責機能を有しなかったと考えられる。

（33）置の逓伝は、〈遮要置―懸泉置―広至魚離置〉（西―東）という経路が復原できる（懸泉漢簡ⅡDXT0114③:425等）。また騎置の逓伝は、〈甘井騎置―遮要騎置―懸泉置騎置―広至万年騎置〉（西―東）という経路が復原できる（懸泉漢簡ⅡDXT0113③:65、ⅡDXT0214②:266等）。以上は效穀県全域の置と騎置の逓伝経路である。效穀県西端の置は效穀置であり、西端の騎置は甘井騎置であった。效穀置は遮要置の西北約七キロメートルの位置に設置されていた（李并成「漢敦煌郡境内置・騎置・駅等位置考」『敦煌研究』二〇一一年第三期）。したがって懸泉置では、效穀県のほぼ全域の逓伝業務が管理可能な条件が備わっていた。

（34）亭の逓伝範囲は、毋窮亭―臨泉亭―広至石靡亭（西―東）と（懸泉漢簡ⅤDXT1210③:84A、ⅡDXT0111①:219）、〈敦煌楽望亭―西門亭〉（西―東）が復元できる（懸泉漢簡ⅠDXT0108②:5等）。以上は效穀県全域の亭の逓伝経路である。

（35）懸泉漢簡ⅡT0213③:26、ⅤT1512③:17（張俊民『敦煌懸泉置出土文書研究』、甘粛教育出版社、二〇一五年、一三七～一三九頁）。

（補注）本稿脱稿後、新たに槖他候官管轄下の莫当燧（T168）から出土した郵書課を発見した。この地域の文書逓伝が部単位で遂行されたことを示す資料なので、簡単に紹介しておきたい。莫当燧は金関の北東約一六〇〇メートル（漢代の約四里）に位置し、槖佗候官南部候長の駐在地であったとされる。ここからは三〇余点の郵書記録が出土している。

簡15　金関漢簡73EJD:93

□詣槖他廣地　　　　　五月癸未日食坐五分莫當□
□　　　　　　　　　　樂日下餔五分斬首卒宏□
□　　　　　　　　　　里行五時中程　□

簡15は、断簡であるが、一般的な郵書課の形式に当てはめると、莫当燧が某燧より受け、斬首燧に渡した記録であろう。そして中段宛先に「槖他広地」とあり、北書と考えられるため、〈斬首—莫当—騂北〉(北—南)という経路が想定される。また三行目に「五時中程」とあるため、この区間は漢代の五〇里であった。河南道上塞の各部の逓伝距離が十七里(誠北部、臨木部)であること、莫当燧が槖佗候官南部候長の駐在地であったことをふまえると、簡15は南部単位の郵書課であろう。したがって、槖佗候官管轄下においても、部単位で文書逓伝を遂行していたと考えられる。

〔附記〕

本稿は二〇一六年八月に甘粛省蘭州市で開催された「首届絲綢之路(敦煌)国際文化博覧会系列活動——簡牘学国際学術研討会」報告論文(中文)の一部を改稿・増補したものである。

湖南長沙走馬楼三国呉簡の性格についての新解釈

侯　旭　東
（永木敦子 訳）

湖南長沙走馬楼三国呉簡が一九九六年一〇月に発見されてから、すでに二〇年になる。二〇一五年一一月時点での統計では、整理出版された呉簡はすでに四八〇二八枚に達しており、刊行物による公表が見込まれる簡牘七六五五二枚の六二・七パーセントを占めている。国内外の呉簡研究で、発表された論文は六〇〇本余、出版された専著・論文集は二三冊、博士論文は七本、修士論文は三十数本となっている。[1] 二〇一六年八月には、論文・著作の数は当然ながら更に多くなっているだろう。その研究についても、初期の、単純な簡の釈読と形式の帰納、出土簡牘と伝世文献との対応関係を主としたものから、掲剝図や盆号など考古学の情報の利用や、筆跡などによる冊書の復元や集成といった新たな段階へとすでに進んでいる。近年は、更に一段上の段階を目指して、呉簡に見える文書行政に注目し、異なる冊書間の関係の復元を試みるなど、[2] より高いレベルで呉簡本来の姿を復元しようと邁進している研究者もいる。これは呉簡研究の深化にとって欠くことのできないステップであり、当然、最終的には呉簡に見られる文書行政のプロセスを完全に復元したいと考えているが、その道のりはまだ果てしなく長い。

総体的に見れば、国内外の研究は緻密でより深い方向へ向かい、焦点は日々具体的な問題に集中し、多くの細部の問題については目覚ましい進展があった。しかしその結果、木は日増しに明瞭になる一方、森は逆に曖昧になってきている。つまり呉簡に関連するいくつかの大きな問題が故意にあるいは無意識に見落とされ、呉簡研究の全体的な前進を妨げているということである。

呉簡の性格について、ここ数年、専門に議論している研究者は少ない。学術界では臨湘侯国の文書であるとおおよそ認められているようであるが、(3)とかく表面的なものばかりで深い議論は多くない。いったい侯国の中のどの機関あるいはどことどこの機関の文書なのか、そこに触れている研究者はごく一部である。この問題について、初期の見解には多くの相違がみられ、最初期は、長沙郡下の諸曹の文書、(4)あるいは「呉の長沙郡府、臨湘県および臨湘侯国に属する文書」(5)だと考えるものが多かった。具体的にいえば、賦税納入の「合同」（通常「吏民田家莂」といわれるもの）は長沙郡の文書史料で、「府」・「府君」および太守の姓名が見られるいくつかの文書もまたこの種類に属する、(6)というものである。二〇〇四年に王素氏が、これらの文書は臨湘侯国のものであるとの見解を示し、それは確かに定説となったが、長沙郡の文書も含まれているということも定説となるべきだと指摘している。(7)更に多くの研究者が侯国の文書であると考え、(8)羅新氏が、文書は侯国のある機関のものだと推測し、(9)具体的には、關尾史郎氏が、臨湘侯国の田戸曹の各種文書であると考えた。(10)研究の内容は、臨湘侯国の文書として、その中で見つかった長沙郡や他県の文書をどのように扱うのか、そもそも長沙郡の史料を含んでいるのか否か、そして臨湘侯国のどの機関の文書なのか、という点に集中している。

この問題を解決するためには、現代の視点から呉簡を分類帰納するだけでは不十分で、当時の文書自体を拠り所にしつつも、個別文書の復元にとどまることなく、各種文書の処理過程、そして文書の作成や処理に関与した各種官吏を分析する必要があろう。それを基礎とした上で、再度文書の分類を行なうことにより、ようやくもとの姿により近い呉簡の性格を推測することが可能になるのではないだろうか。

筆者は『竹簡　肆』の数枚の「掲剝位置示意図」（以下、「掲剝図」）、すなわち掲剝図五（Ib①　簡牘：肆九八二～肆一〇三八）、掲剝図六（Ib②　簡牘：肆一〇三九～肆一〇五四）、掲剝図九（Ic1②　簡牘：肆二二六二～肆二四五一）、掲剝図十三（Ic2①　簡牘：肆三二一〇～肆三二九三）、および掲剝図十五（Ic2③　簡牘：肆三八四五～肆三八六三）の五群、およびこれと関連する資料を利用し、關尾氏の研究を基礎として、『竹簡　肆』に集中して見られる「嘉禾元年十一月三州倉吏谷漢受米莂」冊（以下、「受米莂冊」）の構造と編成を検討した。さらにこの受米莂冊と対応する月旦簿との関係、特にその中の各種記号の記入者について考察した。そこから、受米莂冊は倉吏によって作成され、その後右倉曹史に提出され、倉曹史が点校した後（受米莂冊「右入」簡端の「・」、及び月旦簿上の「其」と「右」字簡上の「・」として現れている）再び提出される、そして月旦簿中の数字に加えられた朱色の筆跡は、おそらく期会掾か録事掾により記されたもので、主簿と主記史があるいは簿書の簽牌上に朱筆を加えたのではないかと指摘した[11]。

一

上述の分析により、受米莂冊・月旦簿といわゆる君教簡とを関連づけた。君教簡は竹木牘で、より正確には「牘」と呼ぶべきであるが、ひとまず従来の呼び方をそのまま用いる。徐暢氏の統計によれば、すでに一八枚が公表されているが、さらにいくらか残簡があり[12]、公表されていないものも少なくない。また関連する研究も少なくないが、詳しくは徐氏による概括[13]を参照していただくとして、紙幅の都合上、ここでは本文と関連する箇所のみ検討する。

君教簡の性質について、關尾氏は「県廷の日常業務の記録」であると考え、王振華氏は県の政務処理が完了した後の記録であり、臨湘侯相の指示を得るため提出する摘要として、上行文書に属すると考えた。また李均明氏は呉簡の君教簡について検討し、それは後漢時代の簡と同じ流れを受け継ぐものだが、手順に違いがあり、合議があったとは考えられないとした。[14] 凌文超氏と徐暢氏は、そこに見られる「期會掾」をもとに、この種の竹木牘に示されているのは臨湘侯国の期会の行政プロセスで、その中に見られる「白」字の前の時間は期会（期日を決めた会合）の日付、その上に見られる官吏は集議に参加する小吏であるとした。[15] 李均明氏は、五一広場後漢簡中のこの種の簡をも検討し、「官吏の集議で使用する文書草稿のために特に用意した、書写を指示する木牘で、公文書の許可書類のようなもの」であり、漢代の合議制と関連するとしたが、[16] それは氏の後の言説とは同じ部分もあれば異なる部分もある。後の言説に従えば、この牘が反映しているのは一回ごとの官吏の集議である。楊芬氏は、それは期会の際長官に提出し回答を得るためのものであり、より上行文書に近いという点に同意を示している。[17]

受米莂冊および月旦簿等の分析に基づけば、筆者は闞尾氏、王振華氏、そして李均明氏らの見解により賛同を示す。そこに見られる「（年）×月×日白」は、実際某曹史が上級に文書を送る用語であり、具体的には、柒二一二四（一）・柒一二八（一）にみられる「嘉禾三年正月十五日白」の書き手は右倉曹史とするべきで、「嘉禾二年起四月一日訖閏月卅日襍米旦簿草」を提出したことを示す。そしてその中に残されている多くの内容は、『竹簡 柒』の掲剝図十五（IIb57 簡牘：柒一九七八～柒二二〇六）に見られるもので、実際三か月の月「旦簿」の初稿であり、同時に提出されたものには、州中倉吏黄諱・潘慮が関わった月の最初の受米莂冊もあったはずである。君教簡に明記されている校・重校・已校についても、上記論文で考証したとおり、いずれも異なった簿書間の比較対照・計算・印をつけるといった種類の文書作業であり、異なった官吏によってそれぞれ完成され、直接簿書の各種記号によって反映されたので、基本的に「集団会議」は存在しなかった。

実際、秦漢時代の官文書に多くみられる「会×月×日」という言い方は、文書あるいは業務の遂行期限を限定しているのであり、官吏がその日に集まらなければならないということではない。当時、下級官吏が呼び出しに応じて上級官庁に赴く（詣廷言、詣府對）ことは、よくある状況だったわけではなく、圧倒的多数の作業は、文書で上級から下級に下達し、下級から上級に報告することによって実現されていた。さらに言えば、君教簡に言及されている業務は、おおむね県級官府のルーティンワーク、あるいは絶えず発生する仕事で、多くは先例や旧来の慣習、踏襲すべき法律があり、多人数の官吏が集会を開いて検討処理する必要はなく、ただ文書を調べて作業がどのように進んでいるか、監督し照合することのみ必要だった[18]。

更に詳しく見ていくと、『竹簡　柒』中に多く見られる「×曹言」簡と結びつけた場合、君教簡は、×曹が「白」文書や「謹列言」など、第一段階の処理後あるいは調査点校後の文書・帳簿を提出した後にようやく書写し始めるもので、書き手はおそらく「×曹言」文書で「封」の任務を担当した書佐であろう。

数量の多い「×曹言」簡に比べ、既公表および未公表の君教簡の数は多くない。それはおそらく全ての業務が、君教簡に明記されているような、数度にわたる文書のチェックを経た後、最終的に侯相の署名・意見をも必要とするものだったわけではないからであろう。大量のよくある業務、例えば絶えず生起する、ある人が病にかかった、ある人が亡くなったといった類いの事は、関係する曹吏によって直接処理されれば、関連する文書を提出する必要はなく、ただ文書の概要、つまり「×曹言×事　×年×月×日書佐×封」という形式により、定期的に取りまとめて上級機関に報告して記録を残すだけで済んだ。年月日をすべて書き入れ、さらに「封」字を用いていることが、業務を完全に処理し終え、またその業務についての文書に封をして保存し、簽牌を付け加えたことを明確に示している。『湖湘簡牘書法選集』中に、以下のような呉簡中の簽牌が一枚掲載されている。

1船曹　吏趙徳所送輸船衡[19]

おそらくこれは一例であろう。長沙五一広場出土の後漢簡の中にも少なくない数の木楬があり、「××本事」と明示されていることから、その性質もこれと類似したものであろう[20]。

ただいくつかの重要な定期的な帳簿（米、銭、布、皮革などの物資の月間・四半期・年度ごとの出納帳簿）や特殊な業務（疑わしい人員身分の変更、たとえば私学など）、あるいは郡府が必要とする文書のみ、再び期会掾・核事掾、そして主簿など何か所かで検査する必要があり、そしてようやく君教簡の用意が必要となる。関与する官吏の仕事は、照合した関連簿書のデータが正確かどうか、特殊な業務の処理が妥当かどうか、草稿の返信が適切かどうか、などといったことで、仕事が完了した後、文書あるいは帳簿の末尾が事前に作成されている簡上に署名をしたはずである。例えば「期會掾烝若錄事掾陳曠校」（肆一三〇五）や「☐兼主簿尹桓省☐」（参四〇五六）[21]などで、後者の簡の上下は全て欠損しているが、上部の編綴痕はなお見られる。肆一二七四中の「劉恒」の二字はいずれも別筆で書かれており、「劉」字の墨色が特に濃い。肆四二一三「兼主記史栂　綜省」の簡はほぼ完全で、上下の編綴も見ることができるが、「兼」字は上部の編綴部分に押され、釈読しづらく、「綜」は別筆で署名がなされている。参五六六八はほぼ完全で、「主簿省」とあり、署名はないが、編綴痕がある。これはあらかじめ制作されて主簿が「省」した後の署名を待っていた簡であろう。柒六七「主簿郭　宋省」は、上部の編綴部分が「主」字の上にかかっていることから、この簡はすべて書き終えた後に簡冊にまとめられたことの証左となろう。柒二六四七「兼錄事掾潘琬校」は、「琬」が二度書かれており、加えて簡の端に一つ「・」が記されている[22]。

君教簡は、上述の諸吏の仕事をとりまとめる一方で、臨湘侯相が最終的な指示をするための情報をも伝えた。君教簡は、諸曹が提出したいくつかの重要な業務について、県廷の門下系の官吏が審査した送り状（李均明氏は「公文的批件頁（公文書の許可書類）」と称している）だったと言えるだろう。その機能は少なくとも三つあった。第一に業務の概略（時間と内容）を記録すること、第二に門下系に業務審査の手順を提示すること、第三に侯相の指示に備えることである。この三つの機能は、実質一連の共通したきまりとなっており、そのように処理する必要のある各種業務は等しく従わなければならなかった。そして長沙五一広場出土の後漢簡によれば、それは遅くとも後漢中期にはすでに用いられていた。

君教簡は単独で存在していたのではなく、関連する業務を記載した文書や帳簿に附された後、それらの文書あるいは帳簿と編綴されたはずで[23]、先に引用した柒二一二四（一）がまさにそういったものである[24]。

君教簡の準備を必要とする業務は、「×曹言」簡上にも若干見られる。つまりその左下に「×月×日×曹白」と明記されている類いの簡であるが、それらの数は多くない。例えば以下のようなものがある。

2倉曹言邸閣馬維倉吏武河遺?玉?官印從科俗?□□罪法事　　四月四日倉曹史吳王白　（柒一四四一）

3戶曹言□遣私學謝達本正戶民不應□遣脫□□事　　□月八日領戶曹……白　（柒一四六四）

4□曹言私學郡吏子弟……事　　□月廿七日右賊曹史郭邁白　（柒一六二四）

「×曹言」簡についての研究もすでになされており、その中の左下に署名している官吏、時間の表記、そして用語の違いにも注目している[25]。しかしそれらの解釈ではこの種のことにはまだ言及していないので、少し補足する。

ついでに指摘しておくと、臨湘侯国の政務処理の分業についても、すでに公表されている資料をもとに、一応のまとめは可能である。つまり、諸曹は各種具体的な業務を直接処理する機関であったため、各郷の勧農掾や、倉吏・庫吏・都市吏といった具体的な業務を担当する吏、そして許迪盗米案件のような臨時の業務を処理する各種小吏は、関連する文書や帳簿を関係する「曹」に上達する必要があった、そのため我々が目にする多くの木牘（「叩頭死罪白」文書）には左側二行目下部に「詣×曹」と明記されているはずであり、[26]実際それはこの文書が送り届けられる機関を明示している、ということである。多くの業務は各曹で処理し終えることが可能で、続けて上級の機関に報告する必要はなかった。これらすでに処理し終えた業務は、その業務の概要を記し、そして関係する文書を整理し綴じて、門下の書佐に渡される。そして概要がとりまとめられると、定期的に門下系に提出されて記録され、その文書は業務に基づいて封をして保管される（「×曹言」類の簡が作られる）。郷と具体的な事務を担当する小吏は文書を直接門下に送ることはできず、まず諸曹に送らなければならなかった。そのため我々が目にするのは「×曹言」だけで、「×鄉言」とする概要は見られないのである。言い換えれば、諸曹は臨湘侯国の事務処理の第一段階の機関で、あらゆる業務はまず関係する「曹」に送られて処理され（時にはおそらく二つ、ひいては更に多くの曹、例えば吏民田家莂の審査は、田曹史と戸曹史がともに点校を行ない、そして五年は「校」の際に、経用曹史も加わった）、諸曹自身もまた命令である「勑」を発することができた。徐暢氏が集めた「叩頭死罪白」文書はほぼすべて「被曹勑」で始まっており、一例のみ「被督郵勑」とあるだけなのが、その証拠となろう。[27]

そのうち一部業務で諸曹自ら判断できないもの、あるいは法令や法規に基づき門下および侯相による審査が必要なものは、諸曹が審査した後引き続き上級機関に提出され、同様に概要が記されるが、末尾は「×曹白」という形式を採用し、文書・簿籍も合わせて門下に送られ、掾や主簿などにより再び点校と総覧が行なわれる。そして点校・総覧の後、文書・簿籍を侯相に提出する（指示を出し、諾を描く）。郡府が発した文書に基づいて生じた仕事も一部あり、それはさらに返答を準備する必要があった。「草言府」類の簡はまさに諸曹により作成された返答の文書の草稿（当時はあるいは「列言」と称したか）の概要で、これも門下ひいては侯相に送られて審査された。すでに公表されている

「草言」簡中、それぞれ点校の記号がついているものには、以下のような簡がある。

5草言湘府吏張裕……□□無所發遣□□□所發遣……事

已　五月二日保質曹史□□白

（参四九六（一二三盆））[28]

「已」が濃い墨で記された点校済みの記号で、簡の中ほど左寄りに位置している。また以下のようなものもある。

6草言府移上下關馬張清公下都□□不詣鄉吏潘貯乙五嚢宋蔡要

貯九百一十斤合一千四百一十四斛事　已　嘉禾五年十二月□〼

（参二五六三（一二九盆））

この簡は二行の小さい文字で書かれており、「已」字は左側の行の下部に、やはり濃い墨で記されている。この二枚の簡上の「已」字は、おそらく「草」が審査を経て、正本として清書され、且つすでに送られた後の記号であろう。「草言」簡上に見られる記号がなぜ極めて少ないのかは、なお明らかにはなっていない。最終的にできあがった正文書は全てすでに発送されているので、現在残っているのはほぼすべて各種の「草」である。諸曹が関連業務の処理の詳しい情況を把握していたので、曹吏により郡府への返答が起草された（例えば、録事掾潘琬のある上白文書には「乞曹重列言府」とあり、J二二・二五四〇中にもまた「乞曹重列言府」とあるが、これが曹に対して府への報告の起草を求めている事を示している）。秦漢時代の文書行政の規則に照らせば、下級から上級への文書は主官（具体的に県とすれば令長か丞）によって発せられるものなので、[29]これらの草稿は諸曹から門下に送られたであろう。「草言府」類の簡上には編綴痕は見られないが、出土時は多くが一塊になっていたか、あるいは時間や業務に基づいて並んで保存されていたので、それらをまとめた文書や簿籍と一緒に置かれていたと考えられる。[30]

自ら下達する「劾」以外に、諸曹は臨湘侯相が全域に発する文書「記」・「告」を起草する役割をも担わなければならなかった。「草言」類の簡の中には、よく見られる「草言府」の他に、冒頭が「草記告」といった類いの簡もいくつかあるが、これがそれら「草」の摘要である。例えば以下のような簡がある。

7草記[31]告典田掾蔡忠等出柏船……事　……　（柒一二二八）

8草記[32]告鄕吏……有入……⧄　（柒一四八〇）

9草記告諸鄕……船師詣柏所事　　十月廿日船曹掾潘椎白　（柒二八九六）

10草調諸鄕出禮撐杖事　　嘉禾五年……白　（柒三〇一八）

11草言部吏……吏……主□罰□遣□□各?李問?草　　八月一日兼金曹史李味白　（柒三〇九七）

12草記[33]告倉吏潘慮出米八十二斛貸吏陳曠等十七人爲取頭年四月食日食六升吏區單□　（柒四四三一）

13草告府諸縣倉吏邸閣所領襍擿起訖米事　　十一月十五日兼倉曹史□□白　（柒四四九六）

これらの簡には完全なものほぼひとつもなく、図版もかなり不鮮明だが、その語気や用語から分析を進めれば、下行文書であることは疑いないであろう。徐暢氏がそのなかの多くの簡に着目し、諸曹が県吏・郷吏に下達する文書を作成し、また諸曹の名義で発したとしたが、また「草刺」を経たもので、「諸曹は独立した文書発行権を具えていたわけではなかった」とも述べている。そこに描かれた「臨湘侯国公文書運行経路図」（図二の二）でも、「草告」・「草記告」を発する側を「侯国諸曹」としている[34]。しかしその見解は前後で矛盾がある上、正確ではない。実際これらはすべて諸曹が臨湘侯相のために起草した下行文書であって、最終的に侯相による承認の後、侯相の名義で発せられたものであろう。

まとめると、諸曹が臨湘侯国の日常業務の処理をする実質的な中心であるが、形式上の中心は依然として臨湘侯相を中核とした門下系で、両者には業務と職責の上での分業と協力が存在した。前者は日常業務の処理を分担しており、多くの業務は諸曹で処理し終えることができ、同時に侯相に代わって上級・同格機関への文書と下行文書（記、告）

の起草も担当し、下級へは自らも命令（曹勅）を発することもできた。そして後者は小事よりも大事を優先するということで、重要な簿籍を仔細に調べて判断の難しい業務を処理し、諸曹が作成した上行・平行・下行文書の草稿をチェックして正文書を作成し、さらに上級や同格機関との文書の受領・発送といったやりとりにもまとめて責任を負った。君教簡は門下系と侯相との役割を示し、そして「×曹言」と大量の文書・簿籍は、繁雑で負担の大きい諸曹の日常業務を示し、「草言府」は長沙郡府と臨湘侯国との間の職責と業務の分業を明らかにしている。これら小吏はみな侯国の属吏であり、ひとつの官府に属し、その関係はかなり密接であったため、上行文書ではすべて「白」が使用されたのである(35)。

二

以上の分析から、筆者は長沙走馬楼J二二から出土した呉簡は、臨湘侯国の主簿と主記史が保管していた数年分のうち、担当して処理した一部の文書と簿籍であると考える（そのもともとの文書の保管場所はいわゆる「記室」であったかもしれない）。これを分けた場合、おおよそ以下の七類に含めることができよう。

一　数量が最も多いものは、倉曹が提出した三州倉吏・州中倉吏と庫吏により定期的に編成された各種の受領物（各種米・布・銭・皮革など）の月旦簿、一時簿、四時簿、そして要簿である。またそれら簿籍内容の収支の基礎となる最初の受物莂冊（そしてこれらの簿書に附された簽牌）、さらには関連する田地簿（粢租と関係のある粢田簿：柒三一一三、諸郷枯無波長深頃畝簿：参七二一四・参七二四一など）、種糧を貸し出した吏民の人名簿（肆三九〇四①(36)など）、黄諱史陳嗣謹列前後所貸嘉禾米付授人名斛數簿（肆四三〇五）などがあり、そしてこれら簿書の後ろに綴じられた、関連簿籍の直接制作者であり最初の審査人である×曹吏の上達文書（具体的な例については、凌文超氏が整理復原した「隱核波田簿」[37]を参照）もある。

二　次に数が多いものは、戸曹が提出した、各種目的に応じて定期あるいは不定期に作成された吏民人名年紀口食簿（および対応する簽牌）である。基本的に里魁と郷吏により共に作成されたもので、すべての吏民を含んでいるものや、一部の特定の人びと（吏・吏弟子・私学・新占民）だけを対象にしているものがある。目的はさまざまで、徭役や戸調・戸銭を徴発するためなどである（弐八二五六：▨□□謹以所領戸出錢上中下品人名爲簿など[38]）。戸調・戸銭徴収の簿籍もおそらく倉曹に提出されたものであろうが、これについては更なる検討が必要である。

三　諸曹が処理した業務の概要（「×曹言」という簡の内、末尾が「年月日及書佐×封」で終わっている簡[39]）。

四　諸曹が処理できなかった業務の文書（「×曹言」中、末尾が「月日及×曹白」で終わっている簡、およびそれが示す文書と対応する簿籍）で、いわゆる「叩頭死罪白」木牘文書（あるいは「諸曹列言文書」と称するべきかもしれない）および前面に附されている簿籍を主とするもの[40]。これらの文書はもともと諸曹に送られたものだが、処理することができない、あるいは規定により侯相による裁決が必要なために、続けて門下に提出されたものである。その中には臨時業務の文書、例えば許迪の案件を審理した多くの関連文書（案件に関わる数枚の「叩頭死罪白」文書木牘および捌四〇〇二〜捌四三二一などがあり、また細かいばらばらの簡も少なからずある）なども含まれる。

五　門下系が処理すべき業務の送り状（君教簡）およびその前に附すもの。これらの業務を記録し処理した文書・簿籍が、先に挙げた第三以外の各類である。

六　諸曹が起草した郡府への返答の文書、下行と同格機関への文書（草言府で要点をまとめ記録した文書、そして呉簡中「臨湘」で始まる多くの文書や、「×年×月×日臨湘侯相君、丞×叩頭死罪敢言之」・「侯相君丞×告／謂×」といった種類の簡[41]、書佐が主簿のために起草した文書（肆一二六七「嘉禾三年十一月癸巳朔日主簿羊君叩頭死罪敢言之」など）。時にはこれらの「草」は関連する簿籍、つまり上述第一類、第二類中の関連簿籍を附して提出した。これらは主簿や侯相、丞などの審査を経た後ここに送らなければならなかったので、正文書が作成され発送されると、控えを残して保存し、一定期間が過ぎると廃棄された。

七　その他、書信、名刺、封検など。

吏民田家莂は第一類に属するもので、田曹史や戸曹史、時には経用曹史もともに照合した後に主簿に提出された都莂である。吏民田家莂は郷ごとに送られるもので、各郷によって作成され、さらには里魁[42]も編集し、それが完成した後、田曹・戸曹、そして経用曹に送られて審査され、曹史が点校した後門下に提出された。關尾氏は、君教簡の内容と田家莂に関係があるものがあるとしている[43]。発見時、最も上層にあった簡牘は、おそらく最後に井戸に入れられた文書であろう。その業務と「桑樂二鄉謹列嘉禾四年租税襍米已入未畢要簿」（柒二九九〇）も関連があり、前者は郷―里―戸という形式によってまとめ並べたもの、後者は郷に基づいた分類統計で、その内容は対応しているが、要求される統計の精粗に違いがあった。

呉簡中にはまた、臨湘侯国に属さない文書や簿書も少数であるが見つかっている。最もまとまっているのは「兵曹徙作部工師簿」（以前はよく「師佐簿」と称されていたもの）である。ある研究によれば、それは郡府に保存されていた長沙郡中部各県の徙作部工師簿で、ここから出てきた理由は、「長沙郡、臨湘侯国、作部の役所がすべて同じ地区に置かれていた[44]」からだと説明しているが、この説が成り立つ可能性は低いであろう。筆者が考える、より可能性のある原因としては、中部諸県で徴発した工匠を臨湘に集め、まとめて前線に送らなければならなかった、そのため当簿を臨湘侯国に置き点検の拠り所とした、というものである。江蘇省の尹湾漢簡五号木牘正面が示すように、前漢末年、郡がやらなければならない多くの仕事、例えば罪を犯した罰として辺境の守備につくものを上谷に送る、銭を中央に輸送するというようなことは、実質属県に任せて請け負わせたので、属県で郡の関連文書簿冊が発見されるのはおかしいことではない。このこともまた一例といえるかもしれない。

この他に、州中曹の「月旦簿」類の簿書中に、他県の吏民あるいは倉の入米または出米の記録がいくつか見られる。例えば、肆四六一〇、肆四六一二、肆四六一五、肆四六六三、捌一八六三（以上、醴陵漉浦倉吏周進）、肆四〇三七、肆四七四二、肆四七九〇、肆四八〇六、肆五〇七八（以上、永新尉陳崇、黄龍二年税米）、肆三六六四（陳崇、九歳米）、肆四七五五（吏文水、黄龍元年零陵・桂陽私学限米）、そして壱一七八三（永新故吏許廣）などで、これもおかしなことではない。右の事例のなかでは、なぜかわからないが、永新県尉の陳崇が数度にわたり異なった名目の米を臨湘の州中倉に納めていたり、また、受米莂冊中にも臨湘の住民が永新倉などに米を納める情況がみられる。[45] 簿籍を合わせるために、相手方機関が対応する簿籍内容を移し照合する必要があるので、呉簡の中には以下のような簡が見られるのであろう。

14永新倉吏□阿謹列所領黄▨　（肆二〇七）

15永新倉吏區善?謹列所領▨　（肆九二二）

醴陵漉浦倉の情況は同じだが、ただ公開されている簡のなかに、醴陵漉浦倉から移された簿籍内容はいまだ見られない。これまで研究されている「烝口倉」（『竹簡 壱』以外に、弐七六一四、参四三、参六七、参二〇五七、肆四九一九、[46] 柒二〇一六、捌二九〇〇、捌三〇九二、捌三二八三、捌三四〇五、捌三四一〇、捌五六四六などにも見られる。ほぼすべて月旦簿中に見られ、記されているのは東部烝口倉吏の孫凌が税種不詳の米を用意したことで、柒二〇一六と最後の四枚に記されているのは同一の納入事例のようである）もまたそのようなものである。[47] 概括すれば、他県の倉に関わる文書はすべてこの種の情況に属すると言える。臨湘侯国は単独で存在していたわけではなく、上級や周辺の同格機関、管轄下の諸郷との間で文書や人員、物資の絶え間ない往来が行なわれていたのであり、対応する文書が臨湘に残されているのはごく普通のことであった。これは秦代遷陵県の文書庫址で朝廷や洞庭郡、そして周辺諸県の文書が発見されたのと同じことである。もしこの種の文書が発見されなかったならば、むしろおかしいと感じただろう。(48)

もしも呉簡を田戸曹の文書と見るならば、先に挙げた第三～第六類の文書、とくに第三類中に田戸曹以外の「×曹言」が見られること、第四類中のその他の曹の「叩頭死罪白」文書、そして第六類中の田戸曹と関係のない「草言府簡、そして多くの臨湘侯相と関係のある文書の控え／下書きまでも、解釈しがたいものに変わってしまうだろう。

いずれにせよ、長沙走馬楼J二二に保存されていたのは、主簿と主記史が担当し処理した一部の文書・簿籍にすぎない。そして諸曹に関わるものとしては、倉曹・戸曹・田曹が提出した簿籍が多く、その他の諸曹についてはほぼ文書の概要が見られるだけで、実際の文書は多くない。ゆえにそれらは主簿や主記史が手がけたすべての文書というわけではないし、ましてや当時の臨湘侯国の文書のすべてでは全くないのである。呉簡中に戸籍が存在するか否かの論争についてもまた呉簡の性格をもとにひとつの判断を示すことができるだろう。呉簡中で見つかった名籍類の簿冊は、諸曹が具体的な業務のために提出したもので、多くが定期的なもので、臨時的なものは少数である。最初の簿籍は若干の具体的な仕事を完了させるために、郷や里の吏によって作成されたもので、決して戸籍ではない。実際この井戸から戸籍が発見されるはずはないのである。その理由は簡単で、戸籍は戸曹と諸郷で保存されるべきもので、主簿の所ではないからである。呉簡から見つかった各種の名籍は基本的に戸籍の抄録に依拠したものであるが、それ自身が戸籍というわけではない。

『續漢書』百官志一の「太尉」条では属吏について、「黄閤主簿錄省眾事」、「記室令史主上章表報書記」と説明し、百官志五の「郡太守」の条には、「主記室史、主錄記書、催期會」とあり、県については「諸曹略如郡員」とある。主簿に関して言及している研究は多くなく、[49]呉簡中の主記史について整理分析を行なった研究はあるが、[50]主簿と主記史が実際どのような仕事をしていたかは依然として明らかにはなっていない。呉簡は主簿と主記史の日常の仕事を多少なりとも描き出し、その役目を理解するのに貴重な実例を提供していると言えるだろう。

三

以上、受米莂冊と月旦簿を基礎にし、君教簡を文書過程に加えて、その性格について検討を行なった。それは諸曹が提出した白を門下が受け取った時に作成されるもので、門下の審査を必要とする業務に対処して作成された事務処理の流れを示す「送り状」であり、文書や簿籍の終わりに組み入れられ、「期會掾×錄事掾×校」、「主簿×省」などと明記されている竹簡と対応するものであると考えた。諸曹は臨湘侯国の実質的な業務処理の中心であり、大量の業務は彼らによって直接処理され、引き続き門下に提出しなければならないものは少数だった。諸曹は侯相の名義で送る上行、平行、そして下行文書の起草を担当し、諸曹自身もまた「勑」を発することができた。門下は名目上の中枢で、諸曹が提出した簿籍や文書の下書きをチェックし、また侯相の名義で作成される正式な文書の審査決定と発送を担当した。最後に長沙走馬楼J二二から出土した呉簡の性格についてさらに推定を試み、それは臨湘侯国の主簿と主記史が保管していた文書や簿籍の一部であるとした（倉曹・戸曹が提出したものが主で、田曹が提出した文書も若干あるが、その他の曹の文書はきわめて少ない）。本論中には、大胆な推論もかなりある。正しいのか正しくないのか、読者の叱正を期待したい。

注

（1）論文と著作の統計は、長沙簡牘博物館編『嘉禾一井伝天下——走馬楼呉簡的発現保護整理研究与利用』、長沙：岳麓書社、二〇一六年、一〇五頁による。

（2）例えば、凌文超「走馬楼呉簡挙私学簿整理与研究——兼論孫呉的占募」、『文史』二〇一四年第二輯、三七～七二頁、沈剛「呉簡所見孫呉県級草刺類文書処置問題考論」、『文史』二〇一六年第一輯、五一～六八頁、および徐暢「三国孫呉基層文書行政研究——以長沙走馬楼簡牘為中心」、北京師範大学歴史学院博士後出站報告、二〇一六年七月二八日、など。

（3）例えば、凌文超氏は、「(呉簡の) 内容は主に孫呉嘉禾年間の臨湘侯国の行政「簿書」」で、「走馬楼呉簡は孫呉の県クラス(臨湘侯国) 官文書群と見なせる」と指摘している。凌『走馬楼呉簡采集簿書整理与研究』、桂林：広西師範大学出版社、二〇一五年、一・一六頁を参照。また少数の研究者が、呉簡を「孫呉時期の地方政府の文書」と見ている。沈剛『長沙走馬楼三国竹簡研究』、北京：社会科学文献出版社、二〇一三年、一～二・五頁を参照。

（4）胡平生「細説長沙走馬楼簡牘」(上・下)、『人民日報』(海外版) 一九九七年三月二〇日・三月二一日、第三面など。

（5）長沙市文物工作隊・長沙市文物考古研究所「長沙走馬楼J二二発掘簡報」、『文物』一九九九年第五期 (「長沙走馬楼二十二号井発掘報告」として、長沙市文物考古研究所・中国文物研究所・北京大学歴史学系走馬楼簡牘整理組編著『長沙走馬楼三国呉簡・嘉禾吏民田家莂』上冊、北京：文物出版社、一九九九年所収、四二頁)、王素・宋少華・羅新「長沙走馬楼簡牘整理的新収穫」、『文物』一九九九年第五期、四二頁。また鄧瑋光氏は、「長沙郡と臨湘県の地方文書史料」としている。鄧「走馬楼呉簡采集簿書的復原与研究」、南京大学歴史系博士論文、二〇一二年、二頁、参照。

（6）王・宋・羅、前掲「長沙走馬楼簡牘整理的新収穫」、四二頁。

（7）王素「長沙走馬楼三国呉簡研究的回顧与展望」、北京呉簡研討班編『呉簡研究』第一輯、武漢：崇文書局、二〇〇四年、一五～一六頁。

（8）最新の分析については、徐、前掲「三国孫呉基層文書行政研究」、三九～四〇頁、参照。

（9）羅新「走馬楼呉簡整理工作的新進展」、北京大学歴史学系編『北大史学』第七輯、二〇〇〇年、三三八頁。

（10）關尾史郎「史料群としての長沙呉簡・試論」、『木簡研究』第二七号、二〇〇五年（『長沙走馬楼出土呉簡に関する比較史料学的研究とそのデータベース化』（平成一六年度～平成一八年度科学研究費補助金・基盤研究（B）研究成果報告書）、二〇〇七年所収、六一頁）、参照。

（11）以上は、侯旭東「湖南長沙走馬楼三国呉簡性質新探――従『竹簡肆』渉米簿書的復原説起」、『紀念走馬楼三国呉簡発現二十周年長沙簡帛研究国際学術研討会論文集』、長沙：長沙簡牘博物館、二〇一六年、五〇～七〇頁、参照。

（12）徐暢「走馬楼呉簡竹木牘的刊布及相関問題研究述評」、武漢大学中国三至九世紀研究所編『魏晋南北朝隋唐史資料』第三一輯、上海：上海古籍出版社、二〇一五年、四一～四七頁、参照。

（13）徐、前掲「走馬楼呉簡竹木牘的刊布及相関問題研究述評」、四一～四二頁、同「釈長沙呉簡〝君教〟文書牘中的〝掾某如曹〟」、楊振紅・鄔文玲主編『簡帛研究』二〇一五秋冬巻、桂林：広西師範大学出版社、二〇一五年、二二四～二二八頁。

（14）李均明「走馬楼呉簡〝君教〟批件解析」では、『竹簡 陸』中の八枚の簡も提示している。李、前掲『紀念走馬楼三国呉簡発現二十周年長沙簡帛研究国際学術研討会論文集』、一九〇～一九七頁。

（15）詳細については、凌、前掲「走馬楼呉簡挙私学簿整理与研究」、五七～六一頁、徐、前掲「釈長沙呉簡〝君教〟文書牘中的〝掾某如曹〟」、二三二～二三六頁、同、前掲「三国孫呉基層文書行政研究」、三八～三九・九三～九七頁、参照。

（16）李均明「東漢簡牘所見合議批件」、楊振紅・鄔文玲主編『簡帛研究』二〇一五春夏巻、桂林：広西師範大学出版社、二〇一五年、二五六～二六四頁。

（17）楊芬「〝君教〟文書牘再論――以長沙五一広場東漢簡牘和長沙走馬楼三国呉簡為主考察」、前掲『紀念走馬楼三国呉簡発現二十周年長沙簡帛研究国際学術研討会論文集』、一八二～一八九頁。

（18）長沙五一広場出土の後漢簡の君教簡中、丞×掾×「議請」云々と言及しているものが多い。例えば、CWJ1③：305（例二五）・CWJ1③：325-1-103（例四五）・CWJ1③：325-2-9（例四六）・CWJ1③：325-5-21（例四七）・CWJ1③：143（例一三六）・CWJ1③：165（例一三八）など（以上すべて、『選釈』、参照）がある。当時、丞と掾が面と向かって協議することはあったが、わずかに、CWJ1③：165に「丞優諳府對」と言及されているのみで、その他は全て、両人が協議した後、書面による提議（「請」）を提出・処理したはずである。すでに公刊されている資料を見ると、五一広場簡はほぼ司法に関する文書、あるいはもともと賊曹が提出した文書に属すものである。関わる案件は複雑多様で、法令を規準とするのが難しい場合、その事案に基づいて協議し処理するという方法もまた正常であった。この種の議は確かに李均明氏が言うように、両漢朝廷での各種形式の集議と類似していて、処理しにくい問題に対処して出されるもので、最終的にはまた文字にして報告し丞相あるいは皇帝の決断を求める必要があった。詳細については、永田英正「漢代の集議について」、『東方学報』第四三冊、一九七二年、九七～一三六頁、廖伯源「秦漢朝廷之論議制度」、同『秦漢史論叢』、台北：五南図書出版公司、二〇〇三年、五五～二〇〇頁、参照。なお高村武幸氏は、地方官府の政策決定過程における属吏の「議」の役割に注目し、前漢後期にいわゆる「公文書的書信」の使用が徐々に多くなり、口頭による「議」に取って代わったことも指摘する。高村武幸「秦・漢時代地方行政における意思決定過程」、同『秦漢簡牘史料研究』、汲古書院、二〇一五年所収、二〇一～二〇九頁、参照。五一広場簡からみれば、後漢中期、臨湘県の司法裁判では、「議」はやはりかなり頻繁であった。ただたとえそうだったとしても、「議」と期会は依然として異なるもので、君教簡に記録されているものはやはり文書処理の過程であろう。例四五の右側上下三分の一の箇所には刻線があり、書写上に空格もある。陳松長・周海鋒両氏が述べているように、確かにもともとその他の簡と一緒に綴られていたものであろう。陳・周「「君教諾」考論」、『選釈』、三二五～三三〇頁。文書の書写の形式も孫呉時代とは異なり、主簿もまだ見られないので、あるいは異なった類型に属する「君教」だろうか。両者の関係については更なる研究が必要である。徐暢氏からこの問題に注目するよう示唆を受けた。謝意を表する。

(19)　張春龍・宋少華・鄭曙斌主編『湖湘簡牘書法選集』、長沙：湖南美術出版社、二〇一二年、二八九頁。「船曹」およびその曹史の一般的な状況については、徐暢「走馬楼呉簡所見孫呉臨湘県廷列曹設置及曹吏」、長沙簡牘博物館他編『呉簡研究』第三輯、北京：中華書局、二〇一一年、三四五～三四六頁、参照。

(20)　具体的な例については、『選釈』、図版三八～四〇・八二～八四・一二一～一二三・一六五～一六七、七二・七三・八八・一〇一～一〇二・一一六～一一八頁、参照。

(21)「兼」字の釈文原文は「傳」としていたが、図版により改めた。初稿を書き終えた後、凌、前掲「走馬楼呉簡挙私学簿整理与研究」、五九頁を調べると、すでにこの点について指摘がなされていた。

(22)関連する資料については、關尾史郎「従出土史料看〈教〉――自長沙呉簡到吐魯番文書」、〝魏晋南北朝史研究的新探索〟中国魏晋南北朝史学会第十一届年会暨国際学術研討会論文、二〇一四年一〇月、五～六頁の収集と分析、ならびに徐、前掲「走馬楼呉簡竹木牘的刊布及相関問題研究述評」、四六～四七頁、参照。

(23)長沙五一広場の後漢簡中の君教簡がまさにそういったもので、その研究については先に引用した、陳・周、前掲「「君教諾」考論」、三二九～三三〇頁を参照。呉簡の「君教簡」中のいくつかは、左下角に「(×年)×月×日干支白」とだけ書かれているものがあるが、これも文書とともに編綴するので、そのように要点をおさえて書くことができた。また、君教簡の上下三分の一の箇所にそれぞれ刻線があるが(『三国呉簡』Ⅴ二八頁の二枚など)、これは書写する前に刻したはずで、編綴のためにあらかじめ残しておいた空間であろう。これらのこと全てが証拠となるだろう。谷口建速氏も、弍二五七、弍六八七一、弍六九二一、そして弍二〇五六の君教簡上に、横線および編綴痕が存在することに注目している。同氏「穀物搬出記録とその周辺」、『長沙呉簡研究報告 二〇〇八年度特刊』、二〇〇九年、五七～五八・六〇頁、参照。

(24)陳榮傑氏がこの簡について若干の整理を行なっている。陳「試論走馬楼呉簡〝粢田〟及相関問題」、『首届絲綢之路(敦煌)国際文化博覧会系列活動――簡牘学国際学術研討会論文集』、二〇一六年八月、五二四～五二八頁、参照。また、李均明氏もこの点に注目している。李、前掲「走馬楼〝君教〟批件解析」、一九五～一九六頁、参照。

(25)徐、前掲「走馬楼呉簡所見孫呉臨湘県廷列曹設置及曹吏」、二九六～二九九頁、沈、前掲「呉簡所見孫呉県級草刺類文書処置問題考論」、五四・五五～五六頁、など。

(26)この種の木牘は少なくなく、例えば、J二二・二六九五は始めに、「南郷勸農掾番琬叩頭死罪白」、末尾は「詣功曹　十二月十五日庚午白」となっている。また、肆四五五〇(一)は、「都市掾番羜叩頭死罪白」、最後は「詣戸曹　十一月十五日辛丑白」となっている。その他の例について、詳しくは、徐、前掲「走馬楼呉簡竹木牘的刊布及相関問題研究述評」、三一～三八頁、参照。

(27) 詳細については、徐、前掲「走馬楼呉簡竹木牘的刊布及相関問題研究述評」、三一～三八頁、参照。
(28) 「保」字は『竹簡 参』の釈文では釈読されていなかったが、凌、前掲「長沙走馬楼孫呉〝保質〟簡考釈」に基づき補った。『文物』二〇一五年第六期、五二頁。徐暢氏の示唆に感謝する。
(29) 藤田勝久「里耶秦簡所見秦代郡県的文書伝遞」、武漢大学簡帛研究中心主弁『簡帛』第八輯、上海：上海古籍出版社、二〇一三年、一八九～一九三頁。秦代もそうであるし、漢代もまたそうであった。徐暢氏も同様の見解を示している。徐、前掲「走馬楼呉簡所見孫呉臨湘県廷列曹設置及曹吏」、二九九頁、参照。
(30) 沈、前掲「呉簡所見孫呉県級草刺類文書処置問題考論」、六一～六四頁、参照。
(31) 「記」を当初は「乞」と解釈していたが、徐暢氏が改めている。徐、前掲「三国孫呉基層文書行政研究」、六九頁注釈六、参照。図版を詳細に調べた結果、それに従う。
(32) 「記」を当初は「言」と解釈していたが、徐暢氏が改めている。徐、前掲「三国孫呉基層文書行政研究」、七〇頁注釈一、参照。図版を詳細に調べた結果、それに従う。
(33) 「記」を当初は「乞」と解釈していたが、徐暢氏が改めている。徐、前掲「三国孫呉基層文書行政研究」、七〇頁注釈二、参照。図版を詳細に調べた結果、それに従う。
(34) 徐、前掲「三国孫呉基層文書行政研究」、六九～七〇頁、参照。
(35) 徐暢氏も類似した見解を示しているが、論証の視点は異なっている。徐、前掲「三国孫呉基層文書行政研究」、六七～七二頁、参照。
(36) この簿の研究については、熊曲・宋少華「走馬楼呉簡中的種糧給貸簿研究」、武漢大学簡帛研究中心主弁『簡帛』第一二輯、上海：上海古籍出版社、二〇一六年、五一二～五二三頁、参照。
(37) 凌、前掲『走馬楼呉簡采集簡簿書整理与研究』第八章二・三、四二八～四五四頁。
(38) 関連する研究については、安部聡一郎「典田掾、勧農掾的職掌与郷――対長沙呉簡中所見〝戸品出銭〟簡的分析」、楊振紅・鄔文玲主編『簡帛研究』二〇一五秋冬巻、桂林：広西師範大学出版社、二〇一五年、二三八～二五六頁、参照。

(39) ごくまれに、すでに完了しているが、郡府に上言しなければならない業務もあった。徐暢氏が注目しているように、柒三一六四「言府三品調吏民出銅一万四百斤事　七月廿七日兵曹掾番棟白」と、柒二五七九「兵曹言部吏壬□□□戸品限吏民上中下品出銅斤數要簿事　嘉禾四年七月廿一日書佐呂承封」とは時間的に連続しており、同じ事柄とすべきであろう。徐、前掲「三国孫呉基層文書行政研究」、二三一～二四頁、参照。兵曹が出銅斤数の「要簿」を門下に提出して業務は実質的に完了したため、書佐が「要簿」に封をして保管した。しかしこの件は郡府の命令が出所だったため、実際に一万四百斤の銅が納められると同時に、郡にも徴発の情況を報告しなければならず、それが兵曹により提出された。そのため柒三一六四があった。

(40) 「叩頭死罪白」文書が上行文書として内容・概要の報告、送達文書を兼ねており、その前の文書や簿籍と編綴されていたことについては、伊藤敏雄「長沙呉簡中の「叩頭死罪白」文書木牘」、伊藤・窪添慶文・關尾史郎編『湖南出土簡牘とその社会』、汲古書院、二〇一五年、三五～五九頁、参照。具体的な実例については、凌、前掲「走馬楼呉簡挙私学簿整理与研究」、三七～七二頁、参照。

(41) 例えば、壱五七〇一、壱六九一九、弐七二〇〇、参五七二四、参六五一三、肆一四七六、肆三五六八、肆三九五一、肆四五四八、肆五〇二〇、肆五四一三、肆五四四二、柒三一四三、柒三一九三、柒四〇九五、捌四二一八、捌四二三九、捌四二四八、捌五四〇七など。これらの文書中に見られる「君」はすべて文書を起草する属吏が草稿で使用した尊称であって、臨湘侯相の本当の名というわけではない。徐暢氏もこの点を指摘している。徐、前掲「三国孫呉基層文書行政研究」、二〇頁、参照。図版を調べると、右の簡中、一筆で書かれているが「丞」字の下に空格があるという情況がよく見られる。肆一四七六などである。また簡全てが一筆で書かれて「丞」の下に空格も署名もないものもみられる。肆三五六八・肆三九五一・肆五四四二や、下行文書の肆五〇二〇・肆五四一三・柒三一四三・柒四〇九五・捌四二一八・捌四二四八などである。この二種類の形式は、丞が目を通す必要がある草稿（空格あり）、それが必要ないもの（空格なし）を表わしているのかもしれない。

(42) 王遍氏は、文字が明瞭な嘉禾四年の吏民田家莂の筆跡を九種類に細かく分け、さらに不明瞭なものについては、書き手はおそらく一五人いたとした。一方、嘉禾五年のものは一五種類に分け、書き手は全部でおそらく二〇人であるとし、二年間の書き手は二〇人前後であるとしている。また異なった筆跡の吏民田家莂にある戸人の丘と属している郷の比較対照をもとに、それは県で作成されたものとした。また邢義田「漢至三国公文書中的簽署」、『文史』二〇一二年第三輯、一六三～一九八頁にもとづき、田家莂末尾の校した田戸曹史の署名を分析して更に一歩踏み込み、県廷内のある部署で作成したものとしている。王「嘉禾吏民田家莂字迹及相関問題研究」第二・三章、吉林大学古籍研究所修士論文（崎川隆指導）、二〇一四年、五三・八六・九二・九九頁、参照。王氏はそのなかで、「郷」の下の「里」の存在、そして同じ丘の住民がしばしば異なった里に分かれて属している情況を見落としている。臨湘侯国の田曹と戸曹の史はわずか数人で、誰が担当するのかを郷や里が知るのは難しくなく、田家莂を書き写す際、実情に基づいて校訂した者の職業と姓を書くのはそれほど難しいことではなかっただろう。この点をもって田家莂が県で作成されたと確定するのはやはり不十分である。

（43）前掲『三国呉簡』Ⅴ二八頁図一、参照。また關尾、前掲「従出土史料看〈教〉」、二頁・七～八頁注釈七、参照。

（44）凌、前掲『走馬楼呉簡采集簿書整理与研究』、一七〇～二八二頁、とくに二七〇・二七二～二七四頁、参照。

（45）『三国呉簡』Ⅵ二四頁図一、参照。

（46）釈文では「東郷」としているのは誤りで、「東部」とあらためた。

（47）關尾史郎氏は、受米莂中に永新倉といった他県の倉に米を納める情況があることに注目している。氏はこれと師佐簿とを関連づけて、受米莂（氏は「賦税納入木簡」としている）は臨湘侯国のものにとどまらないとしている。關尾「湖南長沙三国呉簡」の賦税納入木簡について」、『長沙呉簡研究報告　二〇一〇年度特刊』、二〇一一年、六四～七一頁、参照。また最近の研究では、この種の受物莂には木簡を使用したのではないだろうかとの指摘をしている。關尾「魏晋簡牘のすがた――長沙呉簡を例として――」、『国立歴史民俗博物館研究報告』第一九四集、二〇一五年、二二四～二二六頁、参照。これはその呉簡が臨湘侯国の田戸曹の文書であるという説に戦いを挑んでいるに等しいが、実際は相容れないわけではなく、解釈は上述の通りである。戴衛紅氏は、右倉曹史烝堂が報告した「×月旦簿」には州中倉・三州倉だけでなく、劉陽倉、呉昌倉、醴陵倉、および永新倉なども含まれていたことから、烝堂は郡吏であるとしている。戴「長沙走馬楼呉簡所見孫呉時間的倉」、『史学月刊』二〇一四年第一一期、一〇〇～一〇六頁、参照。しかし徐暢氏が倉庫制度から分析を行ない、この説が誤りであることを論証している。徐、前掲「三国孫呉基層文書行政研究」、四〇～四一頁、参照。単独で例を挙げ、倉の所属や烝堂との関係を論証するのでは不十分で、関連簿籍の復元がこの問題を整理する基礎となるだろう。

(48) 同じような見解は、徐、前掲「三国孫呉基層文書行政研究」、四〇頁にも見える。

(49) 主簿の研究については、顧炎武『日知錄』巻二四主簿、長沙：岳麓書社、一九九四年、八五八～八五九頁、嚴耕望『中国地方行政制度史 秦漢地方行政制度』(第四版)、台北：中央研究院歴史語言研究所、一九九〇年、一二二四～一二二六・二二六頁、張玉興「唐代県主簿初探」、『史学月刊』二〇〇五年第三期、四〇～四一頁、および李迎春「秦漢郡県属吏制度演変考」、北京師範大学歴史学院博士論文(王子今指導)、二〇〇九年、六四～七二頁など、参照。呉簡中の主簿については、凌文超・李均明両氏が簡単にふれているにとどまる。それぞれ凌、前掲「走馬楼呉簡挙私学簿整理與研究」、五八～五九頁、李、前掲「走馬楼呉簡〝君教〟批件解析」、一九二～一九三頁、参照。

(50) 王振華「孫呉臨湘侯国主記史研究」、北京呉簡研討班配布レジュメ(二〇一四年九月一四日)。

〔附記〕本論文の執筆・修正にあたり、徐暢、凌文超、および關尾史郎の各氏から多くの助言をいただいた。謹んで感謝申し上げる。

二〇一六年六～七月初稿、九月改訂

走馬楼呉簡に見える郷の行政

于　振　波
（關尾史郎 訳）

走馬楼呉簡によると、郷は県の下に置かれた行政単位の一つであり、その取り扱う業務量は膨大で、郷の行政に関わる吏員もひじょうに複雑である。すでに多くの研究者が、孫呉時代の臨湘侯国の郷と郷吏の問題に対して議論を繰り広げていて、大きな成果を上げており、いくつかの問題については共通の認識や類似した認識が得られている。しかしその一方、三国時代は時代の過渡期であり、郷の行政にはそれにそくしたいかなる特徴があるのだろうか。先行する漢代や後続する晋代と比べて、郷の権限には変化があったのだろうか。あるいは郷の位置づけや役割に異同はあるのだろうか。これらの問題に対してももちろん先行研究があるが、なお検討すべき余地が残されているのである。

一　臨湘侯国管下の郷の数について

臨湘侯国の管下にはいくつの郷があったのだろうか。この問題についてはなお定説がない。

この問題について最初に論じられたのは侯旭東氏である。侯氏は『竹簡 壱』に見えている二八の郷の全てが臨湘県に所属したのか否かという問題に対して疑問を呈し、『續漢書』郡國志や尹湾漢簡などの関連資料を参照しながら、

「臨湘侯国の管下には一〇～二〇の郷があったと考えられる」とした(1)。

また孫聞博氏は、『竹簡　壱』から『竹簡　参』までと呉簡の整理担当者の報告などを根拠にして、約五〇の郷名を抽出したが、これらの郷が全て臨湘侯国の管下にあったのか否かという点については明言していない(2)。

楊振紅氏は、『竹簡　壱』から『竹簡　参』までに見えている三五の郷名（このうち五つの郷名は完称ではない）について、詳細な統計作業を行い、このうち一一の郷名は史料に出てくる頻度が高く、残りの二四はその頻度が低いことを指摘した。さらに図版によりながら、釈文を確認し、出現頻度が低い郷名は書者が書き誤ったか、あるいは整理の担当者が釈読を誤ったかであると判断した。氏は最終的に臨湘侯国管下の郷は一二と推定した。すなわち出現頻度が最も高い東郷、都郷、広成郷、楽郷、模郷、南郷、平郷、桑郷、西郷、小武陵郷、および中郷の一一である。さらに北郷をこれに加えている(3)。

その後、新たに整理・公刊された走馬楼呉簡にも、若干の新しい郷名が見えている。『竹簡　肆』の昌郷（一例）、『竹簡　捌』の新茨郷（五例）と羅西郷（二例）であり、具体的には次のようなものである。

右出米合三百卅五斛六斗雇昌郷民廿人□市布賈掾區能主　（肆三九〇三）

新茨郷光厤入嘉禾二年子弟米九斛冑畢≡╳嘉禾二年十一月十五日付倉吏劉達受副曹　（捌四五二一）

新茨郷新吏沅和入二年子弟米十三斛冑畢≡╳嘉禾二年十一月十九日付郭浦倉吏劉達受副曹　（捌四五二二）

新茨郷黃赤入嘉禾二年子弟米卅六斛八升冑畢≡╳嘉禾二年十一月十五日付倉吏劉達受副曹　（捌四五二三）

新茨郷區近入嘉禾二年吏客米十斛冑畢≡╳嘉禾二年十一月六日付郭浦倉吏劉達受副曹　（捌四五二四）

……入[新][茨]郷嘉禾三年□□□⧄　（捌五四八〇）

⧄[税]米廿六斛≡╳嘉禾二年十月廿九日羅西郷石下丘大男黃汝關邸閣李嵩付倉吏黃諱史番慮受　（捌四五一五）

⧄十月十九日羅西鄉終上丘大男鄧原關坵閣李嵩付倉吏黃諱潘慮受　（捌四六五九）

このうち昌郷はたった一例だけなので、釈文に誤りがないので、書者が誤ったのであろう。新茨郷は五例あり、そのうち四枚は簡番号が連続しており、図版は鮮明で釈文に誤りはない。書者が誤った可能性も大きくない。細かく釈文を観察すると、同じような性格の簡とは、いくつかの相違点がある。第一に、文章には納入された「米」の類別（租米、税米、限米などの呼称）が明記されていないこと、第二に、文中に丘名がないこと、そして第三に、倉吏の劉達の名はこの四枚にしか見られないこと、この三点である。文中に見える紀年は、嘉禾二年十一月、その他の一枚は、紀年は嘉禾三年だが、残簡で詳細な時期や人名はすでに消失している。これらの諸点から、新茨郷が臨湘侯国管下の郷であるか否かについては、なお論証が必要であろう。

羅西郷は二例ある。それに対応する丘は石下丘と終上丘である。石下丘と対応する郷はひじょうに多く、この羅西郷以外にも、小武陵郷（壱三八四七）、東郷（壱四四七二）、広成郷（壱七九二〇）、都郷（弐三五一一）、南郷（弐五六二八）、そして平郷（肆一八四四）などである。これらの郷と石下丘が対応する簡は一枚にとどまらず、ここに掲げた簡番号のものはほんの一例に過ぎない。しかしながら、これらの挙例によっても、なお羅西郷の帰属問題を解明することはできない。それに対して、終上丘が見える簡はひじょうに少なく、以下の二枚だけで、しかもともに欠損している。

⧄十九日羅終上丘區□□⧄　（壱一四五）

⧄月八日羅民終上丘潘鳩關邸閣李嵩付倉吏⧄　（弐五八二五）

「羅終上丘」は難解だが、後者の「羅民終上丘」は以下のように解釈できよう。羅とは羅県のことであり、羅（県）民の潘鳩が臨湘侯国の終上丘で農耕に従事し、その地の倉に租税を納入したと。このように見てくれば、「羅終上丘」も「羅民終上丘」の誤脱であり、「羅西郷」とは、羅県から臨湘に移り住んできた移民で西郷に居住していた者と考えることができよう。このように考えられるとすれば、「羅西郷」も郷名と考えることはできない。

以上から、臨湘侯国の管下の郷は、少なくとも一一ということになる。その他の郷の出現頻度はひじょうに低く、多いものでも六例、少ないのは一例だけなので、これらのうちで、最終的に、臨湘侯国管下の郷であることが確定できるものは、きわめて少なくなるだろう。しかし、十いくつしか管下の郷が存在しないからと言って、臨湘侯国の県としての規模を軽視することはできないだろう。

『續漢書』郡國志四には、後漢の順帝年間、長沙郡は一三の県と侯国を管下に置いており、戸数は二五万五八五四、口数は一〇五万九三七二に上った(4)。県・侯国ごとの平均は、戸が一万九六八一、口は八万一四九〇となる。もし臨湘県の郷が一一だけだったとすると、郷は平均一七八九戸となり、郷が一五あったと仮定すると、一三一二戸である。しかし、順帝期は、後漢時代ではなお安定期だったので、記載されている戸口数は後漢で最高の戸口数であった。一方それに対して走馬楼呉簡の時代は、漢末の黄巾の乱や長沙蛮の反乱を経ており、呉と蜀の間で繰り広げられた荊州の争奪戦が決着を見て間もない時期であった。長年にわたる戦乱により、死亡や逃亡などのため人口は減少しており(5)、呉簡に見える諸郷の戸口数は右の順帝期の数字を大きく下まわっていた。

〼右小武陵郷領四年吏民一百九十四☐民口九百五十一人吏口☐☐☐[筭]一千三百卅四錢　（壹四九八五）

集凡樂郷領嘉禾四年吏民合一百七十三戸口食七百九十五人　〼　（壹八四八二）

☐凡廣成郷[領][吏][民]☐☐[五]十戸口[食]二千三百一十人　（弐二五二九）

〼集凡中郷領吏民三百卌九戸口[食]一千七十一人　（肆八九九）

楽郷の吏民はわずか一七三戸、中郷の吏民も三四九戸に過ぎない。広成郷の戸数は五〇という下二桁がわかるだけだが、戸ごとに五人とすると、二三一〇人だと四六二戸に過ぎない。すなわち、もっとも多く見積もっても五五〇戸であり、今まで見た郷のうちでは、最多の戸数をほこることになる。

尹湾漢簡の「集簿」によると、前漢晩期には、東海郡管下に、三八の県・邑・侯国、一七〇の郷、二六万六二九〇の民戸があった。県平均では、四・四七郷、郷ごとに一五六六戸となる。(6) また「東海郡吏員簿」中の県・邑・侯国の郷有秩・郷嗇夫の人数から推測すると、一〇以上の郷を管下においていた県・邑・侯国は四つ（海西・下邳・郯・蘭陵）だけである。(7) これと比較すると、三国時代、臨湘侯国の郷ごとの吏民の戸数は上に述べたようにあまりにも少ないが、にもかかわらず、そのような小さな郷が廃止されたり併合されたりしなかったのは、郷という行政単位が県管下の基本的な区画であり、他の単位によっては代替できないような役割を負っていたからである。

二 郷の権限

走馬楼呉簡に見えている圧倒的多数の地方行政業務は、全て郷と関係している。具体的に言うと、一つは、戸籍と戸籍に関連する各種の簿籍の作成、二つ目は、各種の賦税など諸負担の収取であり、いずれも郷と関わっている。

戸籍の管理に関しては、凌文超氏が復元した「南郷謹列嘉禾四年吏民戸數口食人名年紀簿」の冊書が、戸籍と認められる。戸籍の制作のプロセスは以下のようなものである。最初に、各里の里魁がそれぞれ自分の里の戸口簿籍を制作する。その後、それが郷に集められ、あらためて担当者により書写されて郷としての戸籍が作成されるのである。戸ごとの訾も戸籍中に注記される。戸口簿籍の中には、里ごとの「謹列戸口人名年紀簿」なる表題簡があるが、簿籍の作成は一般的に言って郷を単位として行なわれ、郷によって里ごとの簿が編制されるのである。(8) また、孫呉時代、戸籍の正本は郷で保存され、副本が県に所蔵されたが、これは漢制の継承である。(9)

周知のように、口筭や徭役などについても、戸籍を基礎にして制作された簿籍の中に注記されているが、この種の簿籍の編制もまた郷を単位として行なわれた。このようなしだいなので、学界では、口筭や徭役が注記されている戸口簿籍が戸籍なのか否か、に関心が集まっているが、今に到るまで意見の一致を見ていない(10)。また「任役」の情況についても、おおよそ郷を単位として集計が行なわれた。

▱言部諸郷吏郭宋等依書條列衆吏大奴見吏子弟任役事　六月十日兼□曹史唐□白　（柒四四四三）

注意すべきことは、口筭の徴収記録は里を単位としておらず、丘名と郷名が掲げられており、集計も郷を単位として行なわれていることである。例を示す。

▱右小武陵郷領四年吏民一百九十四□民口九百五十一人吏口□□□筭一千三百卅四錢　（壹四九八五）

右諸郷入二年口筭錢□千四百　（参三二七三）

▱郷撈丘鄧馮嘉禾二年口筭錢二千≡嘉禾三年二月廿□▱　（弐四二一八）

入西郷口筭錢一千≡嘉禾二年三月二日大男魯滌付庫吏殷　▱　（参三一六九）

『吏民田家莂』にも左のような表題簡があり、郷を単位として制作されたことがわかる。

南郷謹列嘉禾四年吏民田家別頃畝旱熟收米錢布付授吏姓名年月都莂　（四・一）

東郷謹列四年吏民田家別莂　（四・三）

吏民田家莂には一枚ごと詳細に、吏民の田土の種類、数量、旱熟情況などと、納入された米（租米や税米など）、布、銭などの額と、納入先の倉や庫の吏の姓名・年月日が列記されている。当時の吏民は米、布、銭などを納入すると、そのたびごとに券書を保有することになるが、吏民田家莂はそうした券書を集計し、吏民（田家）ごとに作成されたいわば総合的な券書である(11)。吏民田家莂は郷を単位として編制されたため、右のような表題簡が付されたのである。

集計されて吏民田家莂になる以前の個別の租税ごとの券書は竹簡を用いて書写されているが、この種の券書は大量に発見されている。例を挙げておく。

入模鄉嘉禾二年布四匹三丈七尺☰嘉禾二年八月廿六日上恩丘早力付庫吏殷連受　（壱七四九九）

入平鄉嘉禾二年火種租米一斛九斗冑畢☰嘉禾三年四月廿四日盧丘□□關邸閣董基付三州倉吏鄭黑受　（柒一五七二）

入西鄉嘉禾二年稅米九斛☰嘉禾二年十月十四日上俗丘文客關邸閣李嵩付倉吏黃諱史潘慮受⧄　（捌二八四七）

これら個別の租税券書には、いずれも丘名と郷名が記されている。実際、これらに限らず、あらゆる賦税（定期的なもののみならず、臨時の徴発においても）の納入の記録には、いずれも丘名と郷名が記されている。

入中鄉吏許丑所備何黑錢二千☰嘉禾二年二月十日付庫⧄　（壱一六七二）

入南鄉嘉禾二年財用錢七千☰嘉禾二年七月五日男子雷渚盧仵付庫吏殷連受　（壱二八〇五）

入廣成鄉二年所調布一匹☰嘉禾二年十一月廿二日小胡丘大男□□付庫吏殷連受　（壹七五〇一）

入中鄉羊皮三枚☰嘉禾元二年二月六日東夫丘大男李敬付庫吏殷連受　（弐八八八一）

入廣成鄉三州丘男子番郡二年鹿皮一枚☰嘉禾二年十一月三日烝弁付庫吏殷連受　（参一二四一）

入桑鄉吏谷水備監運掾姃度漬米十斛☰嘉禾元年九月十二日谷焉付倉吏谷漢受　（参二七〇七）

入中鄉所買鋘賈錢一萬☰嘉禾二年五月廿日小赤丘男子番莨付庫吏殷連受　（参三一六六）

入平鄉船師張盖折咸米十四斛二斗☰嘉禾元年九月五日盡丘番池付倉吏谷漢受　中　（参三七一〇）

入廣成鄉嘉禾三年私學限米十斛三斗冑畢☰嘉禾二年四月十八日渚丘潘睾關邸閣董基付三州倉吏鄭黑受　（柒一四七七）

またそれぞれの税種ごとの収量も、郷を単位として集計が行なわれたことは、以下の簡からわかる。

右東鄕入財用錢十一萬八百一十　〼　（壱一四四〇）
右南鄕入何黑錢二萬二千八百　（壱一六九八）
右廣成鄕[入]錢布六匹……　（壱八二二五）
右都鄕入皮十五枚　〼　（壱八三七八）
右平鄕入皮五十八枚　（壱八四二三）
右諸鄕入鋘賈錢三千十四　（参三一七一）
右平鄕入船師張盖折咸米十四斛二斗　〼　（参三六八九）
右都鄕入佃師限米卅六斛二斗　〼　（参五〇〇八）

走馬楼呉簡のなかにはまた、戸の品第によって銭を徴収するという税種があった。以下のものである。

模鄕郡吏何奇故戸上品出錢一萬二千臨湘侯相　見　嘉禾五年十二月十八日模鄕典田掾烝若白（正面）
入錢畢民自送牒還縣不得持還鄕典田吏及帥（背面）　（弐八二五九）

この種の簡の文言は、諸郷の吏民が戸の品第により定められた額の銭を、臨湘侯相に対して上納していた。張榮強氏は、孫呉時代、納税証明書は少なくとも三通作成され、当事者双方（納税者と納入先）が保有したほか、納税者である吏民から郷あるいは県吏に届けられて納税が済んだ証拠とされた。この戸品出銭牒は郷の典田掾から提出されたもので、簡背面の文言は、吏民に対して銭の納入が済んだ後、納入証明書を直接県廷に提出し、郷の典田吏や帥が再度集計しないことを求めている。このことは、通常の情況下では、吏民は納税証明書を郷吏に提出し、郷吏がそれをまとめて県に送達していたことを示している。(12) 右に掲げた多くの事例は、この推定が事実と大きくかけ離れていないことを証明していると言えよう。

このように、郷の行政業務はひじょうに煩瑣であったのである。

三　郷　吏

走馬楼呉簡に見えている郷吏は、その多くが臨時に「事に因りて設けられた」県吏であり、常設の郷吏だけを見ればその人数はまことに少なく、郷の行政業務がこのように煩瑣であった状況とは相容れない。

「事に因りて設けられた」県吏の主たる存在は、呉簡中に比較的よく見られる勧農掾と典田掾である。この種の郷吏については、既に多くの研究者が論及している。(13)沈剛氏は、勧農掾と典田掾とはいずれも純粋に郷里の事務だけをその職掌としているものではないとする。(14)また凌文超氏は、勧農掾はなんらかの事由により県廷から各郷に派遣された県吏であり、「事に因りて設けられた」もので、「時に因りて設けられた」ものではないという。(15)安部聡一郎氏も基本的に凌氏の観点を支持しながらも、さらに一時的な施策として勧農掾と典田掾を重複して設置するのは、両者の職掌が類似していることから理解できないとし、嘉禾四年から五年にかけての時期に、勧農掾から典田掾への切り替えが行なわれたのではないかとする。(16)また徐暢氏は、新たに公刊された多くの竹簡を利用して、詳細な集計と配列を試み、右の先行研究を踏まえつつ、郷の勧農掾の典田掾とは、名称が異なっているものの、職掌はきわめて似ており、県廷の部署からの指示により、不定期な業務を処理していたこと、しかし勧農掾が置かれたのは嘉禾二年から五年までで、その後この郷吏は典田掾に転じたという。(17)

走馬楼呉簡から、勧農掾と典田掾が郷レベルの行政においてよく活動していることがわかるのだが、それに対して、秦漢以来、郷レベルの行政で重要な存在だった郷有秩、郷嗇夫、および郷佐などは呉簡中にはほとんど出てこず、少なからぬ研究者の関心を引き起こしている。孫聞博氏は、呉簡にはほとんど郷嗇夫の職名が見えないのは、県の廷掾が郷の業務を兼ねていたからで、このことは、当時郷というシステムが衰退し、国家による基層社会に対する支配が後退していたことを反映しているとする。漢末から三国にかけての時期、国家の郷に対する管理には、郷に組織を設ける方式から、県廷から部吏を派遣する方式への変転が見られたというのである。[18] 徐暢氏も基本的にこの観点に賛同して、以下のように主張する。漢代から晋代にかけて、県レベルの行政権限が県より下位の単位へ分散化し、基層の里吏の行政権限が上昇し、郷で本来担当していた各種の定期・不定期の業務は、実質上はすでに県から派遣されて来た廷掾と、郷よりも下位の管理者である里魁、歳伍、および月伍などにより分担されるようになった。郷にもまた専任の属吏がいたにせよ、その行政権限はすでに狭められていたという。[19]

三国時代、孫呉の郷レベルの行政権限が狭められていたか否かについては、以下のような問題を解明しなければならない。すなわち当時の里吏の行政権は、秦漢時代のそれに比べて向上したのかどうか、県吏の権限が分散化した結果、多くの面で本来郷吏が保持していた権限にとって代わったのかどうか。

まず、秦漢時代の里吏の職能について見ておく。

里耶秦簡中に一組の戸籍簡がある。その制作単位は「南陽里」である。[20] また湖北省江陵鳳凰山一〇号漢墓木牘には、前漢の文帝・景帝年間の算賦、芻藁税、および戸賦などの記述がある。これらの賦税はみな里を単位として徴収されている。[21] 睡虎地秦簡や張家山漢簡などの法律の条文には、里典の権限についても若干の規定があるが、ここでは詳述しない。総じて言えば、現在まで公刊されている呉簡中の資料では、なお当時の里吏の権限が、秦漢時代と比べて拡大したことを証明するためには、なお材料が不足している。

第二に、孫呉時代の県吏の権限が分散化したのか、見てみよう。

右に掲げた諸説では、勧農掾や典田掾らがただ命令を奉じて各郷に往き、県廷から臨時に指示された業務に従事したとするが、彼らが郷においては通常の業務や日常の行政にも職責を負うのか、今もなお証明する手がかりがない。漢代、戸籍は郷に所蔵され、副本が県に上送された。戸籍の管理は郷の重要な職務の一つであった[22]。孫呉時代、郷が戸籍を所蔵したとすると、県廷が「事に因りて設け」、臨時に各郷に派遣された県吏がこれを保管したことになる。しかしこのような見方は一つの推測にすぎず、根拠は全く不十分である。徐暢氏の所説によれば、勧農掾はただ臨時に設けられただけではなく、担当の郷が固定されておらず、ある勧農掾は同時に二三の郷に責任を負い、またある郷では一年間に二三人の勧農掾が担当になったという[23]。この説に従えば、郷に所蔵されるべき戸籍が、このように目まぐるしく交替を繰り返すような官吏によって保管されるということになってしまう。これは不可思議と言うべきだろう。

漢代における郷の常設官職と日常的な行政の業務について、史書は以下のように記す。

郷有三老・有秩・嗇夫・游徼。三老掌教化、嗇夫職聽訟、收賦税、游徼徼循禁賊盜。（『漢書』巻一九上百官公卿表上）[24]

郷置有秩・三老・游徼。本注曰、有秩、郡所署、秩百石、掌一郷人、其郷小者、縣置嗇夫一人。皆主知民善惡、爲役先後、知民貧富、爲賦多少、平其差品。三老掌教化。凡有孝子順孫、貞女義婦、讓財救患、及學士爲民法式者、皆扁表其門、以興善行。游徼掌徼循、禁司姦盜。又有郷佐、屬郷、主民收賦税。（『續漢書』第二八百官志五）[25]

嚴耕望氏や卜憲群氏らの考証によると、游徼は「県職の（うちで）外部の者」に属するが[26]、このことは、漢代の游徼が県吏であることを示している[27]。郷の行政に従事する常設の官職は、三老、有秩、嗇夫、および郷佐だけで、そのなかで、三老は教化を掌り、有秩や嗇夫と郷佐は民政を管理した。

尹湾漢簡によれば、前漢晩期、東海郡は一七〇の郷、二六万六二九〇の戸を擁していて、郷三老が一七〇人、郷有秩が二五人、郷嗇夫が一三七人、郷佐が八八人いた(28)。ここから、当時にあっては、半数の郷では、郷三老と郷有秩もしくは郷嗇夫だけで、郷佐はいなかったことがわかる。すなわち郷三老と郷有秩あるいは郷嗇夫、さらに郷佐が全て揃っていたとしても、一郷の常設の官吏は三人だけなのである。漢代、常設の郷吏はもともときわめて少なかったということである。

『晉書』巻二四職官志には、

郡國及縣、農月皆隨所領戶多少爲差、散吏爲勸農。又縣五百以上皆置郷、三千以上置二郷、五千以上置三郷、萬以上置四郷、郷置嗇夫一人。郷戶不滿千以下、置治書史一人、千以上置史、佐各一人、正一人、五千五百以上、置史一人、佐二人(29)。

とある(30)。前漢晩期、東海郡の郷ごとの戸数は平均一五六六戸で、「千(戸)以上」に属する郷であっても、その常設郷吏の数は、西晋時代に決められていた郷の吏員の標準には達しない。もし、魏晋時代に郷がもつ行政機能がすでに狭められつつあったのならば、尹湾漢簡に現れている右のような現象をどう解釈すればよいのだろうか。

ここで強調しておかなければならないのは、走馬楼呉簡は枚数が膨大であり、臨湘侯国の行政文書ではあるけれども、侯国の行政業務のあらゆる面に関わるわけではけっしてないということである。おおよそ、これらの簡牘は、人口や戸籍、賦税などの徴収、倉庫の出納関係の文書が主で、家訾・口筭・傜役関係の内容をもつものこそあるものの、こういった諸負担がいかにして徴発されたのか、といった問題について語るところは詳しくない。土地の管理、盗賊、および獄訟類の文書も、指を折って数えることができる程度である。臨湘侯国の各部門・各クラスの吏員の任免や転任に関する文書は一枚たりとも見ることができない。このような情況下にあっては、推論を進めることには慎重を要する。

徐暢氏がすでに呉簡中の郷嗇夫と郷書史に関する資料に注意している。(31)

□□都郷嗇夫□……　（参六九八二）

領郷書史一戸下品　（肆四六五三）

領郷書史一戸下品　（肆五二五七）

領郷書史一戸下品〼　（肆五三一一）

〼□諸郷書史給船旁事　十月□日□曹掾□□白　（柒一四三四）

郷嗇夫が見えている簡はここに掲げた一枚だけで、しかも図版は不鮮明である。郷書史はまさに郷の常設官職の一つである。これ以外では、「郷帥」にも注目しておくべきだろう。

〼郷帥烝益布二匹≡×嘉禾元年八月六日關丞　付庫吏殷　連受　（肆八三三）

入西郷帥子弟限米三〼　（肆二九三四）

筆者は、「郷帥」は郷嗇夫の別称ではないかと考える。戸品出銭簡の背面の文字は、まさにこの問題を説明するのに値する。一例だけ挙げておく。

中郷大男□□故戸下品出錢四千四百侯相　嘉禾□年正月十二日都郷典田掾烝史白（正面）

入錢畢民自送牒還縣不得持還郷典田吏及帥（背面）　（柒二五一九）

簡の背面の文言は、銭の完納を証明する「牒」を県廷に送るべきこと、「郷の典田吏と帥」ではないことを強調しており、通常の情況下では、完納の証明書は、「郷の典田吏と帥」に提出すべきだったことがわかる。「郷典田吏」には、まさに正面に記された郷典田掾が含まれたと考えるべきであり、これは「事に因りて設けられた」県吏であり、「帥」は「郷帥」であり、郷の常設の官吏であろう。

呉簡中にある「郷吏魁帥」と「郷吏帥」には以下のような例がある。

致假課郷吏魁帥絞詭負者懸□入□□其卒主死　（肆一三三七）

郷吏帥卽斬丞尉收下品罪令長□□⧄　（肆四二〇六）

□者宜明以賞如有所匿郷吏帥卽斬丞尉收　（肆四二一一）

廣成郷勸農掾區光叩頭死罪白前被制（？）絞促二郷粢租米有入上道言　（柒二六二九）

「絞詭」・「絞促」は、おそらく強制的に督促・追査する意であろう。「郷吏魁帥」・「郷吏帥」については、検討する価値がある。「郷吏」は一種の通称であり、県廷の「事に因りて設けられた」郷の勧農掾や典田掾などの県吏か、もしくは郷の常設の官吏を指すのであろう(32)。「魁」には里魁があるが、他に丘魁もある。事例は以下の通りである。

集凡五唐里魁周□領吏民五十戸口食二百八十九人　（肆三八〇）

⧄禾二年十月十八日厭下丘魁鄭升關邸李嵩付倉吏黃諱番慮受　（捌三九二〇）

また「帥」にも郷帥以外に、丘帥がある。これについても、例を掲げる。

入屯田司馬黃松嘉禾二年限米一百五斛〼嘉禾三年正月四日石淳丘帥謝□關邸閣李嵩付倉吏黃諱史番慮　（弎三六五）

□□長沙李俗年廿　狀俗白衣居臨湘東郷茗上丘帥鄭各主　（肆三九九一）

私學長沙烝皋年卅　狀皋白衣居臨湘東郷□丘帥烝□主
□送兵戶　（肆四〇七八）

以上述べたように、「郷吏魁帥」や「郷吏帥」も、一種の通称であり、県廷から臨時に各郷に派遣されて特定の業務に従事する県吏を含むとともに、郷・里・丘に常設された官吏をも含んでいるのである。

おわりに

県の管下に置かれた一つの行政区画として、郷に常設された官吏は秦漢時代からその人数はきわめて限られており、主要には郷三老、郷有秩もしくは郷嗇夫、そして郷佐であった。彼らは戸籍の管理、正常な賦税・徭役の徴発に責任を負い、加えて比較的小さな民事紛争の処理などにもあたった。田地は田嗇夫と田典が責任を負い[33]、盗賊の取り締まりについては、県吏である游徼と亭長が責任を負い[34]、倉庫を管理するのもみな県吏であった。すなわち、秦漢時代から、郷の機構にもっぱら属する吏員の数は非常に少なかったのである。行政業務にも限界があったので、多くの業務は県吏が担当したのである。三国時代に入ると、時局が騒然としてきて、戦乱が間断なく続いたので、限られた数の常設の郷吏だけでは複雑な文書行政には対応できなくなった。そのため、膨大な臨時的な業務が、県廷から派遣された県吏に委ねられることになったのは必然の流れであった。しかしこれらの県吏が活躍したがゆえに、常設の郷吏の存在とその日常の行政業務の中での働きが否定されるに至ったと判断するには、なお証拠が不十分と言わざるをえないのである。

注

（1）侯旭東「長沙走馬楼三国呉簡所見〝郷〟与〝郷吏〟」、北京呉簡研討班編『呉簡研究』第一輯（武漢：崇文書局、二〇〇四年）。

（2）孫聞博「走馬楼呉簡所見〝郷〟的再研究」、『江漢考古』二〇〇九年第二期。

（3）呉簡中で北郷の出現頻度はひじょうに低い。ただ本文に掲げた頻度の高い郷のうち、方位などを冠したものに、東郷、西郷、南郷、そして中郷があるので、臨湘県には北郷もあったと推定できる。楊振紅「長沙呉簡所見臨湘侯国属郷的数量与名称」、卜憲群・楊振紅主編『簡帛研究』二〇一〇（桂林：広西師範大学出版社、二〇一二年）。

（4）『後漢書』（北京：中華書局、一九六五年）、志二二郡國志四、三四八五頁。

（5）王素「漢末呉初長沙郡紀年」、北京呉簡研討班編、前掲『呉簡研究』第一輯。

（6）連雲港市博物館他編『尹湾漢墓簡牘』（北京：中華書局、一九九七年）、七七頁。

（7）連雲港市博物館他編、前掲『尹湾漢墓簡牘』、七九頁。

（8）凌文超「嘉禾四年南郷戸籍与孫呉戸籍的確認」、同『走馬楼呉簡采集簿書整理与研究』（桂林：広西師範大学出版社、二〇一五年）。

（9）目下のところ、走馬楼呉簡のなかに見えている各種の簿籍のうち、師佐籍だけは県を単位として編制されている。これが漢代の制度を継承したものなのか否かについては、今後の検討に俟ちたい。

（10）すでに凌文超氏が注（8）に引いた論稿で、先行研究について整理を行なっている。

（11）『嘉禾吏民田家莂』、上冊七一頁。

（12）張榮強「呉簡中的〝戸品〟問題」、北京呉簡研討班編、前掲『呉簡研究』第一輯。

（13）徐暢氏が先行研究を手際よく整理している。徐「走馬楼所見孫呉〝郷勧農掾〟的再研究——対漢晋之際郷級政権的再思考」、『文史』二〇一六年第一期。

（14）沈剛『長沙走馬楼三国竹簡研究』（北京：社会科学文献出版社、二〇一三年）、第三篇第二章「郷吏」。

（15）凌文超「隠核波田簿与孫呉陂塘的治理」、同、前掲『走馬楼呉簡采集簿書整理与研究』。

（16）安部聡一郎「典田掾・勧農掾的職掌与郷——対長沙呉簡中所見〝戸品出銭〟簡的分析」、楊振紅・鄔文玲主編『簡帛研究』二〇一五年秋冬巻（桂林：広西師範大学出版社、二〇一五年）。

(17) 徐、前掲「走馬楼所見孫呉〝郷勧農掾〟的再研究」。
(18) 孫聞博「走馬楼呉簡所見〝郷〟的再研究」、『江漢考古』二〇〇九年第二期、同「簡牘所見秦漢郷政新探」、武漢大学簡帛研究中心主弁『簡帛』第六輯（上海：上海古籍出版社、二〇一一年）、参照。
(19) 徐、前掲「走馬楼所見孫呉〝郷勧農掾〟的再研究」。
(20) 湖南省文物考古研究所編『里耶発掘報告』（長沙：岳麓書社、二〇〇七年）、二〇三〜二〇七頁。
(21)「湖北江陵鳳凰山一〇号漢墓木牘・竹簡」、李均明・何双全編『散見簡牘合輯』（北京：文物出版社、一九九〇年）。
(22) 居延漢簡81.10（謝桂華・李均明・朱国炤編『居延漢簡釈文合校』〈北京：文物出版社、一九八七年〉）。

建平三年二月壬子朔丙辰都郷嗇夫長敢言之☐

同均戸籍臧郷名籍如牒毋官獄征事當得☐

「二年律令」戸律（『張家山漢墓竹簡〔二四七号墓〕』〈北京：中華書局、二〇〇一年〉、一七七頁）

恒以八月令郷部嗇夫・吏・令史相雑案戸籍、副臧（藏）其廷。

(23) 徐、前掲「走馬楼所見孫呉〝郷勧農掾〟的再研究」。
(24)『漢書』（北京：中華書局、一九六四年）、巻一九上百官公卿表上、七四二頁。
(25)『後漢書』志第二八百官志五、三六二四頁。
(26) 嚴耕望『中国地方行政制度史甲部　秦漢地方行政制度』（台北：中央研究院歴史語言研究所、一九九〇年）、二二七〜二二八頁、卜憲群「西漢東海郡吏員設置考述」、『中国史研究』一九九八年第一期、参照。
(27)『晉書』職官志では、游徼を県の属吏の項に配列している。晋制でありながら、漢制を継承していたのである。『晉書』（北京：中華書局、一九七四年）、巻二四職官志、七四六頁、参照。
(28) 連雲港市博物館他編、前掲『尹湾漢墓簡牘』、七七〜八一頁、謝桂華「尹湾漢墓所見東海郡行政文書考述」、連雲港市博物館他編『尹湾漢墓簡牘綜論』（北京：科学出版社、一九九九年）、および楊際平「漢代内郡的吏員構成与郷・亭・里関係——東海郡尹湾漢簡研究」、『厦門大学学報』（哲社版）一九九八年第四期。

（29）『晉書』巻二四職官志、七四六頁。

（30）『晉書』職官志には、郷三老と郷有秩については言及されていない。しかし嚴耕望氏の考証によると、これらの吏は西晋時代には依然として置かれていたという。嚴『中国地方行政制度史乙部　魏晋南北朝地方行政制度』（台北：中央研究院歴史語言研究所、一九九〇年）、三四四～三四五頁。

（31）徐、前掲「走馬楼所見孫呉〝郷勧農掾〟的再研究」。

（32）王子今「走馬楼簡牘所見〝吏〟在城郷聯系中的特殊作用」、『浙江社会科学』二〇〇五年第五期。

（33）裘錫圭「嗇夫初探」、同『古代文史研究新探』（南京：江蘇古籍出版社、一九九二年）、于振波「走馬楼呉簡中的里与丘」、『文史』二〇〇五年第一期。

（34）王毓詮「漢代〝亭〟与〝郷〟、〝里〟不同性質不同行政系統説――〝十里一亭……十亭一郷〟辨正」、『歴史研究』一九五四年第二期。

〔附記〕　なお本論文は、中国・国家社科基金重点項目「走馬楼呉簡与孫呉県政研究」（課題番号：13AZS009）による成果の一部である。

漢晋期における士伍の身分及びその変化
――出土簡牘資料を中心として――

蘇　俊　林

はじめに

士伍は社会身分の一種として、『史記』・『晉書』などの伝世文献に見られる。また、睡虎地秦簡・里耶秦簡・岳麓秦簡・張家山漢簡・居延漢簡など、秦漢期の簡牘にも士伍に関する記録が少なからず残されている。(1)三国時代の走馬楼呉簡にも士伍の記録が見られるが、秦漢期とは異なる士伍の新たな情況が確認される。士伍は秦漢時代にあっても魏晋時代にあっても同様に「士伍」と呼ばれたが、その身分・性質・地位などが変化している。

士伍身分に関する問題は多くの研究者に注目され、既に多数の研究成果が蓄積されている。これらの研究は創見に富むものであるが、再検討の余地も残されていると思われる。本論文では、秦漢簡牘・三国呉簡などの出土簡牘を分析の中心に据え、これと伝世文献の記載を結合することによって、まず秦漢時代における士伍の身分・地位を明らかにし、その上で漢晋間における士伍の身分・地位の変化について検討したい。

一　秦漢簡牘文書に見られる士伍

士伍は秦漢簡牘に多く確認される。里耶秦簡には士伍に関する多種多様な記録がある[2]。里耶秦簡には、

七月癸亥旦、士五（伍）臂以来。／嘉發　（里耶秦簡5-1背）

とある。ここに見られる臂という人物は士伍として文書伝送の任務に就いていた[3]。また、この他に辺境守備の任務に就く士伍が確認される。

1〼【尉】府爵曹卒史文、守府戍卒士五（伍）狗以盛都結。　（里耶秦簡8-247）

2罰戍士五（伍）資中宕登爽署遷陵書。〼　（里耶秦簡8-429）

3卅年五月戊午朔辛巳、司空守敞敢言之。冗戍士五（伍）□帰高成免衣用。（後略）　（里耶秦簡8-666＋8-2006）

4〼人忠出貸更戍士五（伍）城父陽鄭得〼　（里耶秦簡8-850）

5〼貸適戍士五（伍）高里慶忌〼　（里耶秦簡8-899）

6卅一年十月乙酉、倉守妃、佐富、稟人援出稟屯戍士五（伍）孱陵咸陰敵臣。富手。　（里耶秦簡8-1545）

簡1〜簡6の中で、少なくとも「戍卒士伍」[4]・「罰戍士伍」・「冗戍士伍」・「更戍士伍」・「適戍士伍」・「屯戍士伍」など六種の「戍」に関係する士伍が見られる。このように、彼らが辺境守備の任務に就く原因は様々であるが、基本的な身分は士伍のままである。これ以外にも、里耶秦簡には様々な士伍が確認できる。

7（前略）敦長買、什長嘉皆告曰。徒士五（伍）右里繚可（後略）　（里耶秦簡8-439+8-519+8-537）

8啓陵津船人高里士五（伍）啓封当践十二月更。（後略）　（里耶秦簡8-651）

9 ☐城父士五（伍）☐九月食。（里耶秦簡8-1109）

10［廿六］年十二月癸丑朔己卯、倉守敬敢言之。出西廥稲五十☐石六斗少半斗輸。粢粟二石以稟乗城卒夷陵士五（伍）陽☐☐☐☐。（後略）（里耶秦簡8-1452）

11卅二年正月戊寅朔甲午、啓陵郷夫敢言之。成里典、啓陵郵人缺。除士五（伍）成里匄、成。成爲典、匄爲郵人。謁令尉以從事。敢言之。（里耶秦簡8-157）

簡7～簡11からは「徒士伍」・「津船人…士伍」・「城父士伍」・「乗城卒…士伍」がいたことが確認できるのみならず、里典や郵人に任命される士伍もいた可能性が指摘できる。(5) また、次の例では他にも「居貲士伍」がいたことがわかる。

☐☐出貸居貲士五（伍）巫南就路五月乙亥以盡辛巳七日食。（後略）（里耶秦簡8-1014）

以上に列挙したように、里耶秦簡には多様な士伍が存在する。このような状況に対応して、役種別に士伍を統計していたことが次の史料からわかる。

☐士五（伍）一

☐☐居貲士五（伍）一

☐【士】五（伍）一（里耶秦簡8-1061）

当該簡には欠損があるため、文字を確認できない部分もあるが、この簡から少なくとも「居貲士伍」が他の二種の士伍とは別々に統計されていたことがわかる。

以上の里耶秦簡からは、負担する雑役がそれぞれ異なることによって、士伍は戍卒・徒・津船人・里典・郵人などになりうることが明らかになった。ただし、彼らは雑役を負担することで新たな身分を与えられたとしても、士伍としての身分が変更あるいは取り消されることはなく、新たな身分と共に用いられ続けた。つまり、士伍は犯罪によって罰戍士伍・適戍士伍さらには徒士伍になる場合があるばかりでなく、戍卒・津船人・里典・郵人にもなることができるのである。よって、士伍は先行研究[6]によって考えられたような罪人・刑徒あるいは卒ではなく、軍事的な性質を持つ社会身分の一種でもなかったといえる。

里耶秦簡にはまた次のような記録も確認できる。

▨□二戸　士五（伍）七戸
大夫一戸　司寇一【戸】▨
大夫寡三戸　小男子□▨
不更一戸　大女子□▨
小上造三戸　●凡廿五（第二欄）
小公士一戸（第一欄）　（里耶秦簡8-19）

この文書では士伍が大夫・不更・小上造・小公士・司寇・小男子・大女子などと同様に、「戸」を単位として統計されている。また、里耶秦簡にはより直接的に「戸人士伍」と記載された簡も存在する。

▨陵鄉成里戸人士五（伍）成隸▨。（里耶秦簡8-1813）

とある。更には、以下のように士伍の身体特徴までが詳しく記載されているものもある。

遷陵獄佐士五（伍）朐忍成都謝、長七尺二寸、年廿八歲、白晳色。舍人令佐冣占。（里耶秦簡8-988）

これらのことから、士伍は遅くとも里耶秦簡の時代には、戸籍身分の一種として存在していたことが明らかになる。士伍は秦代だけでなく、漢代でも引き続き使用された。張家山漢簡には士伍に関する条文が少なからず見られ、居延漢簡には以下のような士伍の名籍が見られる[7]。

田卒昌邑國湖陵治昌里士五（伍）彭武年廿四　（居延漢簡甲乙編501.1）

昌邑國趙垣里士五（伍）淳于龍年廿四　（居延漢簡甲乙編517.1+514.39）

このように里耶秦簡及び居延漢簡の簿籍にはいずれも士伍に関する記録が確認できる。したがって、士伍は秦漢時代に社会身分として普遍的に使用されていたといえるだろう。

二　秦漢時代における士伍の身分と地位

1．無爵身分としての士伍

前に挙げた居延漢簡の士伍の名籍の書式は、「職役＋郡（国）県里名＋士五（伍）＋姓名＋年齢」（様式一）となっている。一方、同じ「吏卒名籍」の中の別の簡には士伍ではなく、爵位が記載されたものも存在する。

田卒昌邑國郝成里公士公丘異　（居延漢簡甲乙編513.8+513.41）

戍卒張掖郡居延龍山里上造孫盛已年廿二　（居延漢簡甲乙編188.32）

戍卒張掖郡居延當遂里大夫殷則年卌五　（居延漢簡甲乙編133.9）

戍卒魏郡繁陽宜歳里公乘李廣宗　（居延漢簡甲乙編198.21）

これらの様式は「職役＋郡（国）県里名＋爵位＋姓名＋年齢」（様式二）である。様式一と様式二を比較するとわかるように、士伍は公士・上造・大夫・公乗などの爵位と同じ位置に記載されている。

ところが、士伍は決して爵位ではない。『漢書』巻十九百官公卿表には、

爵、一級曰公士、二上造、三簪褭、四不更、五大夫、六官大夫、七公大夫、八公乘、九五大夫、十左庶長、十一

右庶長、十二左更、十三中更、十四右更、十五少上造、十六大上造、十七駟車庶長、十八大庶長、十九關内侯、二十徹侯。

とある。百官公卿表に記載された爵位は全部で二十等である。公士に始まり、徹侯で終わっており、この中には士伍は含まれていない。何人かの研究者は士伍とは無爵者あるいは爵位を奪われた成丁（あるいは人）のことだと考えている(8)。この他にも、士伍は無官・無爵の成年男子であるという見解がある(9)。

張家山漢簡「二年律令」賜律には「毋爵者」という身分が見られる(10)。

賜不爲吏及宦皇帝者、關内侯以上比二千石、卿比千石、五大夫比八百石、公乘比六百石、公大夫・官大夫比五百石、大夫比三百石、不更比有秩、簪裹比斗食、上造・公士比佐史。毋爵者、飯一斗・肉五斤・酒大半斗・醬少半升。司寇・徒隷、飯一斗・肉三斤・酒少半斗・鹽廿分升一。

この律文では關内侯から司寇・徒隷など一連の身分に言及している。ここでは「毋爵者」の前が「公士」であり、「毋爵者」の後が「司寇」となっており、位置づけが比較的明確である。

「二年律令」戸律には身分に関して非常に詳しい記載がある。

宅之大方卅歩。徹侯受百五宅、關内侯九十五宅、大庶長九十宅、駟車庶長八十八宅、大上造八十六宅、少上造八十四宅、右更八十二宅、中更八十宅、左更七十八宅、右庶長七十六宅、左庶長七十四宅、五大夫廿五宅、公乘廿宅、公大夫九宅、官大夫七宅、大夫五宅、不更四宅、簪裹三宅、上造二宅、公士一宅半宅、公卒・士五（伍）・庶人一宅、司寇・隱官半宅。欲爲戸者、許之。

賜律と戸律の身分の記載を比較すると、「毋爵者」には公卒・士伍・庶人の三つの身分が含まれることがわかる。つまり、士伍は毋（無）爵者の一種であるといえる。

公卒・士伍・庶人はいずれも無爵者であるが、三者の地位はそれぞれ異なる。以前、秦進才氏は秦の士伍はある意味では庶民の一部と言えるが、漢の士伍は一般的に重罪がある者、あるいは重罪がある者の子孫であり、その身分は庶人よりも低いと指摘したことがある。[11] しかし、その後発見された史料から見ると、このような見解は恐らく適切ではない。睡虎地秦簡「封診式」には次のような文書の記載がある。[12]

□捕　爰書。男子甲縛詣男子丙、辭曰。「甲故士五（伍）、居某里、迺四月中盗牛、去亡以命。丙坐賦人□命。自晝甲見丙陰市庸中、而捕以來自出。甲毋（無）它坐。」

この爰書に現れる甲の身分は「男子」であるが、同時に「故士五」という身分も持っている。「故士五」とは、曽て「士五」であったという意味である。「男子」の甲が「故士五」という身分を強調している点から見れば「男子」と「士伍」の間には身分差異が存在するといえる。「二年律令」戸律では士伍と庶人は同じ広さの田宅が授けられているが、当該律文では高から低への配列された身分によって、一般的には士伍はその後の庶人よりも地位がやや高いと考えられる。

2・秦漢時代の士伍の来歴

士伍が無爵者であるという点については、もはや異論はないであろう。しかし、無爵者としての士伍はどのような来歴があるのであろうか。伝世文献の『漢官舊儀』には、

秦制二十爵。男子賜爵一級以上、有罪以減、年五十六免。無爵爲士伍、年六十乃免老、有罪、各盡其刑。

とある。衛宏は「士伍」を「無爵」と解釈していた。しかし、全ての無爵者が士伍になるわけではない。「二年律令」に見られる無爵者には公卒・士伍・庶人の三つの身分が含まれ、刑徒もまた「無爵」である。「無爵」からどのよう

にして「士伍」になるのか、具体的な経路は不明である。そのため、ここでは暫らく「無爵爲士伍」を士伍の来歴とは見做さない。

伝世文献と出土簡牘に依拠すれば、少なくとも三つの士伍の来歴が見られる。

（1）来歴その一：「奪爵爲士伍」

これに類する記録は伝世文献中に頻繁に見られる。以下に幾つかの例を挙げる。

①（秦昭襄王）五十年十月、武安君白起有罪、爲士伍、遷陰密。『集解』引如淳注曰、「嘗有爵而以罪奪爵、皆稱士伍。」（『史記』巻五秦本紀）

②四年、侯襄奪侯、爲士伍、國除。（『史記』巻十八高祖功臣侯者年表）

③廷尉信謹與丞相議曰、（前略）吏遷徙免罷、受其故官屬所將監治送財物、奪爵爲士伍、免之。（『漢書』巻五景帝紀元年七月条）

類似の記録は出土簡牘にも見られる。『岳麓秦簡』の「多小未能與謀案」[13]には「多初亡時、年十二歳、今廿二歳、巳（已）削爵爲士五（伍）。」（多が初めて逃亡した時、十二歳だったが、今は二十二歳で、既に爵を削られ士伍となっている。）とある。多は以前の爵位が「小走馬」であったが、[14]戸籍を離脱したので「削爵爲士伍」という罰に処された。『岳麓秦簡』の中には「削爵爲士伍」に関する律文もある。[15]「削爵」は「奪爵」と同じ意味である。「奪爵爲士伍」とは、有爵者が罪を犯したため、爵を奪われて士伍となるという意味である。

「奪爵爲士伍」は士伍の重要な来歴の一つではあるが、恐らく士伍の主要な来歴ではなかったであろう。国家が身分体系を制定した際に、有爵者が必ずや犯罪を行なうだろうと予測し、そのために特に士伍の身分を設けておいたとは考えがたい。ましてや、有爵者が罪を犯せば、全てが「奪爵爲士伍」とされたわけではなく、「免爲庶人」とされる場合もあった[16]。これらのことからすれば、もともと士伍という階層が存在しており、爵を奪われた有爵者の一部がこの階層にまで降格されたという可能性のほうが高いのではないだろうか。換言すれば、士伍には別の常態化・制度化された来歴があるはずで、「奪爵爲士伍」は士伍の来歴の補足的な形式に過ぎないだろう。

（2）来歴その二：「傅籍爲士伍」

『岳麓秦簡　肆』には以下の律文が存在する。

有爵寡、以爲毋（無）爵寡、其小爵及公士以上、子年盈十八歳以上、亦筋〈削〉小爵。爵而傅及公（1259）士以上子皆籍以爲士五（伍）（後略）（1258）。

当該律文によって、公士以上の子が「傅籍」を通じて「士伍」となることができることがわかる。より詳しい律文は張家山漢簡「二年律令」傅律に見られる。

不更以下子年廿歳、大夫以上至五大夫子及小爵不更以下至上造年廿二歳、卿以上子及小爵大夫以上年廿四歳、皆傅之。公士・公卒及士五（伍）・司寇・隱官子、皆爲士五（伍）。

男子はみな一定の年齢に達すると傅籍する必要があり、身分によって傅籍の年齢が異なる。公士・公卒・士伍・司寇・隠官の子は、傅籍した後には士伍という身分を得る。これが「傅籍爲士伍」（傅籍し士伍となる）の意味するところである。年齢の自然増加によって傅籍年齢に達した公士・公卒・士伍・司寇・隠官の子はみな国家の法律規定に従って傅籍され、直ちに「自然」に士伍となる。「士伍」という称号及びその特殊な地位が授与されるのは、傅籍という行為に対する国家からの報酬であろう。このように「傅籍爲士伍」は国家の制度によって保障されているため、これこそが士伍の来歴の常態化・制度化された形式であると考えられる。

ただし、一般的に子には「後子」と「它子」の区別があり、それぞれ獲得する身分も異なる。それでは、公士・公卒・士伍・司寇・隠官の子にも「後子」と「它子」の区別が存在するのであろうか。また、いずれの「子」が「傅籍爲士伍」とされたのであろうか。張家山漢簡「二年律令」置後律には、

疾死置後者、徹侯後子爲徹侯、其毋適（嫡）子、以孺子□□□子。關内侯後子爲關内侯、卿侯〈後〉子爲公乘、【五大夫】後子爲公大夫、公乘後子爲官大夫、公大夫後子爲大夫、官大夫後子爲不更、大夫後子爲簪褭、不更後子爲上造、簪褭後子爲公士、其毋適（嫡）子、以下妻子、偏妻子。

とある。「疾死置後者」の規定は簪褭の後子までで終わっており、簪褭以下の上造・公士などの後子については置後律に規定されていない。また、「二年律令」傅律には、

不爲後而傅者、關内侯子二人爲不更、它子爲簪褭。卿子二人爲不更、它子爲上造。五大夫子二人爲簪褭、它子爲上造。公乘・公大夫子二人爲上造、它子爲公士。官大夫及大夫子爲公士。不更至上造子爲公卒。

とある。この律文は「上造子」までで終わっている。「上造子」が傅籍された後に獲得する身分は公卒であり、「上造子」の場合、後子と它子が区別されていない。もし他の律文に規定がなかったとすれば、「上造子」は後子と它子を区別せず、全て傅律の規定に従って傅籍によって公卒となったのであろう。公士・公卒・士伍・司寇・隠官などの子も恐らく「上造子」と同様に、後子と它子とを区別せず、傅籍後は一律に士伍となったのではないだろうか。

また、これらの律文にはいずれも庶人の子の身分に関する規定が存在しない。劉欣寧氏と任仲爀氏は、庶人の子は公士・公卒・士伍・司寇・隠官などの子と同様に士伍となると考えている。[17] この解釈が正しいとすれば、庶人の子も恐らくは傅籍を経ることで士伍となったのであろう。

（3）来歴その三：（隷臣など）「免爲士伍」

『岳麓秦簡　肆』には、以下の複数の律文が見られる。

佐弋隷臣・湯家臣、免爲士五（伍）、屬佐弋而亡者、論之、比寺車府。內官・中官隷臣妾・白粲以巧及勞免爲士五（伍）・庶人・工・工隷隱官而復屬內官・中官者、其或亡（2085）以巧及勞寺車府」・少府・中府・中車府・泰官・御府・特庫・私官隷臣、免爲士五（伍）・隱官、及隷妾（1975）免爲庶人（後略）（0170）。

以上の四枚の簡は全て秦の亡律の内容であるが、その中に「免爲士伍」（免じて士伍と為す）が見られる。0782簡と2085簡によって、佐弋の隷臣・湯の家臣は免ぜられて士伍になるが、内官・中官の隷臣妾・白粲は「巧」や「勞」によって免ぜられ、士伍・庶人・工・工隷隠官となるのを確認できる(18)。だが、1975簡と0170簡からは、寺車府・少府・中府・中車府・泰官・御府・特庫・私官の中で隷臣は免ぜられて士伍・隠官になるが、隷妾は免ぜられて庶人になることが確認できる。ここから推測すれば、内官・中官の中で隷臣のみが免ぜられて士伍となる可能性が高い。隷臣は男性であるが、隷妾は女性である。男性の隷臣のみが免ぜられて士伍となるのは、士伍が全て男性である事実と合致する。佐弋・湯・内官・中官・寺車府・少府・中府・中車府・泰官・御府・特庫・私官はいずれも官署である。つまり、秦代にはある官署の隷臣・家臣は「勞」などによって免ぜられて士伍となる場合があった(19)。

もちろん、「奪爵爲士伍」のように、隷臣などの「免爲士伍」も士伍の常態化・制度化された来歴ではなく、補足的な形式の一つに過ぎないであろう。この他に、隷臣以外の司寇・隠官・城旦などの刑徒が士伍になることができたかどうかについて、現時点では関連する資料は見られないが、可能性は排除できない。

以上、現段階で確認できる資料からは、士伍には少なくとも三種の来歴があることが明らかになった。①有爵者の「奪爵爲士伍」は士伍の来歴のうち補足的な形式である。②公士・公卒・士伍・庶人・司寇・隠官の子の「傅籍爲士伍」は士伍の来歴のうち常態化・制度化した形式である。③隷臣などの「免爲士伍」も士伍の来歴の補足的な形式である。「奪爵爲士伍」には、有爵者に対する司法処罰の精神が体現されている。「傅籍爲士伍」には基層社会の後裔の身分を秩序立てることによって、統治の基礎を拡大させるという国家の意図がうかがえる。また「免爲士伍」には、国家が隷臣などの刑徒に対して「刑徒」という身分が変更されうる機会を設けておく意図がうかがえる。これら三種の来歴以外に、更に別の来歴があるかどうかについては、新たな資料が公開された後に改めて検討したい。

3．秦漢国家身分体系における士伍の地位

秦漢簡牘において、士伍はしばしば爵位と同様に扱われ、あるいは爵位と同じ位置に表記される。ここから、多くの研究者は士伍が爵制的身分序列に属すると考えている。[20]しかし、無爵者である士伍を「爵制的身分」と扱うことはやや妥当性を欠くように思われる。そもそも、なぜ無爵である士伍を「爵制的身分」とする必要があるのか疑問である。確かに、「二年律令」戸律の中には、有爵者（徹侯から公士まで）――無爵者（公卒・士伍・庶人）――刑徒（司寇・隠官）という国家身分体系が存在する。この身分体系の中の身分は等級の区別があるだけでなく、等級の昇降が可能である。また、この身分体系の中には爵制身分があるのみならず、非爵制身分も含まれる。実際には、このような爵制の範囲を超越した身分体系は、爵制系統（有爵者）、民系統（公卒・士伍・庶人）、刑徒系統（司寇・隠官など）といった三つの子系統から構成されるものだといえる。

（1）士伍と爵制系統の関係

「奪爵爲士伍」が士伍の重要な来歴の一つであることは、全体としての身分体系全体の中に、「有爵者（爵制系統）→士伍」という身分変動が存在したことを意味する。爵制系統と士伍の間の身分変動は単向性ではなく、双向性である。有爵者が士伍になるだけでなく、士伍も有爵者になることができた。

一般的に、士伍には役に服する義務があったと考えられている。前述のように、里耶秦簡には雑役に従事した士伍の記録が多く見られる。従事している期間中に、士伍は「功」・「勞」などによって爵位を得て、有爵者になることができた。この他に、民爵賜与（国家が普遍的に民衆に民爵（公乗以下の爵位）を賜うこと）は士伍が有爵者になる重要な経路であったと考えられる。西嶋定生氏は、民爵賜与の対象は家長だけでなく、家族の中のその他の男子も対象であったと指摘している。(21) 傅籍した成年男子である士伍は、家長であれ家族の成員であれ、全てが賜爵対象であったといえる。功労あるいは普遍的な「民爵賜与」によって、「士伍→有爵者（爵制系統）」という身分変動が実現されるのである。有爵者は極めて特別な例外的事例を除外すると、(22) 全て男性である。士伍もまた全てが男性である。このように有爵者と士伍の間には性別上の一致を見ることができ、この一致は両者の間に内在的な関係があることを示唆しているだろう。

（2）士伍と民系統の関係

民系統は公卒・士伍・庶人の三つの身分を含むため、士伍自体が民系統に属している。公卒については、石岡浩氏が「公卒」は特定職務を持たない「卒」身分であると指摘している。(23) 秦漢簡牘の中では、公卒は士伍より地位が高いが、記載の次数は士伍よりもはるかに少ない。士伍はより普通的かつ重要であったのであろう。しかし、関連する資料が乏しいため、公卒の具体的身分、公卒と士伍の関係などは現段階でははっきりしない。

庶人も民系統に属する身分である。陶安あんど氏は庶人を奴婢及び刑徒であるとする伝統的解釈を批判し、庶人とは「公卒」・「士伍」などの特定の身分ではない「傅籍」した者であり、例えば「妻」・「子」・「免妾」など他人の戸籍に依附していた者や、「工」・「樂人」などの特殊な身分の者を含み、更には公士以上の有爵者もその範疇に含まれたであろうと指摘している。(24) また呂利氏は、庶人とはまず「生来の自由人」と呼べる男女の階層の身分であるが、彼らに次いで贖免・放免・赦免をされた罪人・徒隷・収人、奴婢などが法的に獲得できる身分である。男子は傅籍あるいは爵位獲得以前には庶人であり、未婚の女子も庶人である、と述べる。[25] 男女はいずれも庶人になることができるが、成年でかつ壮健な男性の庶人のみが傅籍を経ることで士伍になることができた。[26] これが「(男性かつ壮健な)庶人↓士伍」という身分変動である。

士伍は犯罪後に赦免されることで庶人になる場合がある。『岳麓秦簡 参』の「猩、敞知盗分贓案」には、士伍の猩が罪を犯し、本来であれば「黔城旦」(刑徒の一種)の判決を受けるはずであったが、「還戊午赦爲庶人」とあるように、戊午赦によって赦免され庶人となった。この事例は「士伍↓庶人」という身分変動である。

(3) 士伍と刑徒系統の関係

士伍は恐らく刑罰の減免権を持たないため、赦による場合を除き、違法行為があれば、みな法律によって断罪される。前述の「猩、敞知盗分贓案」中の士伍の猩が法律に照らせば本来「黔城旦」であることも、この証拠といえる。士伍が罪を犯して刑徒に降格されるのは、「士伍↓刑徒」という身分変動があったということである。

刑徒は赦免されて庶人になることがあり、庶人もまた士伍になることができる。つまり「刑徒↓庶人↓士伍」という身分変動が存在したといえる。ただし、刑徒から士伍までの身分変動は必ず間に庶人を介してから転換する必要がある。刑徒が赦免されて直接士伍になることができるかどうかという問題は検討に値する。『岳麓秦簡 肆』(0782＋2085, 1975＋0170) から、ある官署の隷臣・家臣は「勞」などによって免じられて直接士伍になることができたことがわかる。隷臣以外のその他の刑徒が免ぜられて士伍になるかどうかについては、現段階では証拠となる資料がないため、不明であると言わざるを得ないが、可能性は排除できない。

士伍が国家身分体系全体の中に占める地位、及び他の身分との関係を図示すると以下のようになる。

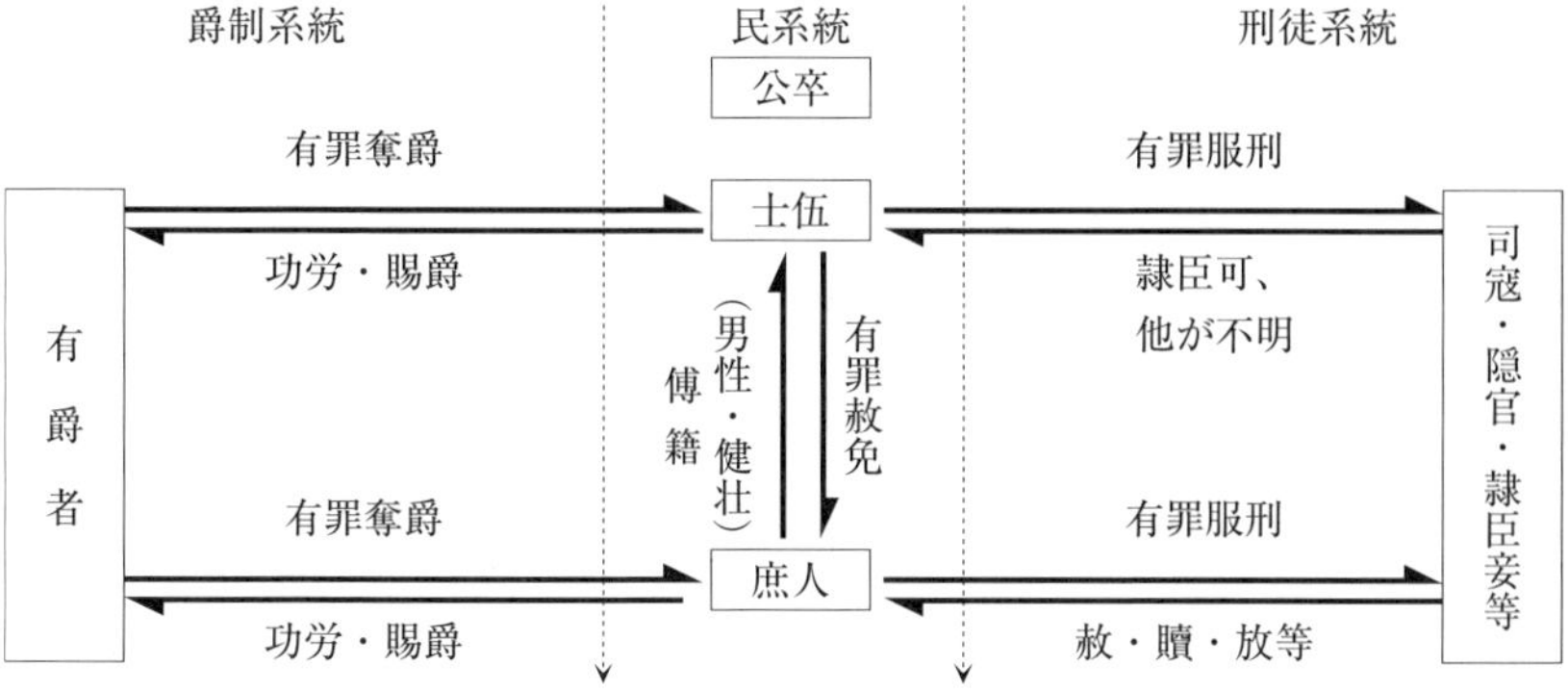

秦漢時代の士伍と国家身分体系の関係図

この図によって示されるように、士伍は国家身分体系において非常に重要な位置を占めている。刑徒は一般的に爵位を持たず、直接に賜爵されることもない。賜爵される対象は全て民系統以上の身分である。庶人には賜爵される機会があるが、庶人のうち成年で壮健な男子の大部分は傅籍によって士伍に昇格している。そのため、残るのは老弱婦孺などであり、爵を得ることは事実上困難であったと考えられる。「奪爵為士伍」及び刑徒から赦免された壮年の庶人も爵位を獲得することができたとはいえ、身分体系全体の中で見れば、士伍は庶人よりも有爵者になる機会が多かったといえる。以上の見解が妥当であるとすれば、士伍は「爵制系統——民系統——刑徒系統」という身分体系全体の中の身分変動の過程において極めて肝要な部分であったといえるだろう。民系統の士伍は爵制系統への「起点」としても[27]、刑徒系統の身分から昇格する「終点」としても、身分体系全体の中で枢要な役割を果たしていたのである。

三　呉簡に見られる士伍の身分及びその変化

ここまでは出土簡牘によって秦漢時代の士伍及びその身分などを検討したが、続いて三国時代の走馬楼呉簡に見られる士伍について分析を試みたい。

走馬楼呉簡の中には二種類の士伍に関する記録がある。(28) 一つは以下のような租税納入簿に見える。

⧄十月廿三日廉丘士伍潘特關邸閣李嵩⧄　（壹三四一六）

□州吏陳放士伍胡□田九町合三畝卅歩　（壹三四二〇）

⧄月廿七日下俗丘士伍胡元關邸閣李嵩付倉吏⧄　（壹三五三九）

⧄下爽丘士伍張利二年財用錢二千≡×嘉禾二年十月十九日……⧄　（参三二四八）

⧄嘉禾元年十一月廿日緒中丘士伍呉□民呉關⧄　（参三八九七）

⧄下丘仕伍□□關⧄　（参四〇四〇）

⧄□□丘仕伍唐升關邸閣郭據□⧄　（参四一〇九）

出平鄉……限米□斛≡×嘉禾二年四月十八日勸農掾蔡忠付□丘仕伍烝□守錄若⧄　（肆四三二一）

⧄年十一月六日石下丘士伍□□關⧄　（捌五九四三）

これらの呉簡の簿籍には「士伍」のように見える文字があるが、この釈文に疑問を持っている研究者もいる。凌文超氏は壱三四一六、壱三四二〇、壱三五三九、参三二四八、参三八九七、参四〇四〇、参四一〇九などの呉簡の「士伍」は恐らく「比伍」であろうと指摘する。(29) また、孫聞博氏もこれと類似した指摘をしている。(30) ただし、整理者の釈文をみると、上に挙げた簡のうち、少なくとも四枚の簡では「士伍」（又は「仕伍」）という釈文上に疑問が残ることを示す何らの記号も付していない。これらの釈文が正確であるか否かについては、今後機会があれば簡の実物を参照して確認したい。

もう一種の記録は、呉簡名籍の中に見られ、前に引用した居延漢簡の例と類似している。

賢妻大女婢年卅三　賢子男仕伍業年五歳　（弐一五三八）

中には、以下のように二人の士伍が出現する例もある。

・庳子男仕伍福年八歳　福男弟仕伍□年五□▨　（弐一五五八）

このような竹簡中には、身分が士伍であると確認できる人物が全部で三三三人いる。(31) ところが、以下の例に見られるように、士伍であることは家庭成員内部の序列関係に影響を及ぼさないと考えられる。

▨□女弟了年九歳　了弟仕伍鼠年五歳　（壱八九四四）

黄弟仕伍孔年四歳　張姪子公乗譲年……　（弐一五四七）

呉簡中の名籍では士伍が女性の後ろに排列される場合があり、また士伍が公乗の有爵者の前に排列される場合もある。ただ、士伍あるいは公乗であることは孫呉時代、家庭構造内部の関係に影響を及ぼすことはないことが明らかになる。(32)

孫呉時代の士伍は秦漢時代の士伍と同じく全て男性であるけれども、両者の間には大きな違いがある。秦漢時代の士伍は全て成年男子である一方、孫呉時代の士伍は圧倒的多数が未成年者である。呉簡の名籍中の三三三例に上る士伍のうち、一四歳以下が二八三人含まれ、全体の八四・九八パーセントを占めている。一五歳以上はわずかに六人しかおらず、全体の一・八〇パーセントである。これ以外の四四人の年齢は不明である。呉簡の士伍は圧倒的多数が未成年者であると言える。(33) このことから、王子今氏は呉簡の士伍が秦漢時代の「小爵」に関係があるという見解を持っており、(34) 沈剛氏に至っては呉簡の士伍とは服役の必要の無い児童であるとさえ考えている。(35) 確かに、呉簡に見られる大多数の士伍は未成年者であるが、一五歳以上の士伍も六例存在している。(36) そのため年齢のみによって孫呉時代における士伍の身分を理解することは恐らく適切ではない。とはいえ、孫呉時代の士伍は、秦漢時代と比較すると、年齢構成の面で大きな変化が生じていたことは間違いない。(37)

四　漢晋期における士伍の身分及び地位の変化

秦漢時代に士伍が国家身分体系全体の中で重要な位置を占めていたことはすでに明らかにした。「傅籍」によって国家に労働力を提供することで獲得された士伍の身分は、必ずや社会的価値を持つものであったはずである。張家山漢簡「二年律令」傅律には次のような規定がある。(38)

大夫以上［年］九十・不更九十一・簪裹九十二・上造九十三・公士九十四・公卒・士五（伍）九十五以上者、稟鬻米月一石。

大夫以上年七十・不更七十一・簪裹七十二・上造七十三・公士七十四・公卒・士五（伍）七十五、皆受仗（杖）。

大夫以上年五十八・不更六十二・簪裹六十三・上造六十四・公士六十五・公卒以下六十六、皆爲免老。

不更年五十八・簪裹五十九・上造六十・公士六十一・公卒・士五（伍）六十二、皆爲睆老。

このように身分の違いによって、稟鬻・受杖・免老・睆老の年齢が異なっている。免老に関する規定の「公卒以下」の中には公卒・士伍・庶人などが含まれると考えられるが、稟鬻・受杖・睆老などの規定は士伍までで終わっており、庶人は含まれないものと考えられる。庶人は稟鬻・受杖・睆老といった政策を享受できなかったか、あるいは他に規定があったのであろう。仮にそのような規定があったとしても、庶人は士伍よりも稟鬻・受杖・睆老の年齢が遅れたものと考えられる。いずれにしても、士伍はこのような場合に庶人よりも身分的に優遇されていたといえる。

士伍は長時期にわたって特殊な社会身分の一種として使用されていた。『漢書』巻七四丙吉伝には次のような記載がある。

元帝時、長安士伍尊上書、言、臣少時爲郡邸小吏、竊見孝宣皇帝以皇曾孫在郡邸獄。（後略）。

尊が上書の際に使用した身分は「士伍」であり、「草民」ではなく「臣」を自称している。即ち、前漢末期になっても士伍は特殊な意義を持つ社会身分であったと考えられる。

三国時代になっても、士伍は依然としてある種の特殊性を持っていた。諸葛恪が死んだ後にその屍体が荒野に曝されていたため、臧均は収葬することを求めて上表し、以下のように述べている。

今恪父子三首、縣市積日、觀者數萬、詈聲成風。（中略）願聖朝稽則乾坤、怒不極旬、使其鄉邑若故吏民、收以士伍之服、惠以三寸之棺。昔項籍受殯葬之地、韓信獲收斂之恩、斯則漢高發神明之譽也。

（『三國志』巻六四諸葛恪伝）

臧均の上書は、「士伍の服」・「三寸の棺」を恩恵として諸葛恪に施すよう求めている。「士伍の服」と特に述べられていることから、士伍はその身分が特殊であるだけでなく、恐らくその身分を表示する特別な服があったことがわかる。

ただし、秦漢時代の士伍の来歴は様々であり、「傅籍爲士伍」以外にも「奪爵爲士伍」・「免爲士伍」という来歴があった。「奪爵爲士伍」・「免爲士伍」の場合は身分が士伍であっても、有爵者から降格された者あるいは隷臣などの刑徒から免ぜられた者であるため、次第に士伍は曽ての「犯罪履歴」であるとする印象が形成されていったのであろう。士伍のこうした「恥辱的」な部分は全ての士伍階層の社会的な地位と名誉に悪影響を与えたであろう。更に、民爵賜与が頻繁に行なわれたことに伴う爵の氾濫によって、有爵者がますます多くなり、それとともに士伍の実際の価値はますます低下していき、ほとんど価値のないものとなっていった。もともと地位の低かった士伍はこれらによって更に卑賤化していったと考えられる。

遅かれ早かれ士伍が卑賤化するのは必然の帰結であった。魏晋以降になると、士伍は地位が低いことを表す身分称謂として多く用いられている。

1其吏従兵衆、皆士伍小人、給使東西、不得自由（後略）。　（『三國志』巻八公孫度伝注引『魏略』）

2蜀郡一都之會、戸口衆多、又（諸葛）亮卒之後、士伍亡命、更相重冒、姦巧非一。　（『三國志』巻三九呂乂伝）

3（趙至）母曰、汝先世本非微賤、世亂流離、遂爲士伍耳。爾後能如此不。　（『晉書』巻九二文苑・趙至伝）

4太康中、以良吏赴洛、方知母亡。初、（趙）至自恥士伍、欲以宦學立名、期於榮養。　（同右）

魏晋以降になると、孫呉の士伍のように依然として「士伍の服」があり、一定の特殊性があったとしても、全体的には士伍はもはや「小人」と同じような身分であり、地位が非常に低くなっていた。士伍は次第に本来の身分から乖離してゆき、多く場合には地位が低いことの代名詞として用いられるようになってしまった。魏晋時代の士伍の身分には明らかに卑賤化の傾向にあったといえる。

おわりに

ここで、以上で明らかにした内容を簡単にまとめておきたい。①秦漢簡牘からみると、秦漢時代に士伍は戸籍身分の一種で、無爵者である。②秦漢時代に、士伍は少なくとも三つの来歴があった。このうち「奪爵爲士伍」・「免爲士伍」は補足的な形式であるが、「傅籍爲士伍」は制度的な形式である。③士伍は秦漢国家身分体系の中できわめて重要な位置にあり、特殊な地位を持つ。④走馬楼呉簡には多くの未成年者の士伍が見られ、秦漢時代の士伍が全て成年男子であったことと比較すると、大きく変化している。⑤秦漢時代から孫呉時代に至るまで、士伍は常にある種の特別な地位をそなえていたが、魏晋時代になると士伍は明らかに卑賤化の傾向が見られる。

士伍が簡牘資料に最後に確認されるのは走馬楼呉簡であり、湖南省郴州市蘇仙橋で出土した西晋簡には士伍に関する記録は今のところ確認されていない。また、西晋の名刺簡と吐魯番文書には士伍だけでなく、公乗以下の民爵の記載すら確認されない(39)。こうした変化が、士伍及び民爵の地位の低下と関係するであろうことはもちろんであるが、更に重視すべきは漢晋期の社会身分体系が変化したことと関係する可能性であろう。凌文超氏は漢晋期に編戸の民の社会身分の称謂が「士大夫」から「吏民」へと変化したと指摘している(40)。恐らく、このような社会身分体系の変化に伴って、既に地位の低下していた「士伍」という称謂は、次第に歴史の表舞台から退場してゆき、わずかに文献の中で低い身分の代名詞としてのみ使用されるようになっていったのであろう。漢晋期の社会身分体系の変化とその原因、ひいてはその変化から読み取れる時代交替の意味などの問題については、本稿で言及できなかったが、課題として今後詳しく検討していきたい。

注

（1）本論文に引用する簡牘には、「士五」・「士伍」・「仕伍」の三通りの書き方が見られる。簡牘の引用文を除き、本文では表記を「士伍」に統一する。

（2）『里耶秦簡牘校釈』。

（3）前掲『校釈』は「以来」を「文書を送達する」意味とする（七頁）。

（4）里耶秦簡8-1094簡に記された「卒戌士五」は「戍卒士五」の誤りであろう。

（5）『岳麓秦簡　肆』には、

（前略）置典・老、必里相誰（推）、以其里公卒・士五（伍）年長而毋（無）害（1405）者爲典・老、毋（無）長者令它里年長者（後略）（1291）。

とある。これは士伍が（里）典や老と任命される事に関する律文である。

（6）これらの先行研究は、越智重明「漢時代の賤民、賤人、士伍、商人」（『九州大学東洋史論集』七、一九七九年）、秦進才「秦漢士伍異同考」（『中華文史論叢』一九八四年第二期）などの研究結果を参照。

（7）中国社会科学院考古研究所編『居延漢簡甲乙編』下冊（中華書局、一九八〇年）。

（8）片倉穣「漢代の士伍」（『東方学』三六、一九六八年）、高敏「秦簡中幾種称謂的涵義試析」（同『雲夢秦簡初探』増訂本、河南人民出版社、一九八一年）、周厚強「秦士伍的身分及其階級属性辯析」（『求索』一九九一年第四期）、劉海年「秦漢『士伍』的身分与階級地位」（同『戦国秦代法制管窺』、法律出版社、二〇〇五年）などを参照。

（9）朱紹侯氏は、秦漢の士伍は「里伍又は什伍に住む無官・無爵者であり、戸籍に名がある成年男子である」と指摘する（同「士伍身分考辨」（同『軍功爵制考論』、商務印書館、二〇〇八年）。陳抗生氏は、秦代には「士五」は「什伍」という組織の中で互いに取り締まり合い、「士民」をその内容とする秦代の男性の百姓と考える（同「『睡簡』雑辨」、中国歴史文献研究会編『中国歴史文献研究集刊』第一輯、湖南人民出版社、一九八〇年）。また羅開玉氏は、秦の士伍は恐らく商鞅の「什伍制」を淵源とするもので、地方の「伍」及び軍の「什伍」中の無爵の適齢男性の単称であると指摘する（同「秦『什伍』、『伍人』考」、『四川大学学報』（哲学社科版）一九八一年第二期）。越智重明氏は、秦の士伍は無爵の庶（＝無爵・非官人）の称呼であるが、漢の士伍は無爵の庶の男子を指すと考え、秦の士伍の士は軍人を意味するとすべきであるが、漢の士伍の士にはもはや軍人という意味はなくなっていると指摘する（前掲、「漢時代の賤民、賤人、士伍、商人」）。

（10）張家山二四七号漢墓竹簡整理小組編『張家山漢墓竹簡［二四七号墓］』釈文修訂本（文物出版社、二〇〇六年）。

（11）秦進才、前掲「秦漢士伍異同考」。

（12）睡虎地秦墓竹簡整理小組編『睡虎地秦墓竹簡』（文物出版社、一九九〇年）。

（13）『岳麓秦簡　参』1208。

（14）王勇・唐俐両氏は、秦爵の走馬が漢爵の簪褭に相当すると指摘する（同「『走馬』為秦爵小考」、『湖南大学学報』社会科学版二〇一〇年第四期)。劉敏氏によれば、小爵は年齢と身長に関係があり、まだ傅籍して成人になっていない者が持つ爵位である(同「張家山漢簡『小爵』臆釈」、『中国史研究』二〇〇四年第三期)。また岳麓秦簡の整理者は、秦王政二十六年の前後に走馬が簪褭に代替され、小走馬とは傅籍していない者が持つ走馬の爵位であるとする(『岳麓秦簡 参』、一一七、一四三頁)。走馬と簪褭の関係については、整理者の別稿(陳松長・賀曉朦「秦漢簡牘所見『走馬』、『簪褭』関係考論」、『中国史研究』二〇一五年第四期)で、より詳しく考証されている。

(15)『岳麓秦簡 肆』には、

尉卒律曰、黔首將陽及諸亡者、已有奔書及亡毋(無)奔書盈三月者、輒筋〈削〉爵以爲士五(伍)(1234)

という律文が存在する。

(16)『史記』巻十八高祖功臣侯者年表には、

(呂后)三年、(任)侯(張)越坐匿死罪、免爲庶人、國除。

とある。

(17)劉欣寧『由張家山漢簡「二年律令」論漢初的繼承制度』(国立台湾大学出版委員会、二〇〇七年、七九頁)、任仲爀「秦漢律中的耐刑——以士伍身分的形成機制爲中心」(卜憲群・楊振紅主編『簡帛研究』二〇〇八、広西師範大学出版社、二〇一〇年)を参照。

(18)整理者はこの「家臣」の身分・地位が「隷臣」と相当するのであろうと指摘している(『岳麓秦簡 肆』、七四頁)。また、この「家臣」は男性であったはずだと考えている。

(19)周知の漢律が秦律を踏襲しているという観点から考えれば、隷臣などを「免爲士伍」のような律文は、漢代にも存在するかもしれない。

(20)鷹取祐司氏は、士伍が「爵制的身分序列」の一つとして、第0級に位置したとする(同「秦漢時代の刑罰と爵制的身分序列」、『立命館文学』六〇八、二〇〇八年)。任仲爀氏も鷹取氏と同じ観点を待っている(任仲爀、前掲「秦漢律中的耐刑」)。陶安あんど氏は、士伍が公士などの「有爵身分」及び司寇などの「刑罰的身分」でも「連続した身分制度の構成要素」となり、それらの間にも序列関係が存在しているが、確かに士伍が「庶人」、「爵を所持しない」などの身分である、と指摘している（同『秦漢刑罰体系の研究』、創文社、二〇〇九年、七三、八二、八七～八八頁）。また、椎名一雄氏は、士伍が爵位と序列関係が存在しており、同表に表示されるが、士伍に「無」（無爵者の意味である）を表記している（同「『庶人』の語義と漢代の身分秩序」、『大正大学東洋史研究』創刊号、二〇〇八年）。楯身智志氏は椎名氏と同じ観点を持っている（同『前漢国家構造の研究』、早稲田大学出版部、二〇一六年、二頁）。この点から見ると、陶安氏、椎名氏、および楯身氏らは、鷹取氏や任氏の意見とやや違いが存在していることがわかる。

(21) 西嶋定生著／武尚清訳『中国古代帝国的形成与結構――二十等爵制研究』（中華書局、二〇〇四年）、二二五～二五〇頁。

(22) 『漢書』の記述によれば、魯侯奚涓の死後に子がいなかったため、奚涓の母の底が重平侯に封じられている。また、蕭何の子である禄も死後に子がいなかったので、蕭何の夫人である同が酇侯に封じられている。底と同いずれも女性である。その後も封君の爵位を賜与された女性がいたが、いずれも上層社会の女性の例である。一般民衆の場合には通常女性には爵位がないと考えられている。

(23) 石岡浩「公卒・士伍・庶人――秦代軍功爵制下的差別標識――」（上）（『アジア文化研究所研究年報』四八、二〇一四年）。

(24) 陶安「秦漢律『庶人』概念辯正」（武漢大学簡帛研究中心主弁『簡帛』第七輯、上海古籍出版社、二〇一二年）。

(25) 呂利『律簡身分法考論：秦漢初期国家秩序中的身分』（法律出版社、二〇一一年）、二〇七頁。

(26) 張家山漢簡「二年律令」傅律には、

当傅、高不盈六尺二寸以下、及天烏者、以爲罷㾓（癃）。

とある。身長が低い者及び障害者は傅籍で士伍となることができなかった。

(27) 凌文超「走馬楼呉簡所見『士伍』辨析」（長沙簡牘博物館他編『呉簡研究』第三輯、中華書局、二〇一一年）は、秦漢初期の士伍は爵制序列に入るための最低資格であり、二十等爵制の級差の延長上にあると指摘する。

(28) 『竹簡　壱』～『竹簡　肆』、『竹簡　柒』、および『竹簡　捌』。

(29) 凌文超、前掲「走馬楼呉簡所見『士伍』辨析」。

(30) 孫聞博「走馬楼呉簡所見郷官里吏」(長沙簡牘博物館他編、前掲『呉簡研究』第三輯)。
(31) 一部の竹簡には欠損があり、士伍の簡であるかどうか、確認できない。例えば、「☑……主弟士……☑」(壱五〇六二)や、「☑丞子男仕☑」(弐二六二八)などである。
(32) 呉簡に見られる孫呉の家庭構造の構成原則については、拙稿「呉簡所見孫呉家庭結構的建構原則」(楊振紅・鄔文玲主編『簡帛研究』二〇一五春夏巻、広西師範大学出版社、二〇一五年)を参照。
(33) 高敏「呉簡中所見『丁中老小』之制」(同『長沙走馬楼簡牘研究』、広西師範大学出版社、二〇〇八年)、于振波「『算』与『事』——走馬楼戸籍簡所反映的算賦与徭役」(同『走馬楼呉簡続探』、文津出版社、二〇〇七年)、王子今「走馬楼竹簡『小口』考繹」(『史学月刊』二〇〇八年第六期)、徐暢「走馬楼簡中成年待嫁女和未成年已嫁女」(卜憲群・楊振紅主編『簡帛研究』二〇〇七、広西師範大学出版社、二〇一〇年)、および凌文超「走馬楼呉簡『小』『大』『老』研究中的若干問題」(『中国国家博物館館刊』二〇一三年第一一期)などは、一五歳が「小」(未成年者という意味)と「大」(成年者という意味)の境界線であるとする。
(34) 王子今「走馬楼簡所見未成年『公乗』『士伍』」(陳建明主編『湖南省博物館館刊』第四輯、岳麓書社、二〇〇七年)。
(35) 沈剛「公乗与士伍」(同『長沙走馬楼三国竹簡研究』、社会科学文献出版社、二〇一三年)。
(36) この六例の士伍の年齢はそれぞれ、一六歳(弐一五六四)、二一歳(壱七六七二と肆一九六七)、二二歳(弐二三三二)、一九歳(柒六七三)である。残りの肆二五一七は「□子仕伍細年□給縣卒」とある。年齢部分は釈読できないが、「給縣卒」によって、年齢が一五歳以上であることが推定できる。
(37) 永田拓治「長沙呉簡に見える公乗・士伍について」(『長沙呉簡研究報告　二〇〇八年度特刊』、二〇〇九年)。
(38) ここでは、彭浩・陳偉・工藤元男主編『二年律令与奏讞書——張家山二四七号漢墓出土法律文献釈読』(上海古籍出版社、二〇〇七年)、二三〇頁の釈読を参照した。
(39) この点については、闞尾史郎先生から貴重なご教示をいただいた。
(40) 凌文超「秦漢魏晋編戸民社会身分的変遷——従『士大夫』到『吏民』」(『文史哲』二〇一五年第二期)。

〔附記〕　本論文の執筆に際しては、中国・湖南大学岳麓書院の于振波先生と日本・新潟大学人文学部の關尾史郎先生から指導を受けた。また、東京大学大学院博士課程の石原遼平氏からは日本語への翻訳に関して助言を賜った。ここに感謝の意を表したい。

なお本論文は、中国・国家社科基金重点項目「走馬楼呉簡与孫呉県政研究」（課題番号：13AZS009）による成果の一部である。

出土史料からみた魏晋・「五胡」時代の教

關尾史郎

はじめに

本稿は表題に示したように、出土史料によりながら、魏晋・五胡十六国（以下、表題も含めて「五胡」と略記）時代の教について検討するものである。魏晋南北朝時代、地方長官によって発出された教については、佐藤達郎氏が編纂史料をおもな材料として論じている[1]。本稿の課題に必要な範囲で同氏の所説を紹介すれば、第一に、教には礼教や訓戒に関わる命令のほか、日常の事務的指令も多かったこと、第二に、属吏から上行文書である白が長官に提出され、それに対して承諾の意を表示するために教が出されたこと、第三に、後漢の石刻史料[2]によると、その白は、次官が賛同し、主簿が再確認した上で長官に取り次がれたこと、そして第四に、教は主簿により宣読されることにより、広く周知が図られたこと、この四点となろうか。

佐藤氏は、日常の事務的指令としての教も発出されていたとするが、出土史料をほとんど対象外としているため、説得力に欠ける憾みがある。同氏が考えている以上に、教は日常的にそれこそルーティンかつ頻繁に出されていたという理解も可能だろう[3]。それはまた上行文書である白の作成が属吏にとってルーティンの業務だったこと、さらには次官や主簿にとっても白の点検・確認作業がルーティン化していたということでもある。「五胡」時代、北涼政権下にあった高昌郡府で白の作成・確認・点検が頻繁に行なわれていたことはトゥルファン文書から明らかだが、[4] 本稿では、これに加え、長沙呉簡中のいわゆる君教牘を取り上げて検討を試みたい。君教牘とは、上段中央に県令（長沙呉簡の場合は臨湘侯相）の命令を意味する「君教」の二字を楷書で丁寧に書き入れた竹木牘で、断片を含めれば現在まで四〇点近くが確認されている。[5]

ところで長沙呉簡中の君教牘については、既に徐暢、李均明、および楊芬の諸氏に専論がある。[6] このうち徐氏は、いくつかの君教牘に見えている「如曹」という表現に着目し、未公表の君教牘も駆使しながら、曹を県の列曹の掾・史が執務する場所と解釈する。「如曹」とは、掾・史が曹に到って執務する意という。李氏は、君教牘の作成プロセスと自署している属吏それぞれの役割などについて手際よくまとめている。また楊氏は、五一広場出土後漢簡と呉簡中の君教牘を総覧した上で、ともに決算期に県令に提出された上行文書であったとする。いずれの所説も示唆に富んでいるが、残念ながら、君教牘と連関して機能したはずの官文書や簿籍のありように考察が充分に及んでいるとは言いがたい。とくに、「君教」が県令の命令だとして、なぜそれが上行文書に明記されているのか、説明が不足しているのではないだろうか。君教牘自体についても、李氏の考察にもかかわらず、どのように作成されたのか、さらなる検討が必要なように思われる。

本稿では、これらの問題にアプローチするために、まずあらためて残存状態が良好な君教牘を列挙して、その様式（記載事項・記載順序・表記方法・記載位置などを包含する意味で用いる）を中心に検討し（ただし徐氏が引いている未公表のものには言及しない）、次いで「五胡」時代のトゥルファン文書中に見えている「教」字についてその用法を確認する。その上で、トゥルファン文書中の白を参考にしながら、呉簡中の君教牘の位置について考えてみたい。それは、当該時期の地方行政システムの実相に対する関心に由来している。[7]

一　長沙呉簡中の君教牘

ここでは、長沙呉簡中の君教牘について概観しておく。(8)

1

君教「若」　丞灰固還宮掾烝「循」潘「棟」如曹　都典掾烝「若」錄事掾潘「琬」校

「已」　主簿尹　「桓」省　嘉禾四年五月廿八日己巳白

（『三国呉簡』Ⅳ二九頁①／『簡牘選編』三五四頁）

2

君教　丞「紀」如掾錄事掾　潘「琬」典田掾烝「若」校

嘉禾五年三月六日白

主記史栂　「綜」省　四年田頃畝收米斛數草

（『三国呉簡』Ⅴ二八頁①／『簡牘選編』三五三頁）

3

君教　丞出給民種粻如曹期會　掾烝「若」錄事掾谷「水」校

嘉禾三年五月十三日白庫領品市布

「已□」　主簿　省　起嘉禾元年十二月一日訖卅日一時簿

（『三国呉簡』Ⅴ二八頁②）

4

君教「若」　丞　「琰」如掾期會掾　烝「若」錄事掾陳　「曠」校

十二月廿一日白從史位周基所學私學
兼主簿劉　「恒」省　□□正戸民不應發遣事脩行呉贊主　（肆四八五〇（一））

5
「重校」
君教　丞　「琰」如掾掾烝脩如曹　期會掾烝　「若」校
嘉禾三年正月十五日白嘉禾二年起四
「已校」　主記史陳　「嗣」省　月一日訖閏月卅日襍米旦簿草　（柒二一二四（一））

6
君教「若」　丞缺錄事掾潘　「琬」校
嘉禾四年八月廿二日兼田曹史
兼主簿蔡　「忠」省　莂揖白料諸郷粢租已入未畢事　（柒三一九七（一））

7
君教「若」　丞他坐期會掾烝「若」錄　事掾謝　「詔」校
主簿郭　「宋」省　正月二日丁巳　白　（柒四二三六（一）／『簡牘選編』三五四頁）

8
君教「若」　丞他坐期會掾烝　「若」錄事掾謝「詔」校
主簿郭　「宋」省　十二月四日甲午白　（柒四三七九（一））

9
「已校」
君教「已核」　丞出給民種粻掾烝　「脩」如曹期　會掾烝　錄事掾谷「水」校

10

嘉禾三年五月十三日白州中倉領襍米起

「重核已出」　主簿　省　嘉禾二年九月一日訖十一月卅日一時簿　（捌二七八八（一））

君教「已出」　丞出給民種粻掾烝「脩」如　曹期會掾烝　錄事掾谷「水」校

嘉禾三年五月十三日白州中倉領襍米起

「已核」　主簿　省　嘉禾二年十二月一日訖卅日一時簿　（捌二八二〇（一））

11

君教　丞出給民種粻掾烝「潘?」如　曹期會掾烝「若?」錄事掾谷「水」校

嘉禾三年五月十三日白三州倉領襍米起

主簿　省　嘉禾元年七月一日訖九月卅日一時簿　（弐二五七）

12

君教　丞出給民種粻掾烝　潘　如　曹期會掾烝　錄事掾谷　校

「已若?」

（後　欠）　（弐六九二一＋六八七一）

13

「已校」

君教　丞出給民種粻掾烝　潘　如　曹□▨

「已校?」

（後　欠）　（参二〇五六）

14　「已若」
君教　丞出給民種粻掾烝　如曹期 會掾烝　錄事掾谷　校
「已若」　⧄ ⧄三年五月十六日白□□□□
主簿　省⧄ ⧄三年四月一日訖五月十五日一時簿
（肆一六四四＋一五五〇＋一六四三）

この一四点のうち、1～10は木牘、11～14は竹牘である。木牘のうち、『竹簡 柒』に収録されている5～8の四点については、いずれも「小木牘」と註記されている（『竹簡 肆』収録の4と『竹簡 捌』収録の9・10の三点については註記がないが、木牘であることは図版の写真から明らかである）。これらは木牘と竹牘とを問わず、様式がほぼ等しいことが右の釈文からわかろう。それでは、もう少し具体的に見ていこう。

木牘と竹牘とを問わず、上下二か所に刻線が入っているのも君教牘の特徴で、[9] その上段冒頭の中央に、「君教」の二字が目立つように書き込まれている。そして上のほうの刻線の直下、すなわち中段冒頭の中央部分には必ず（県）丞が見えており、さらにそれに続けて掾（廷掾か。1、5、9～14のみ）[10]、期会掾（3～5、7～12、14。13は不明）、録事掾（1～4、6～12、14。13は不明）、都典掾（1のみ）、および典田掾（2のみ）などの吏の職名があり、[11] その多くに自署がなされている。そして末尾には「校」字が記されている。また丞の左側には、主簿（兼主簿を含む）ないしは主記史の職名があり、こちらには自署の下に「省」字が記される。さらにこの下には、双行の小字に及ぶものもあるが、後欠の12と13を除く一二点では、年月日（4、7、および8は年を欠き、月日だけ）と「白」字が確認される。このことは、君教牘が、県の列曹から上げられた白文書に対応していたことを示している。細部の文言には異同が少なくなく、また自署のないものもあるが、基本的な様式については以上のように説明できよう。さらに、丞から始まる行の途中（丞・掾の下）に、「如掾」とか、「如曹」とあることも、6～8を除く一一点に共通している。[12]このうち「如掾」は2、4、5の三点だけだが、いずれも丞の直下で、録事掾（2）、期会掾（4）、および掾（5）の直上に記されている。またこの三点だけに丞の自署が確認できるので（2は紀、4と5は琰）、最後に「校」した丞が、掾以下による「校」が正しかったこと（掾の（校の）如し）を確認したことを示していると判断される。また「如曹」は、2、4、6～8の五点をのぞく九点に記されているが、この九点のうち3以外の八点では掾の直下に見えている。3だけは「掾」字が不記入だが、これは2、4、6～8と共通する。したがって「如曹」の主体は原則として掾であり、「校」した結果、列曹からの白文書に問題がなかったこと（曹の（白の）如し）を確認したことを示しているのであろう。このほか、一四点中一二点では、「君教」の右下や左下、あるいは直上などに別筆で書き込みがある。[13]5、9、10、および13以外の書き込みには、「若」字が含まれているが（3は不明）、これは「諾」を意味する判語である。[14]列曹からの白文書に対して臨湘侯相が承諾を与え、またそれによって白で提出された事案の執行が教によって当該の列曹に命令されたものと解釈できる。

それでは白文書と君教牘はどのような関係にあったのだろうか。一四点のうち、後欠の12、13以外の一二点から考えてみよう。まず1、7、および8の三点では、白が行なわれた（年）月日と「白」字があるだけで、白の主体も内容もわからない。しかし、3、9～11、および14の五点は一時簿なる簿籍に、[15]また5も簿籍（襍米旦簿）に編綴された莂すなわち莂に関係する白に対応するものだったことがわかる。同じように、2は「田頃畝収米斛數莂」すなわち吏民田家莂[16]に関係する白に対応するものだった。このように各種の簿籍に関係する白が多いなかで、4と6では、白の内容が「……事」と要約されており（白の表題といったところか）、6ではこれに加えて白の主体である兼田曹史の姓名も明記されている。[17]この二点については、当該の白文書がまず兼主簿により確認（省）を受け、さらに期会掾や録事掾などの点検（校）を経た上で（4ではさらに丞の点検を経て）この君教牘とともに臨湘侯相に上呈されたと考えることができよう。それでは、簿籍の場合はどうだったのだろうか。一時簿よりも、期間が限定されているが、次のような白が長沙呉簡中には数多く含まれている。

15州中倉郭勲馬欽張曼周棟起　十月十一日訖十三日受五年租税襍　限米合七百五十九斛二斗五升

其七百一十五斛七斗五升五年税米

其五斛五年租米

其卅二斛五年佃帥限米

其六斛五斗五年吏帥客限米　　十月十三日倉吏潘慮白　（『三国呉簡』Ⅵ一九頁②）

張曼や周棟が倉吏として吏・民からの税米や租米の納入に応対していたことは吏民田家莂から明らかなので、彼らが三日間に受け付けた各種の米（税米・租米・二種の限米で、計四種）の総額とその内訳を列挙し、それをやはり倉吏である潘慮が「白」しているのである。また次のような白もある。(18)

16右倉曹史烝「堂」白　州中倉吏黄諱潘慮列起嘉禾元年▨

正月一日訖三月卅日旦簿▨　　（壱二〇三九＋一七七二）

16は簿籍の送り状と思われるが、ここでは、9や11の一時簿と同じく期間が三か月となっており、かつ白の主体も単なる倉吏ではなく、右倉曹史で、その名も自署されているので、あるいは9や11などの君教牘とも直接に対応したものかもしれない。(19)しかし結論を急ぐまえに、ここで「五胡」時代のトゥルファン文書に眼を転じよう。

二　「五胡」時代のトゥルファン文書に見える「教」

本節では、「五胡」時代のトゥルファン文書中に見えている教について検討する。先ずは文中に「教」字が確認できる文書を列挙しておこう。

17「北涼眞興七（四二五）年正月高昌郡兵曹白請差直歩許奴至京牒」（79TAM382:5-4a［写・録］『新出』七・三九〇頁）
18「北涼年次未詳（五世紀前半）因缺税見閉在獄啓」（79TAM382:5-3b［写・録］『新出』一二・三九五頁）
19「北涼年次未詳（五世紀前半）翟彊辭爲征行逋亡事」（66TAM62:6/3（b）［写・録］『文書 壱』四八頁）
20「北涼年次未詳（五世紀前半）翟彊辭爲受賕事」（66TAM62:6/5［写・録］『文書 壱』四九頁）
21「北涼年次未詳（五世紀前半）翟彊殘啓」（66TAM62:6/38（a）［写・録］『文書 壱』四九頁）
22「北涼年次未詳（五世紀前半）翟彊辭爲負麥被抴牛事」（66TAM62:6/2［写・録］『文書 壱』五〇頁）
23「北涼年次未詳（五世紀前半）翟彊辭爲共治葡萄園事二」（66TAM62:6/1［写・録］『文書 壱』五二頁）
24「北涼年次未詳（五世紀前半）劉□明啓」（75TKM91:20（b）［写・録］『文書 壱』七五頁）
25「北涼年次未詳（五世紀前半）某人辭爲差脱馬頭事」（75TKM91:38（b）［写・録］『文書 壱』七六頁）

「五胡」時代のトゥルファン文書のなかで、文中に「教」字が確認できるのは、右の九点である。いずれも官文書だが、そのうち八点までが辞ないしは啓である。さらにまたこの八点中五点（19～23）までが、翟彊に関連するものである。アスターナ六二号墓からは、翟彊に関係する文書がこの他にも出土している。同墓からは、「北涼縁禾五（四三六）年六月某人隨葬衣物疏」（66TAM62:5）が伴出しているので、翟彊関係文書群はこれ以前の作成にかかることは明らかである。彼が作成に関与したと思われる辞や啓の内容の詳細については別稿にゆずり、[20] 五点の文中の教について見ておくと、「乞賜教付曹」(19)、「蒙教付曹」(20)、「□賜教付曹」(21)、「願賜教付曹」(22)、および「□教付曹」(23)となっており、ほぼ「賜(蒙)教、付曹」という定型句と化していたことがわかる。そしてこれは、翟彊関連以外でもほぼ同じで、それぞれ「乞願賜教」(18)、「□教付曹」(24)、「辭達、賜教」(25)とあり、とくに「賜教」という二文字はほとんど不動と言ってもよい。ところで祝總斌氏によると、辞も啓も吏・民が地方官府の長官に宛てた上行文書であり、これらは高昌太守に届けられたものと考えられる。[21] すなわち、辞や啓により、吏・民が太守に対して教を発出(賜)すること、そしてその教を所定の列曹に下すことを求めているのである。[22]「五胡」時代、教が地方長官(この場合は高昌太守)の命令を意味していたことは疑いようがない。あらためてその具体例とも言うべき17の全文を掲げておく。

17「北涼眞興七(四二五)年正月高昌郡兵曹白請差直歩許奴至京牒」(79TAM382:5-4a)

兵曹掾范「慶」・史張「齊」白、内直參軍闞浚傳
教、差直歩一人至京。請奉教、依前次
遣許奴往。奴游居田地。請符文往録。屬金
曹給馳、倉曹給資。事諾奉行。
　　校曹主簿　「飛」
長史　「豊」　眞興七年正月廿日白
　　主　簿　「混」
司馬　「端」　功曹史　「暖」

［後　欠］

これが、兵曹（の掾と史）から高昌太守に宛てた白文書であることは説明を要さないだろう。[23] その内容だが、白が出された前提として、内直参軍の闞浚を介して「傳教」とあるように、太守の命令である教が兵曹に伝達されていた。その教は、歩兵をひとり京（姑臧）に派遣すること、そして教を奉じ、前回に準じて許奴を送り出すように、という内容であった。（ところが、兵曹が許奴を探したところ、本貫を離れて）田地県に移住していることがわかった。（そこで、あらためて太守から）符を出してもらい許奴を往かせるようにし、金曹に馬を、倉曹に経費をそれぞれ支給するように属により指示願いたいというのが主文であり[24]、最後に、白が（太守の）承諾を得られたならば、執行する旨が明記されている。

最後で兵曹が太守に求めている符とは、「五胡」時代、統属関係にある官府間で取り交わされた下行文書なので[25]、高昌郡府から田地県廷に宛てて発出されるべきものだが（県廷を通じて本人に召喚状として告知された可能性もある）、太守から兵曹に下された教が、この符によってさらに田地県廷にまで伝えられたと考えることもできよう。[26]

三　君教牘の構造

前節で見た「五胡」時代の白文書である17は、白を発出した兵曹の掾・史だけではなく、校曹主簿・主簿・功曹史など多くの属吏が自署していた。残念ながら、後欠なので全貌がわからないのだが、これと同じくアスターナ三八号墓から出土した白文書の断片には、多くの属吏が自署している。

26「北涼眞興六（四二四）年十月兵曹牒尾署位」（79TAM382:5/3（a）［写・録］『新出』六・三八九頁）

［前　　欠］

不得違失、明案奉行。

眞興六年十月十三日、兵曹 範 慶 白 草

校曹主簿「琦」

主簿　「混」

功曹史「旒」

典軍主簿「□」

五官「詵」

典軍「敏」

録事「雙」

白が行なわれた年月日の直下に兵曹（掾か）の姓名が書き込まれているなど、17とは若干様式を異にしているが、白文書の末尾であることは疑いない。そして年月日の前方（主文の後方）には校曹主簿が自署し、年月日の後方には、17にもある主簿や功曹史に続き、典軍主簿以下録事までの四人が自署している。このうち校曹主簿はトゥルファン文書に初めて現れる職名であるが、その名称から判断して王素氏が言うように門下系の職掌を有していたことは疑いなく、(27) 白文書の最終点検を担っていたと考えられる。いっぽう、年月日の後方にある主簿以下の職名は、同氏により政務系と総称されているが、編纂史料や石刻史料などにも見えているものが多い。(28) 兵曹が作成した白の案文を確認したり、時には案文の作成自体にも関与したりする立場だったと思われる。校曹主簿も含め、関与した属吏は原則として全て自署し、その後にようやく高昌太守の眼にふれることになっていたのであろう。また17をはじめ、北涼時代の白

文書には、本文後方にチェック記号である「㇒」のような墨痕が認められる。「府君教」の三字こそ確認できないものの、王素氏はこれを「若」字の変形で、太守の承諾を示すとしており[29]、本稿でも支持したい。

さてこの17や26をあらためて君教牘と比較してみよう。詳しい説明はもはや不要だと思うが、1、7、および8などと比較すればより顕著になるように、様式がきわめて類似していることに気がつくだろう。北涼時代の白文書の後半とも言うべき通判部分は、君教牘の中・下段に相当すると言うことができる。すなわち君教牘では、丞以下が縦に並ぶ右行は、「校」した官・吏であり、左行には「省」した属吏と白がなされた（年）月日が記されている。ここでは丞以下が17や26の校曹主簿に相当し、左行の主簿（一部は主記史）が同じく主簿・功曹史などに相当するのである。もちろん両者には、ほぼ二百年という時間差とともに西南と西北という地域差、そしてなによりも簡牘と紙という書写材料の違いが横たわっている以上、差異も小さくない。門下系の官・吏が充実していた君教牘に対し、北涼時代の白文書では政務系の属吏が揃っていたのは、時間差や地域差で説明がつくかもしれない。しかし、白の主体や内容の詳細がわからない君教牘は、書写材料とその利用方法に由来すると考えるべきであろう。竹簡や木簡など簡が簿籍だけではなく、公文書にも広汎に用いられていたならば、君教牘の様式も違ったものになっていたかもしれないし、そもそもこのような簡牘は生まれることがなかったかもしれない。角谷常子氏がいみじくも指摘しているように[30]、後漢中期以降、幅広単独簡（本稿の「牘」に相当しよう）の幅が広くなったようだからである。官文書が、編綴簡から構成される冊書という形状をとるのが一般的であれば、白と君教はともに竹簡か木簡に書かれた上で編綴され、単一の冊書を構成したであろう[31]。

おそらくは15や16、とくに16のような編綴された簿籍に附された送り状のような木牘の白文書などにあわせて君教牘が作成され、白文書の確認や点検に関わった丞以下の官・吏が自署して白文書とともに臨湘侯相に提出されたのであろう。侯相は双方を確認した上で「若」字を「君教」の上に大書したのではあるいまいか。もちろん白文書は簿籍の送り状だけに限られるわけではなく、担当の列曹からさまざまな事案が上呈されることは、4や6からも明らかだが、定期的に提出されたであろう簿籍の送り状もそれが白文書である限り、侯相の承諾を必要としていたわけで、かかる意味で白と（教）若をめぐるやりとりはそれこそ日常的なルーティンだったということである。

おわりに

本稿では、出土史料によりながら魏晋・「五胡」時代の教について考えてきた。先行研究を批判したり否定したりすることは当初から目的ではなかったため、逐一言及することは控えたが、本稿の論証結果により、冒頭に掲げた佐藤達郎氏の所説の第三点、すなわち白は次官が賛同し、主簿が再確認した上で長官に取り次がれたという点は、「如掾」という語句の解釈からも見直しが求められよう。(32) また徐暢氏による「如曹」の解釈も、当然ながら成立する余地はない。これ以外にも関説すべき問題は山積しているが、(33) ひとまずは擱筆して読者の判断を仰ぎたい。

注

（1）佐藤「漢六朝期の地方的教令について」、『東洋史研究』第六八巻第四号、二〇一〇年、同「魏晋南北朝時代における地方長官の発令「教」について」、冨谷至編『東アジアにおける儀礼と刑罰』（平成一八～二一年度科学研究費補助金・基盤研究（S）研究成果報告書、京都大学人文科学研究所、二〇一一年など。なお佐藤氏には、「関於漢魏時代的「教」」なる別稿があるというが、未見。

（2）佐藤氏が根拠としたのは、一九八三年、四川省昭覚県で発見された、後漢光和四（一八一）年正月の記事が見える「邛都安斯郷石表」である。

（3）このことは、仲山茂「漢代における長吏と属吏のあいだ」、『日本秦漢史学会会報』第三号、二〇〇二年が明らかにした居延漢簡中の「教若（諾）」簡の存在からも首肯される。もっとも佐藤氏の関心は教一般にあるのではなく、教の規範性や拘束力にあるようなので、このような評価は妥当性を欠くかもしれない。

（4）關尾「「五胡」時代、高昌郡文書の基礎的考察――兵曹関係文書群の検討を中心として――」、土肥義和編『敦煌・吐魯番出土漢文文書の新研究』、（財）東洋文庫・東洋文庫論叢七二、二〇〇九年（修訂版：二〇一三年）。

（5）断片も含めた一覧については、別稿を用意している。なお長沙呉簡中の君教牘と同じような木牘は、呉簡が出土した走馬楼に隣接する五一広場から二〇一〇年に出土した後漢簡にも含まれているが、機能が微妙に異なっていると思われ、紙幅の都合もあり、本稿では検討の対象外とする。五一広場出土後漢簡中の君教牘については、陳松長・周海鋒「「君教諾」考論」、長沙市文物考古研究所他編『長沙五一広場東漢簡牘選釈』、中西書局、二〇一五年、参照。

（6）徐暢「釈長沙呉簡〝君教〟文書牘中的〝掾某如曹〟」、楊振紅・鄔文玲主編『簡帛研究』二〇一五年秋冬巻、広西師範大学出版社、李均明「走馬楼呉簡〝君教〟批件解析」、楊芬「〝君教〟文書牘再論――以長沙五一広場東漢簡牘和長沙走馬楼三国呉簡為主考察」、ともに『紀念走馬楼三国呉簡発現二十周年長沙簡帛研究国際学術研討会論文集』、長沙簡牘博物館、二〇一六年。なお徐・楊両氏は、中国魏晋南北朝史学会第一一届年会曁国際学術研討会（二〇一四年一〇月）に提出された關尾「従出土史料看〈教〉――自長沙呉簡到吐魯番文書」を引いているが、本稿はこの前稿を大幅に書き改め、「出土史料からみた「教」」と題して韓国木簡学会（二〇一六年四月）で行なった講演（要旨は、『木簡과文字』、掲載予定）の原稿をさらに紙幅の都合などで圧縮したものである。
　なおこのほか、谷口建速「長沙走馬楼呉簡にみえる「貸米」と「種粻」――孫呉政権初期における穀物貸与――」、『史観』第一六二冊、二〇一〇年、伊藤敏雄「長沙呉簡中の生口売買と「估銭」徴収をめぐって――「白」文書木牘の一例として――」、『歴史研究』第五〇号、二〇一二年、角谷常子「木簡使用の変遷と意味」、角谷編『東アジア木簡学のために』、汲古書院、二〇一四年、および凌文超「走馬楼呉簡挙私学簿整理与研究――兼論孫呉的占募」、『文史』二〇一四年第二期などが、君教牘について論じている。

（7）本稿は、二〇一六年度日本学術振興会科学研究費補助金・基盤研究（A）「新出簡牘資料を用いた魏晋交替期の地域社会と地方行政システムに関する総合的研究」（研究代表者：關尾／課題番号：25244033）による研究成果の一部である。なお注（6）に掲げた諸学会の他、二〇一五年一月の長沙呉簡研究会例会でも報告の機会を得た。有益な示教を与えてくださった研究会のメンバーに謝意を表したい。

（8）以下、本稿に掲げる長沙呉簡やトゥルファン文書の釈文については、写真によりながら、一部改めた箇所があるが、注記は省略した。

（9）刻線によって三段書きを明示したのであろうが、これは簡牘に共通する特徴とも言えよう。なお注（19）を参照。

（10）徐、前掲「釈長沙呉簡〝君教〟文書牘中的〝掾某如曹〟」は、廷掾が後漢後期から三国時代にかけて「外部之吏」に変質したとして、前稿の理解を批判する。しかしだからこそ、掾は一四点中半数の七点にしか記されていないわけで、徐氏の批判はあたらない。

（11）3～5、7、8、および11の六枚に期会掾として自署している烝若は、1では都典掾として、また2では典田掾として見えている。この1と2では、他に期会掾がいないので、職名こそ異なるものの、烝若が果たした役割は、3以下の六枚とほとんど同じだったと考えてよいだろう。もっとも、このように三つの職名を使い分けた理由は不明である。なお凌、前掲「走馬楼呉簡挙私学簿整理与研究」は、「期会」を文字通り「約期聚会」の意に解する。

（12）このうち5だけは、丞に続けて「如掾」、掾に続けて「如曹」とあるが、これは5が一四点中で唯一、丞が自署した上で掾も最初から記されていたことと無関係ではないだろう。「重校」という別筆もそのためであろう。

（13）直上に書き込みがあるのは、1、4、6～8の五枚である。「君教」の二字が隠れてしまうような書き込みだが、釈文では表記が困難なため、本文のように表した。いずれも「若」字であり、他の書き込みに比べるととりわけ大きい。この位置と大きさこそが臨湘侯相自身による判語であることを示している。なお6の「若」字は、仲山氏が前掲「漢代における長吏と属吏のあいだ」で紹介している居延漢簡EPF二二・五五九のそれとひじょうによく似た崩しである。

(14) この別筆の文字を若と釈読すべきこと、そしてそれが諾に通じることについては王素氏が早くから指摘してきたことだが、王素「〝画諾〟問題縦横談——以長沙漢呉簡為中心」、前掲『紀念走馬楼呉簡三国呉簡発現二十周年長沙簡帛研究国際学術研討会論文集』は、その最新の成果である。

(15) 王素「長沙呉簡中的〝月旦簿〟与〝四時簿〟」、『文物』二〇一〇年第二期によると、一時簿は年間の四時簿に対する概念だが、必ずしも四季に対して一季を意味したわけではなかったようである。

(16) 「田頃畝収米斛數萆」が吏民田家莂を意味することは、次の表題簡から明らかであろう。

□□謹《ママ》嘉禾四年吏民田頃畝收錢布萆如牒　（四・四）

嘉禾四年の吏民田家莂は、翌嘉禾五年の二月二〇日から三月二〇日までの一か月の間に、田戸曹史の校閲を経て左右に裁断されたことを、かつて關尾「長沙呉簡所見「丘」をめぐる諸問題」、『嘉禾吏民田家莂研究——長沙呉簡研究報告・第一集——』、二〇〇一年で明らかにしたが、この一か月間の中でも、三月三日と一〇日とに集中している。もし三月三日に校閲が行なわれたのであれば、直ちに当該の郷（担当の勧農掾）によって裁断され、その一方が右のような表題簡とともに県廷の田曹に届けられたと考えられよう。

(17) 4では、「事」字に続けてさらに「脩行呉贊主」の五文字があるが、残念ながらその意味を捕捉できない。後考に俟ちたい。

(18) 二枚の簡が連続する点については、王、前掲「長沙呉簡中的〝月旦簿〟与〝四時簿〟」に従った。ただしこの二点だけでは「白」が行なわれた年月が不明なので、少なくとももう一枚が後続していたと考えられる。

(19) 伊藤、前掲「長沙呉簡中の生口売買と「估銭」徴収をめぐって」は、一部の君教牘には明らかに編綴痕が確認できることから、これらの牘は一時簿と編綴されていたとし、角谷、前掲「木簡使用の変遷と意味」もこれを支持する。

(20) 關尾「翟彊をめぐる断章——『吐魯番出土文書』劄記（一二）——」、『資料学研究』第一～三号、二〇〇四～〇六年。

(21) 祝總斌「高昌官府文書雑考」、北京大学中国中古史研究中心編『敦煌吐魯番文献研究論集』第二輯、北京大学出版社、一九八三年。

(22) なお柳洪亮「吐魯番文書中所見高昌郡官僚機構的運行機制――高昌郡府公文研究」、『新出吐魯番文書及其研究』、新疆人民出版社、一九九七年（初出：一九九七年）は、教について、太守が出す下達文書を示す場合と、辞や啓に対する判語を意味する場合の二つのケースがあったとする。後者の根拠とされたのが、20に「蒙教付曹」とあるほか、「以諾書付曹」ともあることで、ここから両者が同義、すなわち教が諾書と同義であるという解釈である。しかしこのような解釈が成立しないことは明らかである。

(23) 關尾、前掲「「五胡」時代、高昌郡文書の基礎的考察」、参照。なお「眞興」は北涼ではなく、大夏の元号だが、当時北涼が大夏の元号を奉用していたことについては、關尾「北涼政権と「真興」奉用――『吐魯番出土文書』劄記（一）――」、『東洋史苑』第二二号、一九八二年、参照。

(24) なお属についてはかつて、關尾「「五胡」時代の「属」について――トゥルファン出土五胡時代文書分類試論（Ⅱ）――」、『資料学研究』第六号、二〇〇九年で論じたが、重大な誤りがあったので、柳、前掲「吐魯番文書中的所見高昌郡官僚機構的運行機制」を参照されたい。ただし、柳氏の所説にも検討の余地が残されており、早急に検討の機会をもちたいと思っている。

(25) 「五胡」時代の符については、關尾「「五胡」時代の符について――トゥルファン出土五胡時代文書分類試論（Ⅲ）――」、『西北出土文献研究』第八号、二〇一〇年、参照。

(26) 佐藤、前掲「魏晋南北朝時代における地方長官の発令「教」について」は、地方長官からその属吏に教が出され（同氏の「第一対象」）、さらにその執行が当該地方官府の下位の官府（「第二対象」）に命じられるケースがあったことを指摘するが、その場合、教がそのまま下位の官府に伝達されるのではなく、符のような固有の下行文書が随伴されたと考えるべきではないか。

(27) 王素「高昌郡府官制研究」、新疆吐魯番地区文物局編『吐魯番学研究：第二届吐魯番学国際学術研討会論文集』、上海辞書出版社、二〇〇六年。

(28) ただし王、前掲「高昌郡府官制研究」が指摘するように、主簿―功曹史―五官という序列は独自のものであり、典軍主簿と典軍はこの白文書が兵曹からのものだったために関与したと思われる。また門下系と政務系という区別は、編纂史料と石刻史料に依拠した嚴耕望『中国地方行政制度史』上編、中央研究院歴史語言研究所、一九六三年の綱紀と門下という区分とは一致しないところが大きいが、一次史料であるトゥルファン文書から帰納したところに従いたい。

(29) 王、前掲「〝画諾〟問題縦横談」。

(30) 角谷、前掲「木簡使用の変遷と意義」。角谷氏はまた、白が後漢中期以降、明確な書式をもった公文書として位置づけられたとも言う。

(31) 角谷氏は、注(2)に掲げた「邛都安斯郷石表」については、冊書を右から順に刻したと推測している。ちなみにここにも、「領方右戸曹史張湛白(中略：白の主文)○行丞事常如掾○主簿司馬追省」府君教諾」とある(『石刻集成』図版・釈文篇二二八頁以下／本文篇二三〇頁以下。「○」は石刻に記された原文の改行箇所を、「」」は石刻の改行箇所を示す)。「校」した掾の姓名は欠くが、行丞事の某常が「如掾」としているほか(君教牘でも丞の姓は記されていなかった)、主簿の司馬追が「省」している点も君教牘と同じである。

(32) 佐藤氏の所説の第四点、すなわち教の宣読だが、日常的かつ事務的な教が当事者である列曹の掾・史に対して口頭で伝達された可能性は否定できないが、その範囲を超えるものではなかったのではないか。

(33) 例えば、呉簡の君教牘は「若」字が臨湘侯相により大書された後、どのようにしてその結果が列曹に伝達されたのか、という問題があるだろう。またトゥルファン文書中には、太守に宛てた白や辞・啓は少なくないものの(そしてその末尾に近い箇所には、高昌太守の承諾とおぼしきチェックが入っているものの)、それに対する応答としての「府君教」そのものや関連する文書を見いだすことはできない。なお教が内直参軍によって列曹である兵曹に伝えられたことは17から明らかである。

〔附記〕本稿提出後、侯旭東氏からの教示により、邢義田「漢晋公文書上的〝君教諾〟——読《長沙五一広場東漢簡牘選釈》札記之一」が、簡帛網上に公開されていることを知った(http://www.bsm.org.cn/show_article.php?id=2638、二〇一六年九月二六日公開、一〇月二二日閲覧)。副題が示しているように、邢氏の関心は五一広場出土後漢簡にあるのだが、本稿で取り上げた君教牘をはじめとする長沙呉簡中の「諾（若）」字の意味についても論じており、ついて参照願いたい。

出土史料のテキストならびに略号一覧

＊本書に収録された各論文で引用する出土史料の主要テキスト（図版を含む）と、関連するテキストは、以下のとおりである。おおよそ時代順に配列してあるが、このうち文中で略号を用いたものについては、あわせてその略号も示した。

各論文には多くの出土史料が引かれているが、その整理番号などについては、それぞれのテキストを参照願いたい。また釈文中の記号もテキストごとに異なっているが、本書ではとくに統一を図っていない。

中国社会科学院考古研究所編『殷周金文集成』修訂増補本（中華書局、二〇〇七年）第七冊：『集成』
山西省文物工作委員会編『侯馬盟書』（文物出版社、一九七六年）
清華大学出土文献研究与保護中心編、李学勤主編『清華大学蔵戦国竹簡（弐）』（中西書局、二〇一一年）：『清華簡弐』
睡虎地秦墓竹簡整理小組編『睡虎地秦墓竹簡』（文物出版社、一九七七年）帙入り本
睡虎地秦墓竹簡整理小組編『睡虎地秦墓竹簡』（文物出版社、一九七八年）平装本
《雲夢睡虎地秦墓》編写組『雲夢睡虎地秦墓』（文物出版社、一九八一年）発掘報告書
睡虎地秦墓竹簡整理小組編『睡虎地秦墓竹簡』（文物出版社、一九九〇年）繁体字釈文

武漢大学簡帛研究中心・湖北省博物館・湖北省文物考古研究所編、陳偉主編『秦簡牘合集　壱』全三冊（武漢大学出版社、二〇一四年）、睡虎地秦墓簡牘（睡虎地11号秦墓竹簡、睡虎地4号秦墓木牘）
武漢大学簡帛研究中心・湖北省文物考古研究所・四川省文物考古研究院編、陳偉主編『秦簡牘合集　弐』（武漢大学出版社、二〇一四年）、龍崗秦墓簡牘、郝家坪秦墓木牘
陳偉主編『秦簡牘合集』釈文注釈修訂本（武漢大学出版社、二〇一六年）
朱漢民・陳松長主編『岳麓書院蔵秦簡　弐』（上海辞書出版社、二〇一一年）：『岳麓秦簡　弐』
同主編『岳麓書院蔵秦簡　参』（上海辞書出版社、二〇一三年）：『岳麓秦簡　参』
同主編『岳麓書院蔵秦簡　肆』（上海辞書出版社、二〇一五年）：『岳麓秦簡　肆』
湖南省文物考古研究所編『里耶発掘報告』（岳麓書社、二〇〇七年）
張春龍主編『湖南里耶秦簡』全四冊（重慶出版社、二〇一〇年）
湖南省文物考古研究所編『里耶秦簡　壱』（文物出版社、二〇一二年）
陳偉主編『里耶秦簡牘校釈』第一巻（武漢大学出版社、二〇一二年）：『校釈』
里耶秦簡博物館・出土文献与中国古代文明研究協同創新中心中国人民大学中心編『里耶秦簡博物館蔵秦簡』（中西書局、二〇一六年）
張家山二四七号漢墓竹簡整理小組編『張家山漢墓竹簡〔二四七号墓〕』（文物出版社、二〇〇一年）
張家山二四七号漢墓竹簡整理小組編『張家山漢墓竹簡〔二四七号墓〕』釈文修訂本（文物出版社、二〇〇六年）
彭浩・陳偉・工藤元男主編『二年律令与奏讞書――張家山二四七号漢墓出土法律文献釈読』（上海古籍出版社、二〇〇七年）

連雲港市博物館・中国社会科学院簡帛研究中心・東海県博物館・中国文物研究所編『尹湾漢墓簡牘』（中華書局、一九九七年）

永田英正編『漢代石刻集成』全二冊（同朋舎出版・京都大学人文科学研究所研究報告、一九九四年）：『石刻集成』

羅振玉・王国維編著『流沙墜簡』（一九一四年／中華書局、一九九三年）

大庭脩『大英博物館蔵敦煌漢簡』（同朋舎出版、一九九〇年）

甘粛省文物考古研究所編『敦煌漢簡』全二冊（中華書局、一九九一年）

胡平生・張徳芳編撰『敦煌懸泉漢簡釈粋』（上海古籍出版社、二〇〇一年）

郝樹聲・張徳芳『懸泉漢簡研究』（甘粛文化出版社、二〇〇九年）

張俊民『簡牘学論稿——聚沙篇』（甘粛教育出版社、二〇一四年）

張俊民『敦煌懸泉置出土文書研究』（甘粛教育出版社、二〇一五年）

謝桂華・李均明・朱国炤編『居延漢簡釈文合校』全二冊（文物出版社、一九八七年）

中国社会科学院考古研究所編『居延漢簡甲乙編』全二冊（中華書局、一九八〇年）

甘粛省文物考古研究所・甘粛省博物館・中国文物研究所・中国社会科学院歴史研究所編『居延新簡』甲渠候官、全二冊（中華書局、一九九四年）

馬怡・張栄強主編『居延新簡釈校』全二冊（天津古籍出版社、二〇一三年）

簡牘整理小組編『居延漢簡　壱』（中央研究院歴史語言研究所、二〇一四年）

簡牘整理小組編『居延漢簡　弐』（中央研究院歴史語言研究所、二〇一五年）

甘粛簡牘保護研究中心・甘粛省文物考古研究所・甘粛省博物館・中国文化遺産研究院古文献研究室・中国社会科学院

簡帛研究中心編『肩水金関漢簡 壱』（中西書局、二〇一一年）
同編『肩水金関漢簡 弐』（中西書局、二〇一二年）
甘粛簡牘博物館・甘粛省文物考古研究所・甘粛省博物館・中国文化遺産研究院古文献研究室・中国社会科学院簡帛研究中心編『肩水金関漢簡 参』（中西書局、二〇一三年）
同編『肩水金関漢簡 肆』（中西書局、二〇一五年）
同編『肩水金関漢簡 伍』（中西書局、二〇一六年）
李均明・何双全編『秦漢魏晋出土文献 散見簡牘合輯』（文物出版社、一九九〇年）
長沙市文物考古研究所「湖南長沙五一広場東漢簡牘発掘簡報」（『文物』二〇一三年第六期）
長沙市文物考古研究所・清華大学出土文献研究与保護中心・中国文化遺産研究院・湖南大学岳麓書院編『長沙五一広場東漢簡牘選釈』（中西書局、二〇一五年）：『選釈』
長沙市文物考古研究所・中国文物研究所編『長沙東牌楼東漢簡牘』（文物出版社、二〇〇六年）
張春龍・宋少華・鄭曙斌主編『湖湘簡牘書法選集』（湖南美術出版社、二〇一二年）
鄭曙斌・張春龍・宋少華・黄樸華編『湖南出土簡牘選編』（岳麓書社、二〇一三年）：『簡牘選編』
長沙市文物考古研究所・中国文物研究所・北京大学歴史学系・走馬楼簡牘整理組編『長沙走馬楼三国呉簡・嘉禾吏民田家莂』全二冊（文物出版社、一九九九年）：『吏民田家莂』
長沙市文物考古研究所・中国文物研究所・北京大学歴史学系・走馬楼簡牘整理組編『長沙走馬楼三国呉簡・竹簡 壱』全三冊（文物出版社、二〇〇三年）：『竹簡 壱』
長沙簡牘博物館・中国文化遺産研究院・北京大学歴史学系・故宮博物院古文献研究所・走馬楼簡牘整理組編『長沙走

　馬楼三国呉簡・竹簡　弐』全三冊（文物出版社、二〇〇七年）:『竹簡　弐』
同編『長沙走馬楼三国呉簡・竹簡　参』全三冊（文物出版社、二〇〇八年）:『竹簡　参』
長沙簡牘博物館・中国文化遺産研究院・北京大学歴史学系・走馬楼簡牘整理組編『長沙走馬楼三国呉簡・竹簡　肆』
　全三冊（文物出版社、二〇一一年）:『竹簡　肆』
長沙簡牘博物館・中国文化遺産研究院・北京大学歴史学系・故宮研究院古文献研究所・走馬楼簡牘整理組編『長沙走
　馬楼三国呉簡・竹簡　柒』全三冊（文物出版社、二〇一三年）:『竹簡　柒』
同編『長沙走馬楼三国呉簡・竹簡　捌』全三冊（文物出版社、二〇一五年）:『竹簡　捌』
宋少華主編『湖南長沙三国呉簡』全六冊（重慶出版社、二〇一〇年）:『三国呉簡』
唐長孺主編『吐魯番出土文書』壱（文物出版社、一九九二年）:『文書　壱』
柳洪亮『新出吐魯番文書及其研究』（新疆人民出版社、一九九七年）:『新出』
侯燦・楊代欣編『楼蘭漢文簡紙文書集成』全三冊（天地出版社、一九九九年）

あとがき

編者の私たちが勤務していた愛媛大学法文学部と新潟大学人文学部が、部局間で学術交流協定を締結したのは二〇〇八年十一月のことである。二〇〇四年の独立行政法人化以降、地方の国立大学は厳しい環境のなかに置かれることになったが、より良い教育と研究を目ざして、お互い持っている知恵と力を出し合おうというのが、そもそもの発端であった。

このような協定を結ぶことができたのは、両学部の教員の間で、それまでにも複数の専門分野で地道な研究交流が続けられていたからにほかならない。そのなかでも、愛媛大学の「資料学」研究会は、このような研究交流を支えたもっとも重要な舞台であった。同研究会が中心となって開かれた公開シンポジウムには、新潟大学の教員も参加して報告を行ない、その報告集とも言うべき『古代東アジアの情報伝達』（藤田勝久・松原弘宣編、汲古書院、二〇〇八年）や、『東アジアの資料学と情報伝達』（藤田勝久編、汲古書院、二〇一三年）にも、寄稿する機会を与えられた。

毎年、初冬に開催されるこの公開シンポジウムには、国内のみならず、中国や韓国をはじめとする海外の研究者も参加して報告を行なっている。そのなかに愛媛大学が交流協定を締結している海外の大学の関係者が含まれているのはもちろんだが、新潟大学の協定締結先である大学の関係者の顔も少なからず見られた。愛媛大学と新潟大学、さらには海外の協定締結先の大学の関係者の論稿を集めた論集を編もうという話が誰からともなく出たのも、いわばごく自然の流れだったのである。

ただお断わりしておかなければならないが、協定締結先の全大学の関係者に寄稿をお願いしたわけではない、ということである。例えば、私が勤務していた新潟大学では、一九八〇年代後半から、地域の要請もあって、環日本海圏交流を推進するために、中国の東北地方の大学との交流に積極的に取り組んできた。この取り組みは今でも続けられているが、今回は、編者である私たちの専門分野に照らし合わせて、中国古代史、なかんづく出土史料の研究に従事している関係者に絞り込んで寄稿をお願いすることにした。

幸いにして、お願いした皆さんほぼ全員から快諾をいただくことができ、こうして刊行に漕ぎつけることができたしだいである。執筆者は全員、両大学ならびに協定締結先の大学に教員あるいは学生として在籍している、もしくは在籍していた方々である。また日本語への翻訳も、できるだけ両大学に所縁のある方々にお願いし、引き受けていただいた。編者の私たちは、二人ともすでに定年により大学を去っているが、地方国立大学の学術交流の成果としても、本書を評していただければと思う。

本書のタイトルは、寄せられた原稿を見ながら編者で相談して決めた。「出土史料を用いた論稿」を、とだけお願いをしたところ、奇しくも全ての原稿が簡牘を扱ったものだったために、このようなタイトルになったのだが、中国各地で陸続と出土している、上は戦国時代から下は三国時代に至る簡牘史料が、内外で大きな関心を集めていることが図らずも証明されたと言えようか。またそのような簡牘研究の高揚が、国境を超えて研究の総合化と精密化を同時に促していることも感得できるのではないだろうか。もっとも性急な自画自賛は控えて、先ずは読者各位からの叱正を仰ぎたいと思う。

最後になってしまったが、内外の寄稿者の方々はもちろん、本書の刊行を引き受けてくださった汲古書院三井久人社長、そして編集を担当された小林詔子さんに篤く謝意を表したい。

二〇一七年六月

關尾史郎

執筆者一覧（執筆順）

藤田　勝久（ふじた　かつひさ）　一九五〇年生　愛媛大学名誉教授

水野　卓（みずの　たく）　一九七四年生　愛媛大学法文学部

孫　聞博（そん　ぶんはく）　一九八三年生　中国人民大学国学院

吉田　章人（よしだ　あきひと）　一九七七年生　新潟大学経営戦略本部

廣瀬　薫雄（ひろせ　くにお）　一九七五年生　復旦大学出土文献与古文字研究中心

蔣　非非（しょう　ひひ）　一九五六年生　北京大学歴史学系

呂　静（りょ　せい）　一九六三年生　復旦大学文物与博物館学系

白　晨（はく　しん）　一九八八年生　復旦大学文物与博物館学系博士課程

塩沢　阿美（しおざわ　あみ）　一九九二年生　復旦大学文物与博物館学系碩士研究生

畑野　吉則（はたの　よしのり）　一九八三年生　関西大学大学院東アジア文化研究科博士課程・日本学術振興会特別研究員

侯　旭東（こう　きょくとう）　一九六八年生　清華大学歴史系

永木　敦子（えいき　あつこ）　一九七〇年生　新潟大学人文社会・教育科学系助手

于　振波（う　しんは）　一九六六年生　湖南大学岳麓書院

蘇　俊林（そ　しゅんりん）　一九八四年生　中国社会科学院歴史研究所博士後流動站

關尾　史郎（せきお　しろう）　一九五〇年生　新潟大学人文社会・教育科学系フェロー

The Government and Society of Ancient China by Wooden-Bamboo Documents

Edited by

FUJITA Katsuhisa

SEKIO Shiro

2017

KYUKO-SHOIN

TOKYO

簡牘が描く中国古代の政治と社会

二〇一七年九月十五日　発行

編　者　藤田勝久
　　　　關尾史郎
発行者　三井久人
整版印刷　富士リプロ㈱

発行所　汲古書院
〒102-0072 東京都千代田区飯田橋二-五-四
電　話　〇三（三二六五）九七六四
FAX　〇三（三二二二）一八四五

ISBN978-4-7629-6597-5　C3022